Cultural Economics

문화경제학

Cultural Economics

문화경제학

서 정 교 지음

보문각

문화의 동질화와 상호침투는 우리의 경우 문화의 정체성(identity)에 있어서 심각한 혼돈과 갈등양상을 보이고 있다. 물론 이러한 진단에 대해 식자에 따라 이견이 있을 수 있으나 세대 간 문화갈등, 중앙과 지역 간 문화격차, 전통문화에 대한 가치폄하, 서구문화에 대한 경도현상(傾倒現象)이 심화되고 있는 것이 오늘날 우리가 처한 문화의 현주소이다. 그리고 이러한 상황에 대한 진단과 대응방안을 마련하기 위해 현상 분석과 세계화의 동향, 문화적 정체성(cutural identity) 그리고 이에 대한 전략들이 사회 여러 분야에서 다양하게 제시되고 있다. 특히 지식기반경제시대에 문화정체성의 문제는 21세기에 문화생산국으로 남느냐 아니면 문화소비국으로 전락하느냐의 문제와 직결된다.

21세기를 살아가는 사람들은 산업사회의 포디즘(fordism)적 생산시스템 하에서 각광을 받아왔던 『경제자본』(economic capital) 중심의 시대에서, 유연성과 창의성이 요구되는 포스트포디즘(post-fordism)이라는 새로운 시대로 바뀌면서 『문화자본』(cultural capital)이라는 개념이 중요한 위치를 차지하고 있다는 상황인식을 하고 있다. 이러한 변화의 물결 속에서 우리는 문화자본을 단순히 감상적 대상으로만 볼 것이 아니라 그것을 시민생활의 활력소로 현대를 살아가는 시민들에게 체화(體化)되어 시민사회라는 저수지에 담아냄으로써, 새로운 시민사회 성장의 에너지원으로 활용할 필요가 있다. 이러한 측면에서 볼 때, 문화자본은 21세기의 새로운 성장동력으로서 그 중요성을 널리 인정받고 있다는 것은 분명한 사실이다.

그렇다면 이러한 문화를 어떠한 방법으로 분석하면 좋을까? 문화를 분석하는 방법론적 측면에서 접근해 볼 때, 『문화라는 나무』를 분석하기 위해서는 문화의 뿌리와 줄기 그리고 잎을 따로따로 알아보는 개체 분석(미시적 분석)이 선행되이야 하지만, 문화라는 나무를 둘러싸고 있는 주변 환경 즉 『문화 숲』을 함께 고려하는 연관분석(거시적 분석)도 필수적이다. 가령 문화는 자연환경을 토대로 만들어진 역사적 환경(전통)과 역사의 흐름 속에서 배태된 사회경제적 환경, 그리고 이들을 지탱해온 인적 환경이라는 네 가지 환경이 서로 조화를 이루며 만들어진 것이다. 따라서 이를 분석하는 데는 다양한 접근방법을 활용할 필요가 있다.

이 책에서는 여러 가지 접근방법을 통해 문화에 대한 분석을 시도하였다. 특히 경제학적 분석도구를 많이 활용하였지만, 문화의 특수성 때문에 기존의 전통적인 경제학적 논리로는 설명하기 어려운 부분도 있었다. 이러한 경우에는 사회학적 · 미학적 · 철학적 · 설계공학적 접근방법을 원용하여 분석하였다.

이 책은 전부 열 한개의 장으로 구성되어 있다.

우선 1장에서는 '문화경제학의 계보(태동, 관점, 장르)' 에 대해서 자세하게 다루고 있다. 특히 여기서는 학문적 계보를 중심으로 문화경제학의 태동과 주요 이론적 관점 및 장르별 교과체계를 개괄적으로 소개하고 있다.

이어서 제2장 '문화자본 돋보기로 보는 글로벌 경영' 에서는 글로벌 경쟁력의 격차가 발생하는 원인을 문화자본에서 찾아야 한다는 점에서 문화자본에 대한 이론적 검토를 한 뒤, 문화자본 돋보기로 보는 이미지 경제와 글로벌 경영우위 전략에 대해서 소개하고 있다.

최근 기업들이 문화에 대한 직 · 간접적인 지원 또는 후원을 통해 기업이미지를 제고하고 있다는 점에서 기업메세나 활동이 중요시 되고 있다. 이러한 추세를 감안하여 제3장 '문화자본으로 기업을 경영하라' 에서는 주로 기업메세나 활동의 의의와 정책적 시사점에 대해서 서술하고 있다. 구체적으로는 기업메세나의 기원과 성격 및 각국의 기업메세나 활동에 대해 소개한 뒤, 기업메세나 활동이 경제에 미치는 효과와 기업메세나 활동의 활성화를 위한 정책적 시사점에 대해서 언급하고 있다.

그 동안 『국가(國家)의 시대』를 반영하는 국부론(國富論)이 강조되었지만 21세기는 『지방의 시대』 즉, 『향부론』(鄕富論)이 중시되고 있다. 제4장 '지역경쟁력의 원천은 문화자본이다' 에서는 이러한 점을 고려하여 새로운 지역발전 패러다임으로서 지역의 잠재력을 핵심역량으로 활용하는 내발적 지역발전모델을 제시하고, 세계도시의 한계와 문화 · 창조도시의 성공사례를 소개한다. 아울러 이 장에서는 자연자본이 자연환경시스템(natural ecosystems)

의 지속가능성(sustainability)에 기여하는 경우에서처럼, 문화자본 역시 문화적 환경시스템(cultural ecosystems)에 영향을 미치기 때문에 문화적 환경시스템을 유지 · 발전시킴으로써 지속가능한 문화도시 건설이 이룩될 수 있는 방안을 제시하고 있다.

신고전학파의 성장모델이 통계적 · 수학적 접근에 치중하여 각 생산요소에 내재되어 있는 문화적인 요소가 배제됨으로써 기계적인 분석에서 벗어나지 못하고 있다. 따라서 제5장 '생산요소별 문화적 내재성 분석' 에서는 문화자본 축적이 각 생산요소에 내재적인 잠재력으로 작용할 수 있음을 밝히고, 21세기에는 특히 이러한 문화자본이 내재된 각 생산요소가 새로운 생산 패러다임을 초래한다는 점을 강조하고 있다.

최근 문화가 경쟁력의 원천으로서 문화를 소재로 고부가가치 상품을 만들어내는 문화산업이 크게 부각되고 있다. 따라서 제6장 '문화산업의 육성은 향부와 국부의 지름길' 에서는 문화산업의 개념과 특성, 그리고 문화산업의 분류와 구성요소에 대해서 소개한 뒤, 문화산업의 발전 양상과 정책과제에 대해서 다루고 있다.

제7장 '문화산업의 이데올로기 논쟁' 에서는 문화에 대한 예비적 고찰로서 서로 다른 국제사회환경 속에서 문화를 인식하는 자세와 세계화 과정에서 문화의 종(種)다양성 문제와 정체성에 대해서 다양한 관점에서 다룬다. 그리고 최근 불거져왔던 스크린쿼터제와 관련된 논쟁과 시사점에 대해서도 소개하고 있다.

제8장 '시장논리로 풀어보는 문화' 에서는 문화상품의 중요성을 언급한 뒤, 문화를 상품과 같은 경제객체로 보고, 미시적 분석 방법을 통해 문화생산자와 문화소비자의 입장에서 문화상품에 대한 소비와 생산 및 그 수급관계를 자세히 다루고 있다. 또한 시장형태별로 문화상품의 거래관계를 분석하고 문화상품의 경쟁력 제고를 위한 문화상품의 시장세분화 전략에 대해서도 소개하고 있다.

제9장 '문화자본은 경제적 가치로 측정이 가능한가?' 에서는 문화유산을

경제적 가치로 환산이 가능한 지를 검토하고자 한다. 순수미학이나 문화학을 연구하는 사람의 입장에서는 왜 경제학은 문화의 순결성이나 정절성을 훼손시켜 가면서까지 굳이 문화를 상품화시키고 시장가치로 계량화시키려고 하는지 도무지 이해가 안 된다는 입장을 보일 수도 있다. 그러나 문화가 이미 현실경제에서 시장거래가 이루어지고 있는 이상, 현실적으로 분석의 한계는 존재하지만 실사구시의 학문이라고 할 수 있는 경제학으로서 이를 외면할 수는 없는 노릇이다. 따라서 여기서는 문화의 순결성이나 정절성을 존중한다는 전제 하에서 문화유산의 문화적 가치를 경제적 가치로 전환할 수 있는 기술적인 방법론을 소개하고 있다.

제10장 '문화에 투자하면 얼마나 이익이 생기는가?' 에서는 문화산업도 국민경제의 거시적인 구조 안에서 중간재로서 또는 최종소비재 · 자본재로서, 다른 산업부문과 상호의존관계 속에서 직 · 간접적으로 영향을 주고받는다는 점을 고려하여, 산업연관분석모형을 이용한 문화투자의 경제적 파급효과를 계량분석을 통해 자세하게 다루고 있다.

제11장에서는 '시민유형 분석과 문화시민사회 형성' 에 대해서 서술하고 있다. 여기서는 우선 시민의식과 시민유형에 대해서 분석하고 시민유형별로 『자치형 시민』에로의 수렴적 정책 프로그램을 제시함으로써 시민사회의 성숙과 문화자본의 축적을 통한 문화시민사회의 형성 메카니즘을 소개하고 문화시민의 지향점을 제시하고 있다.

끝으로 이 책의 출판을 위해 적극적으로 도와주신 보문각 이호동 사장님을 비롯한 편집진 여러분들에게도 진심으로 고마움을 전하고 싶다.

서 정 교
(http://jksuh.com)

목 차

제1장

문화경제학의 계보 (태동, 관점, 장르)

이 장에서는 학문적 계보를 중심으로 문화경제학의 태동과 주요 이론적 관점 및 장르별 교과체계를 개괄적으로 소개하기로 한다.

제1절 문화경제학의 태동

문화경제학(cultural economics)이라는 학술용어의 정착은 1960년대 이후 미국학자들이 중심이 된 문화경제학회가 국제적 규모로 성장한 것으로부터 유래된다. 그러나 이미 19세기 후반 영국에서는 예술을 생활 및 노동과 연관시키면서 예술이 경제발전에 미치는 영향에 대한 관심이 본격화되어 빅토리아기의 경제학자인 존 러스킨(J.Ruskin)과 윌리암 모리스(W.Morris)에 의해 문화경제학이 시작되었으며 이들의 예술경제학은 『도시의 문화』와 깊은 관련이 있다.[1)]

19세기 후반 영국에서는 존 러스킨(J.Ruskin)과 윌리암 모리스(W.Morris)에 의해 생활과 노동문제를 예술과 연계하면서 예술경제학 · 생명경제학의 기초를 마련하였으며, 1960년대 들어서면서 미국의 몇몇 경제학자들에 의해 본격적으로 문화경제학이라는 학문체계를 갖추게 되었다.

1966년에 보몰(W.J.Baumol)과 보웬(W.G.Bowen)[2)]에 의해 문화경제학에 대한 현대적인 접근이 시도되었다고 본다면 문화경제학의 역사는 불과 40년 정도에 지나지 않는다. 보몰과 보웬은 미국의 프로공연예술(교향악단, 연극, 발레, 오페라 등)을 대상으로 분석하고, 공연예술단체의 구조적(기술적) 특성을 밝힌 다음, 이에 따른 유용한 정책적 결론을 도출함으로써 본격적 문화경제학 연구가 시작되었다. 아울러 문화경제학을 연구하는 세계적인 모임인 국제문화경제학회는 미국에서 1973년에 결성되었으며, 일본에서는 1992년에 일본문화경제학회가 창립되었고 우리나라에서는 1997년에 한국문화경제학회가 창립되었다.

---

1) 김문환, 1997, 문화경제론, 서울대학교출판부, p.3.

2) Baumol,W.J. and W.G.Bowen(1966), Performing Arts : the Economic Dilema, New York : Twentieth Century Fund.

제2절 문화경제학의 이론적 관점

1. 노동경제학적 관점

예술경제학의 제창자인 존 러스킨은 1819년 런던에서 태어나 젊어서는 시 · 평론에 주력, 미술평론에서부터 존 스튜워드 밀(J. S. Mill)에 대표되는 공리주의 경제학을 비판하고 인간의 창조활동과 향수능력(享受能力)을 중시하는 생명경제학의 체계화에 힘썼다. 그는 이탈리아의 도시인 베네치아의 건축군들의 아름다움에 이끌려 『베니스의 돌』(Stone of Venice, 1853)을 간행해 고딕양식을 근거로 하여 예술가의 창조활동과 시민의 감상능력의 상호자극이 지니는 중요성을 역설하면서 예술이 인간의 생명과 생활을 발전시키는 기능을 가지고 있음을 밝혔다.

러스킨의 예술관의 특징은 조형예술인 회화, 조각 그리고 건축을 중요한 요소로 생각했으며, 건축에 대해서는 많은 종류의 예술을 종합한 동시에 외부의 충격에 잘 견딜 수 있도록 이루어져야 한다는 점에서 유용성과 예술성을 함께 강조하였다.[3]

러스킨이 고딕양식을 찬양하게 된 이유는 고딕양식에 『정신력의 힘과 표현』이 담겨 있다고 보았기 때문이다. 이러한 요소들은 이집트의 노예예술과 같이 직인(職人)들이 명령을 받아 노예의 일에 종사한 것이 아니라, 베네치

---

3) 러스킨의 『베니스의 돌』에서 기능성과 예술성을 겸비한 건물을 『건축물』이라고 부르고, 기능성만 가진 것을 『건물』이라는 개념으로 준별(峻別)하고 있다.

아의 건축양식에는 직인들 자신의 생각과 자유를 손에 담아 표현함으로써 권위에 대항하는 자주독립의 정신이 표현되어 있다고 러스킨은 통찰하고 있다.

특히 예술적 활동과 같은 창조적 활동은 『손 · 머리 · 마음』이 일체가 되어야 한다고 러스킨은 지적했다.[4] 소년시절부터 영국은 물론 이탈리아의 여러 도시를 여행하면서 예술과 자연을 폭넓게 접촉할 수 있었던 러스킨은 산업사회가 강요하는 기계화의 획일화를 비인간적인 것으로 간주하고 자연미의 재생산을 건축뿐 아니라, 생활 전반에서 달성하려는 그의 사상은 1880년 발간된 『예술경제론』에서 가장 뚜렷하게 나타났다.

이렇게 새로운 경제학이 구체적으로 탄생되는 과정은 1860년대로서, 러스킨은 여러 저작을 통해 자본주의의 사회가 금전을 축적하기 위해 노동자를 도구로 삼아 노동자의 인간성을 상실케 하는 동시에 경영자의 인간성도 박탈해 갔다는 사실을 종래의 경제학이 외면해 왔다고 날카롭게 지적한다.[5]

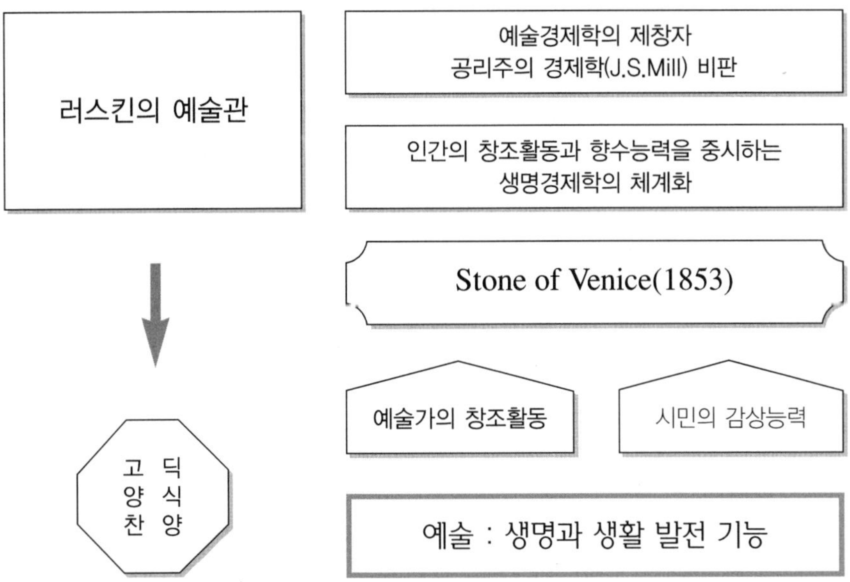

<그림 1-1>
러스킨의 예술관

4) 五島茂, 1979, ラスキン · モリス, 中央公論社.
5) 김문환, 앞의 책, pp. 4~5.

<그림 1-2>
러스킨의 고딕양식 찬양 이유

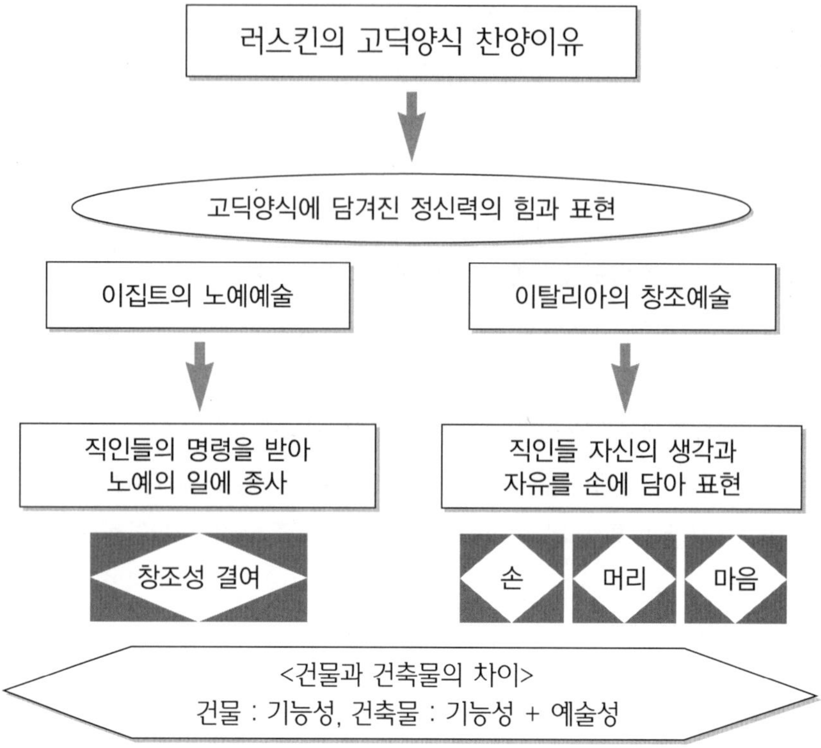

한편 모리스는 러스킨의 사상을 계승하고 발전시켰으며, 시인이며 공예가이기도 했다. 모리스는 건축을 종합예술이라고 했는데 그 종합성이라는 것은 사람들의 협동노동(cooperation)에 의해 창조된 다양한 장르의 예술의 연합이라고 생각했다. 조각이나 회화, 건축을 대예술(the great arts)이라 부르는 한편, 일상생활의 주위의 것을 아름답게 하는 예술을 소예술(the lesser arts)이라고 정의했다.[6]

모리스는 기계문명에 대한 깊은 혐오를 느껴 부유계층이나 부자들의 사치를 위한 생산을 거부했다. 모리스의 야망은 현재나 미래에서 사회적 내지 미적 혁명을 통해 모든 사람을 위한 좀더 아름다운 세상을 마련해 보려는 것이다. 삶의 질에 대한 모리스의 관심, 사회 속에서의 예술의 위치에 대한 그의 관심, 사회의 불만에 대한 그의 분석, 현대적인 노동소외에 대한 인식 등은 모리스를 마르크스나 러스킨에 버금가는 사상가로 자리잡도록 만들었다.

6) 佐ケ木雅幸, 1997, 創造都市の經濟學, p.213.

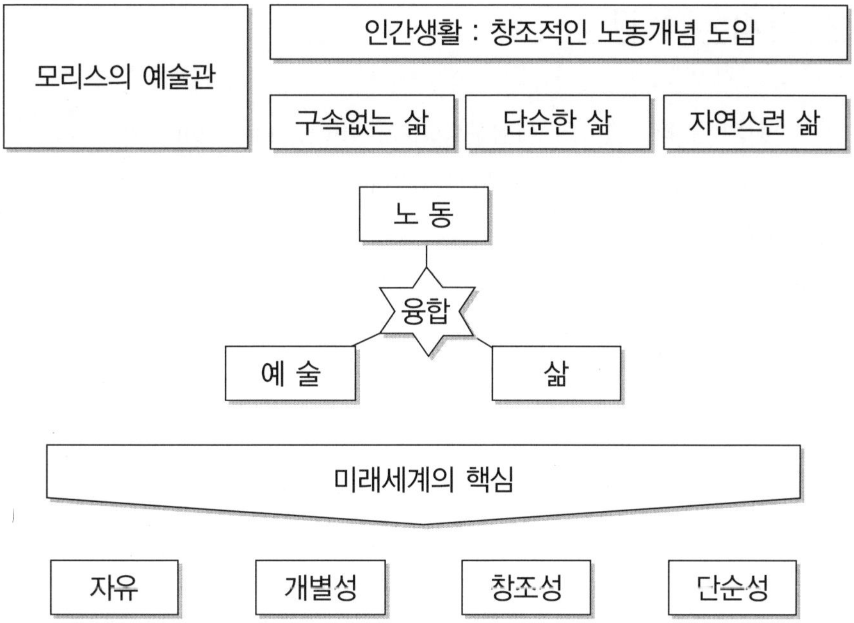

<그림 1-3>
모리스의 예술관

또한 모리스는 러스킨을 통해 인간생활에서의 창조적 노동이라는 개념을 도입했다.[7] 예술과 노동, 노동과 삶, 삶과 예술을 융합시키려는 그의 노력은 정치와 예술의 분리를 인정하지 않았다.

그리고 미래 사회의 이상을 첫째는 구속이 없는 삶이고, 그 다음으로는 단순하고 자연스런 삶이라고 제시했다. 자유, 개별성, 창조성 그리고 단순성이 모리스가 꿈꾸는 미래세계의 핵심 요소들이었다.

노동은 유용하고 흥미롭고 가치가 있으며 쾌적한 환경 안에서 수행되어야 한다. 이러한 목표를 달성하기 위해 사람들은 그들 자신의 삶을 타인에 의해서가 아니라 스스로 직접 통제해야 한다.

이처럼 개인의 창조성이 충분히 발휘되고 자발적으로 노동하는 사회, 그리고 노동과 예술이 결합하여 삶이 예술이 되는 그런 사회가 모리스의 이상이었다.

7) Thomson, E.P., *William Morris : Romantic to Revolutionary*, London : Lawrence Wishart Ltd., 1955, p.62.

2. 가치론적 관점

러스킨의 문화경제학의 핵심은 고유가치(intrinsic value)와 유효가치(effectual value) 이론으로 요약할 수 있다.

부(富)는 본질적으로 가치 있는 것으로부터 생기며 가치는 고유가치와 유효가치의 이중성을 가진다. 여기서 고유가치란 특정의 사물이 가지고 있는, 생명을 지탱하는 절대적인 힘을 의미한다. 예를 들면 소맥이나 깨끗한 공기는 신체나 체온을 유지시키고, 아름다운 화초는 감성을 자극하는 힘을 가지고 있다. 이러한 소맥, 공기, 화초에는 그들 자신의 힘이 내재되어 있고 이러한 독자의 힘은 다른 어떤 사물에도 존재하지 않는다. 이러한 사물이 가지는 고유가치가 유효가치로 되기 위해서는 인간이 그것을 받아들일 수 있는 요건 즉, 소화기능, 호흡기능, 지각기능이 갖춰져야만 한다. 따라서 러스킨은 다음과 같이 이야기했다.

> 「유효가치의 생산은 항상 두 가지의 요구조건을 필요로 한다. 우선 본질적으로 유용한 사물을 생산한다는 것, 다음으로는 그것을 사용하는 능력을 생산한다는 것이다. 고유가치와 향수능력이 동시에 수반하는 경우에는 유효가치, 즉 부가 존재한다. 그러나 고유가치나 향수능력 중 어느 한쪽이 없는 경우에는 유효가치 즉, 부는 존재하지 않는다.」

그리고 러스킨은 가치를 다섯 항목 즉, ① 토지, 이에 속하는 공기, 물, 모든 생물 ② 건축물, 생활도구, 기계류 ③ 재고상태의 식품, 의약품 및 의복을 포함한 취미용품 ④ 서적 ⑤ 예술품 등으로 분류하고 있다. 인간의 생명을 일깨워주는 토지, 공기, 물이라는 자연환경이 첫 번째로 중요시되고, 두 번째로 생활공간을 형성하는 주택이나 생활도구, 그 외에 생산이 이루어지는 사무실 · 공장과 기계류, 그리고 세 번째로 일상생활에 필요한 소비재, 네 번째와 다섯 번째로 서적과 예술품으로서 학술 · 예술문화를 언급하고 있다.

여기에는 생명을 유지하는 시스템을 중시하는 러스킨의 생각이 선명하게 나타나 있는 동시에 생명을 충실하게 하는 학술 · 문화의 독자적인 중요성이 지적되어 있다는 것도 특징적이다. 러스킨은 특히 ① 인간의 생명을 유

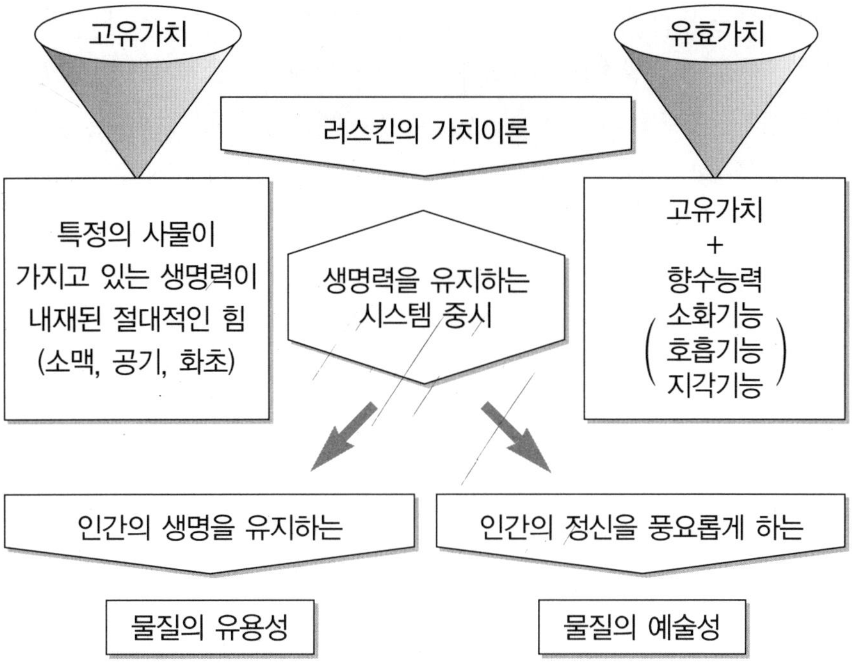

<그림 1-4> 러스킨의 가치론적 관점

지하는 『물질의 유용성』 ② 인간의 정신을 풍요롭게 하는 『물질의 예술성』이 두 가지로 모든 사물을 파악하고 있다.[8]

3. 진화론적 관점

러스킨이나 모리스의 『실천과 좌절』을 뛰어넘어 도시계획 분야에서 이들의 사상을 전승한 자는 게디스(P.Geddes)와 멈포드(L.Mumford)이다. 게디스는 1854년 스코틀랜드에서 태어나 런던대학에서 수학하면서 러스킨의 저작으로부터 큰 영향을 받고 도시도 생물과 같이 진화한다고 생각했다. 1915년에 출판된 『진화하는 도시』(Cities in Evolution)에서 급속한 공업화와 인구집중 속에서 『무미건조한 산업도시』로 변해 버린 런던, 맨체스터 등 대도시의 대기오염, 수질오염, 슬럼화 등 도시환경의 열악화를 가져온 공리주의적인 화폐경제학을 비판하고, 러스킨이나 모리스가 제창한 생명경제학의 입장을 발전시킨 새로운 도시계획을 제안했다.

8) 佐ケ木雅幸, 앞의 책, pp.210~212.

이 새로운 도시계획이란 도시 근로자의 생활환경을 개선하고 도시와 교외의 균형을 취한 발전을 이끌도록 자원과 에너지를 효율적으로 이용할 수 있는 신기술체계를 기초로, 이들이 의학(공중위생), 공학, 사회학, 심리학 그리고 경제학 등의 모든 학과를 종합한 시정학(市政學)을 직접 익히면서 도시를 진화시켜가는 것을 의미하고 있다.

게디스[9]에 의하면 도시계획에 예술성을 부여하는 것이 도시나 지역의 개성을 발굴하는 것으로 연결된다. 즉 러스킨의 고유가치에 도달하게 되는 것이다.

<그림 1-5>

게디스의 진화론적 관점

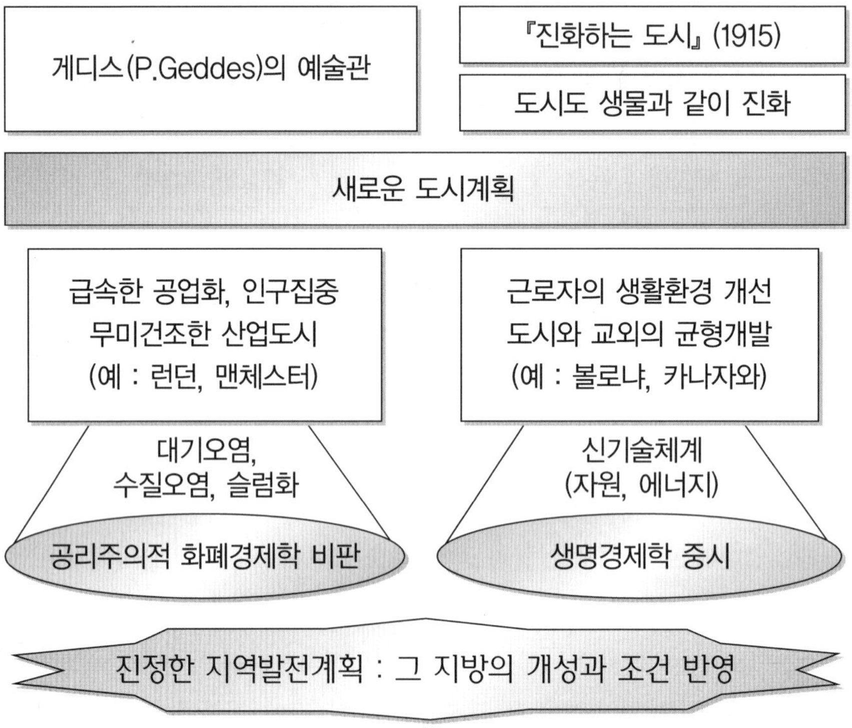

9) 진정한 지방개발, 진정한 도시개발, 진정한 도시설계 이들은 모방과는 완전히 다른 것이다. 진정한 설계나 타당한 계획은 그 지방과 지역의 조건을 충분히 이용하려는 데 구체화해야 하는 것이며, 지방과 지역 개성의 표현이어야 한다. 만약 그렇지 않다면 예술가의 허무한 노력으로 끝나든가 아니면 그 이상으로 경제적 낭비와 실제적 실패라는 결과를 초래한다. 이같이 지방성(地方性)이란 모든 환경의 적절한 파악과 취급과정을 통해 일찍이 문제시되었던 장소의 본질이며 개성적인 생활에 대한 적극적인 공감을 통해서만, 충분히 이해되는 것이다. 각각의 장소는 진정한 개성을 가지고 있고 동시에 그것은 독특한 수요를 유발하게 된다. 개성이라는 것이 아무리 수면상태로 묻혀있더라도 그것을 이끌어내는 것은 대예술가로서의 계획가의 임무이다(Geddes,P. 1994, "非營利組織と社會制度のオルタアテイブ 比較經濟體制硏究, 創刊號, pp.396~397.).

4. 윤회설적 관점

1895년 뉴욕주에서 태어난 멈포드는 뉴욕시립대학에서 게디스로부터 도시계획학을 배워 처녀작인 『유토피아 이야기』(The Story of Utopias) 뿐만 아니라 고전적 명저인 『도시의 문화』(The Culture of Cities), 『역사의 도시, 내일의 도시』(The City in History)에 이르기까지 다수의 저작을 발표했다.

그는 고전적 명저인 『도시의 문화』에서 도시의 정의를 다음과 같이 내렸다.

> 「완전한 의미에 있어서의 도시란 지리적 망세공(網細工), 경제적 조직체, 제도적 과정, 사회적 활동의 극장, 집합적 통일체의 미적 상징이다. 그것은 공통의 가정적 · 경제적 활동의 물리적 틀인 동시에 그것은 인간문화의 의미 있는 활동과 승화된 충동의 의식적인 무대장치이다. 도시는 예술을 기르는 예술 그 자체이며, 극장을 만드는 극장 그 자체이다. 따라서 인간에 의한 목적 있는 활동이 인간, 일, 집단과 경쟁 · 협력하면서 더욱 의미 있는 것으로 만들어 가는 것은 극장으로서의 도시의 역할이다.」[10]

이와 같이 멈포드는 도시를 가정적 · 경제적 공동활동의 틀과 문화활동의 극장, 양자의 통합체로서의 용기(容器)로 정의를 내리고, 기능성과 예술성의 이중성이 내재된 그 용기 속에서 표출되는 기능 즉 문화적 저장, 전파와 교류, 창조적 부가기능 이러한 것들이 바로 도시의 가장 본질적인 기능일 것으로 보고, 단적으로는 도시를 『문화적 개체화의 단위로서의 지역』으로 정의하고 있다. 그리고 멈포드는 게디스의 도시발전설을 수정해서 유명한 도시의 발전과 쇠퇴의 윤회설을 전개하였다.

원(原) 폴리스 단계(제1단계)에서는 촌락이 형성되고 경제적 · 문화적 에너지가 축적된다. 폴리스 단계(제2단계)로 접어들면 자유로운 에너지, 자유로운 시간이 개방되어 사회적 분업이 발전하고, 문화적 축적이 증가한다.

메트로폴리스 단계(제3단계)에서는 세계무역이 발달하고, 경쟁이 격화하

---

10) Mumford, L., 1938, *The Culture of Cities*, 生田勉譯, 1974, 都市の文化, 鹿島出版會, p.480.

<그림 1-6> 멈포드의 예술관

멈포드(L.Mumford)의 예술관

『도시의 문화』(1938)

도시의 발전과 쇠퇴과정 소개(윤회설)

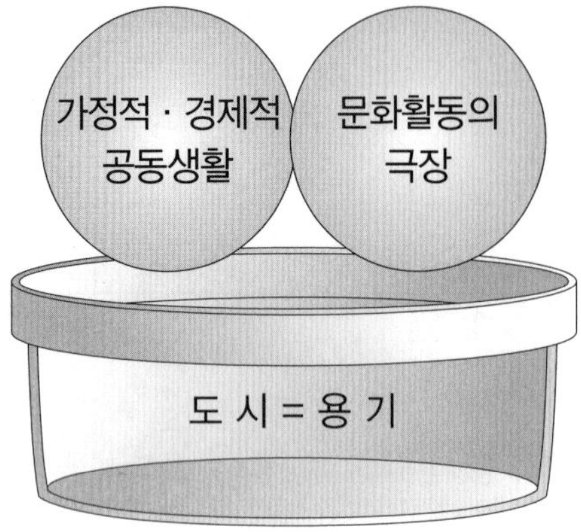

완전한 의미에서의 도시란 지리적 망세공, 경제적 조직체, 제도적 과정, 사회적 활동의 극장, 집합적 통일체의 미적 상징
(도시는 예술을 기르는 예술 그 자체이며, 극장을 만드는 극장 그 자체)

는 한편 인접문화와의 접촉에 의해 문화적 에너지가 최대한으로 개방된다.

그러나 메갈로폴리스 단계(제4단계)로 접어들게 되면 진정한 도시의 창조적 기능이 쇠퇴하기 시작한다. 즉 자본주의적 공업화의 진전은 도시를 돈벌기 위한 공간(금전적 영업공간)으로 전락하고, 독점자본주의의 형성으로 뉴욕을 필두로 소수의 거대도시권(메갈로폴리스)이 출현하는데 그것은 금융기관, 관료기능, 그리고 매스미디어가 집중하는 정치 · 경제 · 문화의 삼위일체적 지배중추가 되어버린다. 여기서는 "예술 · 문화 · 건축 · 언어에 의한 문화적 산물을 대부분 금전적 견지에서 표준화해 버리며, 기계생산이 독창적인 예술을 대신하고, 거대화가 형식에 대신하고, 양(量)의 많고 적음이 의미를 대신해 버린다."(Mumford, 1938.)라고 멈포드는 비판한다.

한편 지방도시는 메갈로폴리스에 문화적 · 경제적 요소를 일방적으로 흡수당한 채, 공장과 노동자 주택이 집적한 단순한 공장도시가 되어 거대도시에 종속된다. 작은 도시는 메갈로폴리스의 망(網) 속에 흡수되어 거대도시의 고질적 병폐에 물들고, 게다가 대도시에서는 아직 잔존하고 있는 학문이나 문화의 사회제도가 소도시에는 없기 때문에 더 저급한 수준에 빠져들어 간다. 즉, 지방도시는 메갈로폴리스의 하위도시로 비문화적인 야만적 상태 속에 놓여 있다는 것이다.

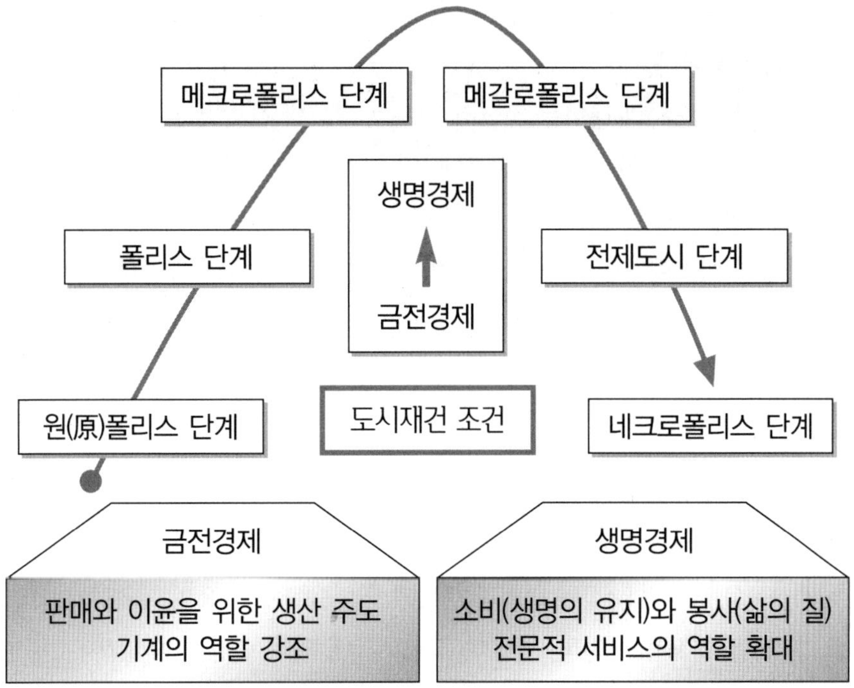

<그림 1-7>
멈포드의 윤회설

그리고 전제도시(專制都市) 단계(제5단계)에서는 메갈로폴리스에 있어서 생활로부터 유리된 소비문화로 시민의 활력은 쇠퇴하고 도시자체의 거대함 뒤에 관료기능이 비대한 전제도시로 타락한다. 자치체와 국가가 파산하고, 예술과 과학에 의한 창조는 멈추게 된다. 마지막으로 네크로폴리스 단계(제6단계)에 이르게 되면 도시로서의 모든 기능이 사라져 마침내 죽음의 도시로 전락하게 된다고 멈포드는 주장하고 있다.

결국 멈포드는 도시재건의 기본적 사상으로서 금전경제로부터 생명경제로의 전환을 제창하였다. 금전경제에 있어서는 판매와 이윤을 위한 생산이 주도권을 장악하고 있고, 생명경제에 있어서는 소비와 봉사가 우선한다. 생명경제의 경우 소비는 생명의 유지와 고양에 역점을 두고 있으며, 여기에는 질적 기준이 무엇보다도 중요하다. 생활이라는 단어는 결코 막연한 것이 아니다. 그것은 출산과 육아, 건강과 충실한 생활의 유지, 인격의 양성, 이들 모두의 활동무대로서 자연과 도시환경의 충실 등을 의미한다. 금전경제는 기계의 역할을 확장시키는데 대해, 생명경제는 전문적 서비스의 역할을 확대시킨다. 그리고 수입과 사용가능한 에너지의 대부분은 예술가, 과학자,

건축가와 기술자, 연구원, 교수 · 교사와 의사, 가수, 음악가, 배우를 지원하기 위해 사용된다.

멈포드는 "도시의 문화는 궁극적으로 그 고도의 사회적 표현으로서의 생활문화이다."라고 언급하고, "국토계획과 도시계획의 임무는 가장 풍요로운 인간의 문화와 가장 충실한 인간생활을 유지하는 그러한 지역을 만들고, 모든 타입의 성격이나 기질, 인간적 감정에 대한 안식처를 제공하여 인간의 주관적 요구에 대응하는 객관적인 장을 창조 · 보존하는 것이다."라고 요약하고 있다.

5. 정부역할론적 관점

케인즈(J.M.Keynes)는 실업과 불황의 원인을 유효수요의 부족에서 찾았으며, 그는 이자율의 인하, 정부의 직접투자에 의한 민간투자의 확대, 유산상속세와 누진과세에 의한 평등화의 추진을 주장하여, 자유방임주의 경제에 대체하여 정부가 경제에 개입하는 것을 정당화한 혼합경제 이론을 수립하였다.

그는 정부의 개입에 의한 적극적인 역할론을 전개하면서 문화지원정책 차원에서의 도시발전에 많은 관심과 활동을 전개했다. 특히 20세기 영국 예술운동의 하나인 블룸스베리(Bloomsbury) 그룹 활동(1907~25년), 카마고 발레협회의 설립(1930), 캠브리지 예술극장의 건설(1936), 음악 및 예술장려위원회의 설립(1942), 그리고 예술평의회(British Art Council)의 초대회장 취임[11] 등 일생 동안 꾸준히 예술과 문화분야에 관여했다. 그에 따르면, 예술이나 문화를 보호하려는 사회에는 아직 이상이 살아 있으며, 이를 위해 소정의 역할을 수행하지 않으면 안 된다는 것이다.

그가 문화 · 예술을 창조하고 향유하는 능력에다 최고의 인간적 가치를 두고 있었다는 것은 틀림없는 사실이다.

---

11) 예술평의회의 발전에 관한 BBC 방송에서 케인즈는 대담을 통해 "예술평의회는 이 나라의 연극, 음악, 미술 활동을 분권화하고 분산시키는 데 깊은 관심을 가지고 있다" 고 그 설립목적을 밝힌 바 있다. 물론 이 기구는 가능한 한 독자적인 행동은 삼가한 채, 지방자치단체와 협력하여 지방의 공공기관이나 협회 또는 지방기업의 주도권을 존중한다.

문화 · 예술에 대한 공적 지원은 정부의 역할에 대한 케인즈의 적극적인 사고에서 비롯된다. 케인즈는 『자유방임의 종언』에서 정부의 새로운 역할 중, 국가의 임무는 개인이 담당할 수 있는 역할의 범위를 넘어서는 것이어야 한다고 서술하고 있다. 그것은 곧 국가가 실행하지 않는다면 어느 누구라도 개인적으로는 실행할 수 없는 것이어야 하며, 정부에게 중요한 것은 현재 전혀 착수되지 않은 것을 실행하는 것이다.

이러한 관점은 『인간의 이성이 지배하는 영역의 확대』, 『자유방임으로부터의 계획으로, 무의식적인 것으로부터의 자기의식적인 것으로, 객관적인 경제법칙에 대한 신앙으로부터 자기행위에 의해 자기의 경제적 운명의 주인공이 될 수 있다는 신앙으로의 전환』을 의미한다.

이와 같은 지성주의의 흐름은 한편으로는 과학이나 예술에 대한 관심을 불러일으키지 않을 수 없었고, 다른 한편으로는 정부의 역할에 대한 전통적인 생각을 변경시켜 문화 · 예술에의 공적 지원이라는 새로운 가능성을 열어 놓았다. 문화경제학에 대한 케인즈의 가장 큰 공헌은 이처럼 정부의 새로운 역할을 분명히 했을 뿐만 아니라, 독자적으로 공공성의 영역을 설정하고 이에 대한 견해를 전개했다는 데 있다.

아울러 예술은 그 성질상 개인적이고 자유로운 것이며, 훈련이나 조직화 내지 통제의 대상이 될 수 없다. 그래서 케인즈는 자신의 『분권적 가치론』 에

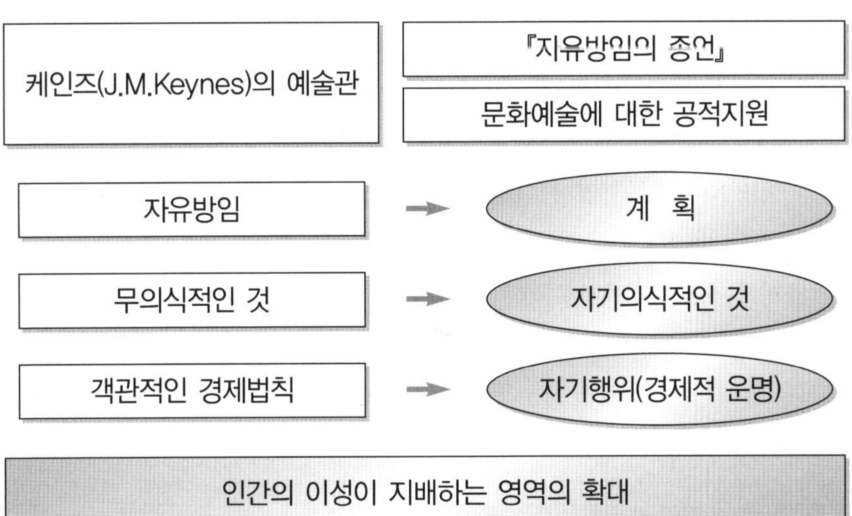

<그림 1-8> 케인즈의 정부역할론

의거하여 문화 · 예술을 지원하는 조직의 원칙을 다음과 같이 설정했다.[12)]

① 정부는 문화 · 예술을 지원하는 조직에게 자주적 운영과 그것을 보증하기 위한 여러 가지 권한을 넘겨줄 것

② 중앙은 필요한 권한을 지방에 넘겨주고 독립된 지방의 단위로 하여금 집행케 할 것

③ 문화 · 예술을 지원하는 조직은 정부(중앙 및 지방), 협회(비영리조직), 기업 등과의 연대를 강화할 것

오늘날 예술지원을 목표로 한 많은 공공기관들이 이와 같은 광역적인 지방자치단체의 자주성을 중시하면서 중앙정부의 조정력도 작용하는 체제를 갖추게 된 데에는 케인즈적 발상이 적지 않게 작용하고 있다는 사실만으로도 그가 문화경제학에 남긴 공헌은 결코 무시될 수 없다.

이상에서 살펴보았듯이 생산과 소비의 사회화 · 도시화의 진전과정에서 도시 · 농촌문제, 환경문제 등의 지역문제가 발생하게 되면, 이에 대응하여 공권력에 의한 지역사회의 관리 · 개조정책이 지역개발 차원에서 이루어져 왔다. 그런데 현대자본주의의 본질로서 실시되고 있는 지역개발은 지역문제의 해결보다도 산업정책을 우선시하고 현체제의 유지라는 구조틀 속에서 자본주의의 무정부성을 온존하기 위해 지역문제를 해결한다든지 그렇지 않으면 오히려 그러한 상황을 더욱 악화시키는 경향이 있다. 이것은 그동안의 거점개발이나 대규모개발이 지역의 경제진흥정책이나 환경정책의 측면에서 실패했음을 의미한다.[13)]

따라서 최근 고도경제성장의 주역인 거대기업을 중심으로 하는 효율적 생산체제와 그것을 지탱해 온 관료기구가 모든 사회적 병폐의 원인이며, 인간의 생명이나 지구환경이 경제발전의 희생양이 되어 왔다는 비판이 제기되고 있다. 이러한 가운데 경제학의 분야에 있어서 『생명과 환경을 기초로 한 경제학』으로서 『환경경제학』, 『문화경제학』의 제창과 그 체계화는 시대적 요청이라고 할 수 있다.

---

12) 김문환, 앞의 책, pp.17~22.

13) 宮本憲一編, 1977, 大都市とコンビナート · 大阪, 筑摩書房, 地域經濟論, 宮本憲一 · 横田茂 · 中村剛治郎 編, 1990, 有斐閣ブックス, p.327.

제3절 문화경제학의 장르별 교과체계 개괄

1. 문화경제학의 장르

문화경제학은 생산 · 교환 · 분배 · 소비측면에서 인간사회의 문화예술활동을 연구하는 학문이다. 이 학문은 기존의 경제학을 활용하여 문화예술활동을 분석한다는 점에서 일종의 응용경제학이다. 미시경제학이 가계와 기업의 경제행위와 관련이 있다면 문화경제학은 인간의 문화예술활동과 관련이 깊다.

문화경제학에서 인간의 문화예술활동에 대한 분석을 할 때 교과체계 상 다음과 같은 몇 가지 측면이 강조되어 서술되고 있다. 즉 ① 문화경제학의 태동과 학문적 조류 ② 인간의 문화예술활동이 경제학적 분석 대상이 될 수 있는 근거 ③ 경제학적 분석 대상이 될 수 있는 문화예술활동의 장르(가령, 대중문화상품, 공연예술, 미술품, 문화유산, 박물관이나 미술관 등) ④ 일반상품시장과 문화예술상품시장의 특성 차이 분석 ⑤ 문화산업이 경제에 미치는 효과(생산유발효과, 부가가치유발효과, 고용유발효과, 간접세유발효과 등) ⑥ 정부가 문화예술시장에 개입해야만 하는 경제학적 근거와 방법 ⑦ 법경제학 차원에서의 지적재산권 관련 분석 등을 들 수 있다.

문화와 경제의 관련성을 고려하여 문화경제학과 유사 학문분야의 영역을 매트릭스 형식으로 분류해 보면 다음과 같다.

문화(예술)를 대상으로 하여 경제학적인 방법론에 입각하여 분석하는 것이 문화경제학(예술경제학)이고, 문화(예술)를 대상으로 경영자원화하여 일정한 경영 성과를 달성하려는 연구 분야가 문화경영학(예술경영학)이다. 한편 경제현상을 문화(예술)론적인 관점에서 분석하려고 하는 것이 경제문화학(경제예술학) 또는 경제미학이라 할 수 있으며, 경영현상을 문화(예술)론적 관점에서 분석하려는 분야가 경영문화학(경영예술학) 또는 경영미학이라 할 수 있다.

<표 1-1>
문화경제학 및 관련 교과 학문영역 분류

구 분	경 제		경 영	
문 화	문화경제학	경제문화학 (경제미학)	문화경영학	경영문화학 (경영미학)
예 술	예술경제학	경제예술학	예술경영학	경영예술학

주 : 한국문화경제학회, 문화경제학 만나기, 김영사, p.539에서 내용 수정 인용

2. 문화경제학의 교과체계 변화 전망

문화산업에 있어서 독점적 구조는 궁극적으로 선 · 후진국간 문화상품 교역의 불균형적 구조를 초래하고 이로 인해 문화적 정체성과 다양성이 위협을 받게 된다. 게다가 한미 FTA협상이 타결되고, EU와 FTA협상이 진행되고 있는 시점에서 문화경제학의 역할이 상대적으로 중요하게 여겨지고 있다.

첫째, 학제 간 연구가 더욱 확대될 것으로 예상된다. 문화경제학은 응용경제학이라는 점에서 소비자경제학, 도시경제학, 환경경제학, 노동경제학 등과 같은 경제이론들과 학제 간 유용한 연구가 확대될 것으로 보인다. 여기에는 철학 · 미학 · 역사학 · 사회학 · 정치학 · 심리학 · 경제학적 접근이 상호보완적으로 이루어져야 한다.

둘째, 문화경제학의 연구성과가 경제학의 발달에 크게 공헌할 것이다. 그동안 문화경제학은 전통적인 경제학적 방법을 주된 기반으로 하여 문화를 연구하는데 충실하였다면, 향후 문화경제학은 경제이론 자체에 어떤 영향

을 주게 될 것인가에 대해 많은 연구가 진행되고 있다.

셋째, 문화시장에 대한 연구가 더욱 활성화될 것이다. 과거에는 문화예술에 대한 정부의 지원정책에 초점이 맞추어져 있었지만, 최근에는 문화시장과 문화산업 그 자체에 대한 분석이 많이 요구되고 있다.

넷째, 문화관련 통계가 체계적으로 정비되어야 할 것이다. 우리나라와 같이 최근 문화관련 통계에 대한 중요성으로 인해 사회적인 공감대가 형성되어져 가고 있는 시점에서 문화통계의 수집 및 생산은 매우 중요한 당면과제이다.

제2장

문화자본 돋보기로 보는 글로벌 경영

이 장에서는 글로벌 경쟁력의 격차가 발생하는 원인을 문화자본에서 찾아야 한다는 점에서 문화자본에 대한 이론적 검토를 한 뒤, 문화자본 돋보기로 보는 이미지 경제와 글로벌 경영우위 전략에 대해서 소개하기로 한다.

제1절 문화자본과 글로벌 경쟁력 격차

1. 문화시대의 화두

바야흐로 21세기는 문화의 세기라고 우리는 서슴없이 합의를 해 놓은 상태이다. 그런 만큼 우리는 문화를 어떤 관점에서 인식하고 어떻게 생활에 슬기롭게 활용할 것인지에 대해서 체계적인 검토와 이해가 필요한 때라고 본다. 문화는 우리의 삶을 풍요롭게 하고 지역과 세대를 이어준다. 문화를 통해 우리는 민족이나 국가의 정체성도 알 수 있다. 이러한 문화는 최근 경제와 산업, 심지어 국가 경쟁력의 원천으로서 새롭게 활용되고 있다. 따라서 문화의 창조야말로 삶의 질을 확보하고 국가와 미래를 보장하는 원천수인 것이다.

따라서 세계화, 정보화 등 거대한 물결의 도래로 산업사회의 패러다임이 변화하면서 그 동안 홀대받았던 문화부문의 중요성이 과거 어느 때보다 중시되고 있다. 국가나 기업의 경쟁력과 생산성에 무형적 인프라로서의 문화가 강조될 뿐만 아니라 문화 자체가 하나의 중요한 산업영역으로 많은 부가가치 창출의 대상이 되고 있다. 또한 21세기는 유연성에 기초한 소프트파워(soft-power)[14]가 창의력으로 연결되어 새로운 가치가 창출되는 발전 패러다임을 요구하는 시대인 것이다. 즉 소프트파워에 기초한 문화자본이 곧 힘

14) 원래 소프트파워라는 용어는 디지털 용어로 주로 사용되어 왔지만 여기서는 20세기가 권력과 물리적인 힘의 시대였다면 21세기는 부드러움과 유연함 속에서 오히려 창의력이 표출되는 감성파워 시대를 대변하는 의미로 사용되고 있다.

이 되는 시대가 온 것이다.

이렇듯 우리는 산업사회의 포디즘(fordism)적 생산시스템 하에서 각광을 받아왔던 '경제자본(economic capital)' 중심의 시대에서, 유연성과 창의성이 요구되는 포스트포디즘(post-fordism)이라는 새로운 시대로 바뀌면서 '문화자본(cultural capital)' 이라는 개념을 수용할 수밖에 없는 상황이 되어버렸다. 이러한 변화의 물결 속에서 문화자본을 단순히 감상적 대상으로만 볼 것이 아니라 경제적 부가가치를 창출할 수 있는 원동력으로 활용할 필요가 있다. 아울러 문화자본을 시민생활의 활력소로서 현대를 살아가는 시민들에게 체화(體化)되어 시민사회라는 저수지에 담아냄으로써, 새로운 시민사회 성장의 에너지원으로 활용할 필요가 있다.

2. 문화가 모든 차이를 만들어낸다.

오늘날 지구상에 살고 있는 60억 인구 중에서 선진국에서 살고 있는 사람은 10억 미만이며, 40억 이상의 인구가 저소득 또는 중하위 소득국가에서 살고 있다. 미국의 경우 『위대한 사회』(great society)를 겨냥하여 수십년간 빈곤과의 전쟁을 치루어왔지만 아직도 빈곤문제가 존재하고 있다. 미국경제가 지난 10년 동안 지속적인 고성장과 저실업률을 견지해왔음에도 불구하고 흑인들은 아직도 27%가 빈곤선에 못미치고 있다. 특히 인구의 30%가 빈곤선(poverty line)을 밑도는 남미계(히스패닉계)는 오히려 흑인보다도 더 가난한 인종이다.

학자나 기자, 정치가 등 많은 사람들은 인류의 발전과 퇴보의 원인을 문화적 가치와 태도에서 찾고 있다. 토크빌(Alexis de Tocqueville)은 오늘의 미국을 만든 것은 민주주의에 잘 부합되는 문화기반(cultural infrastructure)이라고 지적한 바가 있다. 막스 베버(Max Weber)는 자본주의의 발전은 종교적 기초 위에서 다져진 문화적 현상이라고 설파하였다. 또한 에드워드 밴필드(Edward Benfield)는 남부 이탈리아의 권위주의와 빈곤문제를 문화에서 찾고 있다. 그리고 프랑스의 비평가 기 소르망(Guy Sorman)은 한국의 IMF 위기의 원인을 문화적 이미지의 부재로 인한 한국상품의 국가경쟁력

약화에서 비롯되었다고 진단하였다. 특히 데이비드 랑드(David Landes)는 『국가의 부(富)와 빈곤』(The Wealth and Poverty of Nations)이라는 책에서 "문화가 모든 차이를 만들어낸다"라고 서술하고 있다.[15] 그리고 데이비드 쓰로스비(David Throsby)와 마이클 포터(Michael Porter)는 문화가 경제 발전과 경쟁력에 영향을 미친다고 주장하였다.

생산성 패러다임을 번영의 기준으로 제시하는 최근의 경향은 부의 원천이라는 종래의 개념이 많이 바뀌고 있다는 증거이다. 150년 전 사람들은 국가의 번영이 땅, 광물, 노동력 등의 천연자원 또는 인적자원에서 비롯된다고 인식하였다. 그리하여 천연자원이 풍부한 나라는 그렇지 못한 나라에 비해 비교우위(comparative advantage)를 점하고 있다고 보았다. 그러나 현대 글로벌경제에서 기업들은 세계 어디에서나 천연자원을 값싸고 효율적으로 조달할 수 있으며, 해외에서 값싼 노동력도 쉽게 확보할 수 있게 되었다. 따라서 천연자원이나 노동력이 풍부한 것이 경쟁우위(competitve advantage)의 근원이 되지 못한다. 비교우위는 이제 경쟁우위를 보증해 주지 못하고 있다. 비교우위는 노동과 자본 등의 투입을 기반으로 하는 것이고 경쟁우위는 두뇌를 기반으로 하는 것이다. 그러므로 비교우위가 자원경쟁이라면 경쟁우위는 문화경쟁이나 지식경쟁이다.

3. 글로벌 경쟁력 격차

이와 같이 문화경쟁이나 지식경쟁은 곧 글로벌 경쟁력(GC : Global Competitiveness)으로 연결된다. 문화의 차이가 글로벌 경쟁력의 차이를 만들어내기 때문에 21세기는 문화자본을 기반으로 하는 글로벌 경쟁력의 시대이다. 한 개의 GC우위기업이나 한명의 GC개인의 경제규모가 한개의 GC 열위국가의 경제규모보다 크게 될 수도 있다.

예컨대 2005년 기준으로 이디오피아는 인구 7천만 명, 1인당 국민소득 110달러로 국가 전체 경제규모가 77억 달러이다. 같은 해 종업원 7만 명의

15) David Landes, *The Wealth and Poverty of Nations*, New York : Norton, 1998, p.516.

삼성전자 매출액은 720억 달러(이윤은 94억 달러)이고 이것을 부가가치로 환산하면 216억 달러로서 이디오피아 경제규모의 약 3배이고 북한 경제규모(180억 달러)보다 조금 더 크다. 종업원 규모를 기준으로 볼 때 세계 최대 회사인 월마트는 종업원 180만 명을 거느리고 있으며 매출액은 3,156억 달러나 된다. 중국 최대의 기업인 중국석유화학공은 매출액이 삼성전자와 비슷하지만 종업원은 삼성전자보다 무려 70만 명이나 더 많다. 디지털 시대에 일약 세계최고의 갑부가 된 빌게이츠(Bill Gates)의 재산은 465억 달러로 2005년 ⟨포브스(Forbes)⟩지[16]가 선정한 691명의 세계 갑부 중 1위를 차지하였다. 이 금액은 5억원짜리 아파트 100채가 있는 동네를 950개나 가지고 있는 것과 같다. 1956년 단돈 100달러로 주식투자를 시작, 주식투자만으로 엄청난 재산을 모은 이 시대 전대미문의 투자자 워렌 버펫(Warren Buffett)은 현재는 빌게이츠 다음의 재력가로 알려져 있으며 그의 재산은 440억 달러이다. 그는 뉴욕에서 2천km 이상 떨어진 고향 네브래스카의 오마하에서 40년 전 3만 달러쯤 주고 산 허름한 집에 산다. 시골에 도사처럼 틀어 앉아서도 시장의 흐름을 꿰뚫는다 해서 '오마하의 현인(賢人)'으로 불린다. 지난 40여 년 동안 연평균 22.8%의 경이적인 수익률을 올려왔던 그의 투자원칙에는 특별한 비법이 있었던 것이 아니라, 기본에 충실하고 인내하며 상식에 바탕을 둔 올바른 판단이 있었던 것이다. 워렌 버펫은 1965년부터 2004년까지 약 40년간 연평균수익률은 고작 22.8% 밖에 안 된다. 가령 1965년 1,000만원을 투자하여 복리로 22.8%의 연평균수익률을 적용하면 2004년에는 285억원이 된다는 계산이 나온다. 워렌 버펫과의 식사 한끼 같이 하는데 무려 2억원을 지불해야 한다. 그러나 그렇게 해서 얻은 재테크 정보로 주식투자를 한 사람들 중에서 주식투자에 성공한 사람은 드물다.

16) 이건희 회장 일가는 43억 달러로 122위, 정몽구 회장은 15억 달러로 437위를 기록하고 있다.

제2절 문화자본에 대한 이론적 검토

1. 부르디외의 문화자본론

문화자본이라는 말은 학자들에 의해 다소 엄격하게 사용되어 왔다. 그 용어가 가장 폭넓게 사용된 것은 삐에르 부르디외(P. Bourdieu) 이후 사회학이나 문화 연구에서 비롯되었다. 그에 따르면 이러한 문화자본은 세 가지 유형[17] 즉 체화(體化)된 문화자본, 객관화된 문화자본, 제도화된 문화자본으로 구분하고 이 중 체화된 문화자본이 가장 중요한 자본으로 인식하고 있다. 그는 문화자본의 대부분의 특성들이 원초적인 상태에서 신체와 연결되어 있거나 체화가 전제되어 있다는 사실에서부터 연유된다고 주장하고 있다.[18] 그러므로 그에 의해 주장된 문화자본의 개념은 경제학에 있어서의 인간자본의 개념과 동일하진 않지만 매우 밀접한 관계를 가지고 있다는 것이 명백하다.[19]

부르디외는 기존의 계급이론은 수정되어야 하며, 취향문화를 면밀히 검토해 볼 필요가 있다고 주장한다. 여기서 '티 내기' 라는 개념은 지배계급의

17) 여기서 체화된 문화자본은 개인의 정신과 육체에 대한 지속적인 경향성을 말하고, 객관화된 문화자본은 그림, 책, 사전, 도구, 기계 등과 같이 문화적 재화로 변형된 문화자본(Bourdieu, 1986, p.243)을 의미하며, 제도화된 문화자본은 체화된 문화자본이 학문적인 자질 또는 학력의 형태로 인식될 때의 자본을 나타낸다.

18) Bourdieu, P., 1986, "Forms of Capital", in John G. Richardson(ed), Handbook of Theory and Research for the Sociology of Education, Greenwood. New York. p.244.

19) Robbins, Derek, 1991, *The Work of Pierre Bourdieu : Recognizing Society*, Open University Press, Milton Keynes, p.154.

일상적인 문화를 이해하는 데 중요한 역할을 한다. '티 내기'는 행위자들이 사회적인 구별을 확실히 하고 서로 구분되는 인지양식을 확보하기 위해 사용되는 전략을 말한다.[20)]

부르디외의 설문조사[21)] 결과에 따르면, 중상류층 사람들은 대중적 취향과 구별해 자신의 라이프스타일에 우월한 문화적 가치의 '아우라(aura)[22)]'를 부여하고자 한다는 것을 알게 되었다.

또한 일상생활 공간에서 개인들은 특정한 사회적 위치를 차지하게 되고, 해당 위치에 따른 제도화된 사회규칙 속에서 행동한다. 부르디외는 이러한 사회구조와 행위의 통합적 설명을 위해 아비투스(habitus)[23)]라는 개념을 사용하였다. 아비투스는 자본의 양, 자본의 구조, 시간적 변천으로 구성되는데, 여기서 부르디외는 기존 마르크스주의와는 달리 자본을 경제적 차원만이 아닌 다양한 차원으로 재정의하고 있다. 즉 부르디외는 자본을 크게 경제자본, 문화자본, 사회자본(혹은 상징자본을 포함하여 네 가지)으로 나눈다. 경제자본은 금전, 토지, 노동, 수입 등의 경제적 재화의 요소들의 총체로서, 직접 화폐로 전환 가능하고, 소유권의 형식으로 제도화된다. 이는 재산, 소득 등과 같은 화폐를 매개로 한 모든 물적 자원 형태를 포괄한다.[24)] 문화자본은 일정 조건에서 경제자본으로 전환이 가능하며, 가정환경 · 가정교육으로 형성된 아비투스처럼 내면화된 것, 혹은 실재적인 문화재 그리고 학력과 같은 제도화된 것들을 지칭한다. 즉 부르디외는 지배집단의 스타일, 언어, 문화

20) 강준만, 2000, 이미지와의 전쟁, 개마고원, pp.34~35.

21) 부르디외는 1963년 1차 설문조사에 이어, 1967~1968년에 1,200명을 대상으로 2차 설문조사를 실시한 바가 있다. 여기서 그는 사회적 · 지리적 대표성을 가지고 있는 사람들을 표본으로 영화, 음악, 옷입는 스타일, 실내장식, 요리, 스포츠, 휴가목적지 등과 관련된 선호도 조사를 실시했다.

22) 아우라는 독일의 철학가 발터 벤야민(Walter Benjamin : 1892~1940)의 예술이론으로, 예술작품에서 흉내낼 수 없는 고고한 '분위기'를 뜻하는 말이다. 본래는 사람이나 물체에서 발산하는 기운 또는 영기(靈氣) 같은 것을 뜻하는 말이었는데, 1936년 벤야민이 《기술복제시대의 예술작품 Das Kunstwerk im Zeitalter seiner technischen Reproduzierbarkeit》이라는 논문에서 사용하여 예술개념으로 자리잡게 되었다. 벤야민은 기술복제 시대의 예술작품에 일어난 결정적 변화를 '아우라의 붕괴'라고 정의하였다. 아우라는 유일한 원본에서만 나타나는 것이므로 사진이나 영화와 같이 복제되는 작품에는 아우라가 생겨날 수 없다고 하였다.

23) 도시의 중산층 자녀와 지방도시 노동자의 자녀 사이에는 비록 같은 학교에 다니고 같은 책을 읽고 있다고 하더라도, 뛰어넘을 수 없는 벽이 존재한다. 문화적 취향, 옷맵시, 말씨에서부터 걸음걸이까지 한 번 몸에 배인 습관은 쉽사리 바꿀 수 있는 것이 아니다. 이렇게 몸에 새겨진 습관, 행동양식을 피에르 부르디외는 '아비투스'라고 불렀다.

24) 현택수 외, 문화와 권력 – 부르디외 사회학의 이해, 1998, 나남출판, p.110.

적 성향, 심지어는 신체 – 아비투스 – 까지도, 복잡한 전환 과정을 통해 집단의 지배가 유지되도록 현금화되는 문화자본의 범주에 넣고 있다. 지배집단 – 부르디외에게 이 집단은 크게 계급을 중심으로 구성된다 – 출신 학생이 성공하게 되는 것은 이 문화자본의 '소유' 때문이라는 것이다.[25] 사회자본은 사회적 관계의 망(네트워크)을 획득하고 유지하기 위하여 동원할 수 있는 자본을 의미하며, 상징자본은 의식 · 명예 · 위신이 그 상징적 효과를 통해 사회적 관계구성에 영향을 주는 경우를 의미한다.

2. 쓰로스비의 문화자본론

부르디외의 문화자본을 경제학 체계 내의 네 번째 자본 형태로 제시한 사람이 데이비드 쓰로스비이다. 그는 기존의 경제자본 형태로는 문화가 경제에 미치는 영향을 간파할 수 없다고 보고 문화자본을 명시화하고 개념화하였다. 그는 우선 세계문화발전위원회(U.N. World Commission on Culture and Development(WCCD), 1995)의 문화개념을 차용하여 두 가지 측면으로 정의하고 있다.

> 첫 번째는 문화를 소위 "문화산업" 내에서 이루어지는 모든 활동을 포함하는 일련의 활동으로 보는 것이다. 이러한 기능적인 의미에서의 문화는 "경제의 문화영역(culture sector)"으로 나타낼 수 있다. 문화에 대한 두 번째 해석은 인류학적 · 사회학적 관점에서 설명되는 것으로서 다양한 사회를 움직이는 기본요소인 일련의 태도 · 습관 · 믿음으로 보는 관점이다. 이러한 요소적 의미(constituent sense)에서의 문화는 특정사회의 가치와 관습으로 표현되는데, 오랜 시간에 걸쳐 진화하면서 다음 세대로 전수된다.[26]

결국 위의 기능적 의미나 요소적 의미에 있어서 문화의 핵심요소는 사람들의 활동 속에서 나타나는 집합적 행위나 믿음체계로 표현되는 역할이다.

25) Michael W. Apple, 1993, "What Postmodernists Forget : Cultural Capital and Official Knowledge," Curriculum Studies, 1, pp.301~316.

26) Throsby, D., 1999, "Cultural Capital", *Journal of Cultural Economics* 23.

이러한 측면에 공헌하는 것은 문화적 가치가 있다고 보는 것이다. 그래서 쓰로스비는 문화란 문화적 가치가 내재되어 있는 것으로 보고 있다. 보다 엄밀히 말하면 문화자본은 자산(assets)에 체화된 문화가치의 스톡(stock)이다. 문화자산은 유형적 · 무형적 형태로 존재한다. 유형적 문화자본 자산 스톡(the stock of tangible cultural capital assets)은 문화적 의미를 담지하고 있는 빌딩, 구조물, 장소 및 그림이나 조각 등과 같은 사적재로서 존재하는 예술작품이나 공예품 등이다. 이러한 자산은 직접적인 최종소비재로서 사적재나 공공재처럼 소비될 수 있는 일련의 서비스를 초래하거나 새로운 문화자본을 포함하는 미래의 재화와 서비스 생산에 기여하게 된다. 한편 무형적인 문화자본은 어떤 일정한 단체의 정체성(identity)을 부각시키고 결속시키는데 도움을 주는 사고, 관습, 믿음, 전통 및 가치의 집합을 의미한다. 이러한 무형적인 문화자산 역시 사적인 최종 소비의 일부분을 형성하는 일련의 서비스(a flow of services)를 야기시키거나 미래의 문화적 재화 생산에 기여하게 된다.[27]

한편 쓰로스비는 경제학적 입장에서 문화자본을 유형문화자본과 무형문화자본으로 구분하고 이들의 가치를 설명하기 위해 문화적 가치와 경제적 가치 간의 관계를 분석하였으며 특히 문화자본을 생산요소로 인식하고 이를 통한 경제성장의 분석 가능성을 제시하였을 뿐만 아니라 문화자본에 대한 투자확대를 통한 지속가능한 발전(sustainability)을 언급하였다.

3. 데쯔지의 문화자본론

그러나 일본 신주대학 교수(信州大學 教授)인 야마모또 데쯔지(山本哲士)는 프로이드의 무의식(無意識) · 의식(意識) · 초자아(超自我)라는 철학적 방법론을 원용하여 자본의 개념을 새롭게 정리하였다. 그에 의하면 문화자본은 경제생산과 문화생산의 분리 즉, 산업사회경제 그 자체를 초월하는『자본의 힘』,『문화의 힘』이며, 특히 그는 설계공학적 측면에서 이러한 새로운

27) Throsby, D., *op. cit.*

자본개념을 도입하여 사회경제시스템의 작동원리를 분석하였다.

그는 결국 사회를 움직이는 원동력이 자본이라고 한다면 그것은 자금이나 재화처럼 『구조화된 것』이 아니라 『움직이는 존재』라고 말하고 있다. 다시 말해서 『작용하는 것』과 『구조화된 것』은 완전히 구분되어야만 한다는 것이다. 재화만 생산할 수 있다면 자본으로서 소임을 다했다고 생각하는 것은 자본의 본질을 잘못 이해하고 있다고 보고 있다.[28)]

특히 그는 자본의 개념을 새롭게 인식하고 있는데 즉 제1의 자본은 『경제자본』으로서 새롭게 확대 · 적용이 요구되고, 제2의 자본은 『사회(관계)자본』으로서 『관계의 움직임』을 반영하며, 제3의 자본은 『문화자본』으로서 경제활동의 에너지가 되는 근본적인 힘이라고 보고 있다. 이 세 가지 자본을 더욱 다이내믹하게 움직여 가는 데는 자연자본, 상징자본 이 두 가지 자본의 힘을 고려해야 하는데, 이 자연과 상징의 두 가지 자본이 『환경자본』을 구성하고 있다고 인식하고 있다.[29)]

28) 山本哲士, 1999, 文化資本論, 新曜社, pp.12~14.

29) 山本哲士, 앞의 책, p.15

제3절 문화자본 돋보기로 보는 이미지 경제

1. 문화자본과 기업경영

새드(V.Sathe)와 레이먼(B.C.Reiman)은 1970년대는 기업전략의 시대이고, 1980년대는 기업문화의 시대로 보았다. 미국의 경우 1980년대 초반, 일본의 경우 1980년대 중반, 그리고 우리나라의 경우 1980년대 후반이 기업문화의 시대에 해당한다. 이러한 시대적 변천은 『경제의 시대』에서 『문화의 시대』로의 전환을 의미하며, 기업중심의 논리에서 인간-문화 중심의 논리로의 가치관의 전환을 의미한다.

앨빈 토플러(A. Toffler)는 종래의 제2의 물결 하에서는 토지, 노동력, 원자재 및 자본 등이 생산의 주된 요소였으나 제3의 물결 하에서는 지식이 주된 요소가 되고 있다고 하면서 지식을 자료, 정보, 이미지, 상징, 문화, 이념 및 가치관을 포괄하는 광의의 개념으로 정의하고 있다. 제2의 물결 하에 있는 기업은 고정자산에 의해 기업가치가 평가되었으나 탈냉전시대의 제3의 물결 하에서는 문화를 포함하는 지식을 획득 · 생성 · 유통 · 응용하는 능력이 평가기준이 될 것이라고[30] 하였다.

기업경영에 문화성의 개념을 도입한 사이토(齋藤) 교수는 성과일변도의

30) Toffler, A., *The Third Wave*, 1993, pp.38~39.

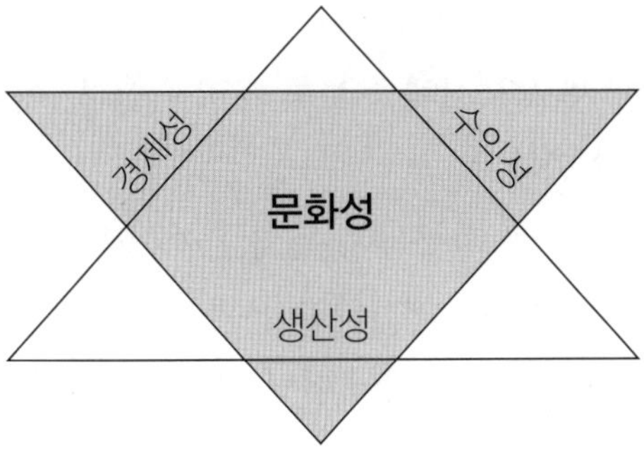

〈문화성의 계(系)〉
- 인간성
- 미적인 생활
- 윤리 · 도적
- 봉사 · 공헌
- 공동체 · 민족성 사고

<그림 2-1>
문화성의 개념[31]

사고 즉 경제성, 생산성, 수익성만으로는 만족할 만한 기업경영성과를 달성할 수 없고 이들을 포괄하는 문화적 사고 즉 문화성이 가미되어야 한다고[32] 보고 있다.

따라서 기업이 경영활동을 하는데 있어 그 사회의 문화수준은 중요하며 사람들의 의식수준이 높아지고 물질적으로 여유가 생기면서 눈에 보이는 것뿐만 아니라 문화적 교양을 쌓으려는 욕구가 생긴다. 비록 장기적이고 당장 눈에 띄는 것은 아니지만 기업이 메세나 활동을 해야 하는 이유와 필요성이 여기에 있다.

2. 문화자본과 이미지 경제

요즘은 이미지가 세상의 주인공이 되어버렸다. 인간이 만든 이미지는 그 스스로 확대 재생산 시스템을 갖추어 자가발전하는 경향을 보인다. 온갖 이미지들의 거품 속에서 애초에 이미지를 만들기 시작했던 인간마저도 그 거품 안에 갇혀 버리는 형국을 연상케 한다. 프랑스의 사회학자 장 보드리야르(Jean Baudrillard)의 말을 굳이 빌리지 않더라도, 이미지의 기호 가치가 최상의 가치가 되어 버린 요즘, 실제를 넘어선 복제의 시대, 시뮬라시옹의 위력을 실감케 하고 있다. 이렇듯 인간이 만든 이미지라는 숲 속에서 현대

31) 齋藤弘行, 앞의 책, p.38.
32) 齋藤弘行, 經營學總論, 中央經濟社, 1993, p.37.

인들은 길을 잃고 방황을 하고 있다. 결국 이미지는 우리의 실체의 눈을 가리게 하고 이미지의 노예가 되어 새로운 실체를 보지 못하게 한다. 이미지는 현실을 철저하게 지배해 버리고 만다.

시뮬라시옹을 기업경영에 긍정적으로 활용할 수는 없을까? 21세기 기업에게는 기업메세나 활동을 통해 이미지를 개선하고 문화를 자본화시키는 전략이 요구된다. 아울러 이미지를 한갖 실루엣이 아닌 실체적 성과물을 만들어 내는 거울로 활용하는 슬기를 발휘해 나가야 할 것이다.

일례로 일본이 경제동물이라는 오명에서 벗어나 문화국가로서의 이미지로 넘어갔던 과정을 되돌아볼 필요가 있다. 그들은 스시, 가부끼, 후지산, 스모, 닌자 등 서양인이 동양에 대해 갖고 있는 신비감, 즉 오리엔탈리즘(orientalism)을 적극 활용하였고 기업들이 공동으로 세계 각국의 주요 도시에서 일본문화 주간을 열어 문화 이미지를 심어나갔다.[33]

특히 SONY사의 경우 상징자본을 중요시해 왔다. 사회관계자본의 『신용』이란 실제의 인간관계 · 사회관계인데, 상징자본으로서의 『신용』이라는 것은 신뢰감과 같은 추상적 · 심리적인 것이다. 예컨대 SONY의 마크를 본 것만으로 이것은 품질이 좋다고 신뢰(신용)하는 것은 상징자본이 기능하고 있기 때문이다. 제품의 품질은 잘 몰라도 『○○회사의 물건이기 때문에』 좋다든가, 사원들의 능력이나 인격을 몰라도 『○○회사의 사원이기 때문에』 신뢰할 수 있다는 식으로 지칭되는 경우이다.

그 동안 한국 경제의 발전을 가능하게 한 경쟁력의 핵심은 가격이었지만 중국과 동남아시아의 중저가 공세에 밀려 한국기업의 가격경쟁력은 상실하게 되었다. 아울러 무차별적인 시장개방으로 한국기업들이 내수시장에서 누려왔던 상대적 특권도 더 이상 기대할 수 없게 되었다. 이제 한국기업들은 고부가가치화를 통한 중고가(中高價) 시장에 승부를 걸어야 한다. 중고가 시장의 특성은 가격과 품질이 아니라 이미지가 소비자의 선택을 결정해 버린다.

---

33) 기 소르망은 한 인터뷰 기사에서 한국 문화예술은 일본 문화예술에 비해 국제적인 경쟁력은 있으나 현대화되어 있지 않고 잘 알려져 있지 않다는 말을 한 적이 있다. 이는 세계시장에 대한 한국기업의 마케팅 전략에서 우리 나라 문화예술이 갖는 잠재력과 한계를 동시에 보여주는 것이다. 최근 난타, 명성황후 등 전통문화를 소재로 현대화한 문화예술 작품들은 우리 나라 문화예술의 잠재력을 현실화할 수 있는 가능성을 보여주는 예들이다.

상품의 이미지는 세 가지 층위를 갖는다. ① 상품의 브랜드, ② 상품을 만들어낸 기업의 이미지, ③ 상품이 만들어진 국가의 문화적 이미지이다. 브랜드, 기업이미지, 국가의 문화적 이미지는 한국경제가 세계시장에서 경쟁력을 갖기 위해 반드시 확보해야할 문화자본이다. 기업은 광고를 통해 브랜드 파워를 창출해 왔다. 기업은 CIP(Coporate Identity Program)[34]를 통해 기업 이미지를 창출해 왔다. 매년 기업은 막대한 비용을 광고와 CIP에 사용하고 있다. 그러나 국가의 문화적 이미지가 뒷받침되지 않는 브랜드 · 기업이미지라는 한계가 있다. 한류 열풍이 단적으로 증명하듯이 국가의 문화적 이미지가 확고하게 형성될수록, 막대한 광고비나 CIP 비용을 들이지 않고도 문화예술을 통해 더 효과적으로 시장을 확대할 수 있다.

34) CIP는 기업 아이덴티티 프로그램, MI(Mind Identity), BI(Behavior Identity), VI(Visual Identity)의 요소가 기업의 사회적 가치와 역할을 명확히 하고 구성원 및 관계자, 사회의 이해와 인식을 새롭게 하여 자기 동일화를 추진하여 기업의 자기인식으로 부터 자기표현에 이르는 일련의 기업이미지 통합 Program으로서 회사 심볼, 로고(고유의 서체 개발), 서식류, 사인 시스템(안내 표지), 차량 디자인, 유니폼 등등 기업을 하나로 통일감 있게 통합해서 디자인 "기업(산업체) 이미지 통합계획"이라고도 한다.

제4절 문화자본경영을 통한 글로벌 경쟁우위 전략

1. 베네통그룹의 글로벌 경쟁우위 전략

21세기 문화경제전쟁의 시대에 문화시장의 신개척을 위해서는 문화자본경영을 통한 글로벌 경쟁우위 전략이 요구된다. 여기서는 베네통그룹의 회장인 루치아노 베네통(Luciano Benetton)의 글로벌 마인드에 입각한 경쟁우위전략에 대한 사례를 살펴보기로 한다.

그는 1935년 이탈리아 베네토주의 폰차노 마을에서 태어났다. 폰차노 마을은 프랑스의 세계적인 디자이너 피에르 가르뎅의 고향인 트레비조 도심에서 약간 떨어진 교외의 가난한 농촌이었는데, 장남인 그는 일찍이 아버지를 여의고, 16세때 공부를 포기한 채, 어머니와 동생 셋을 부양하기 위해 고향인 트레비조에서 옷가게의 점원으로 사회생활을 시작하였다. 당시 그의 여동생 줄리아나는 뜨개질에 뛰어난 재질을 가지고 있어서, 동생의 니트제품을 팔게 되었고 이 사업이 계기가 되어 오늘날 베네통 그룹이 탄생하게 되었다. 1965년 베니스 북방에서 보잘 것 없는 좁은 가게로 창업한 의류회사 베네통은 오늘날 한국을 포함해 전세계 110개국 8,000여 소매점을 거느리고 연간 8,000여만 벌의 옷을 생산하고 있는 거대기업으로 변신하였다. 그의 여동생 줄리아나는 지금도 200여 명의 디자이너와 함께 베네통의 디자인을 선도하고 있다.

베네통의 사업 성공비결은 여러 가지가 있지만 무엇보다도 후염색방식과 독특한 유통시스템 및 매장관리, 충격광고, 글로벌 경영전략 등을 들 수 있다.

첫째로 베네통은 독특한 후염색방식의 개발로 승부를 걸었다. 후염색방식은 베네통이 스스로 개발한 것인데, 이 방식은 처음부터 실을 염색하는 기존의 방식과는 달리 미리 옷을 만들어 놓고 나중에 수요자의 주문에 따라 염색하는 것으로서 이 방식을 채택할 경우 표적시장에 따라 원하는 색깔이나 디자인 등 유행에 재빨리 대처할 수 있다는 장점이 있다.

둘째로 베네통은 독특한 유통시스템과 매장관리로 차별화된 경영을 하였다. 베네통은 전세계 판매망을 관리하는 최첨단 유통시스템을 도입해 매장에 불필요한 재고품을 남기지 않는 것으로 잘 알려져 있다.

셋째로 베네통은 충격적인 소재로 광고를 함으로써 광고효과를 극대화하였다. 현재 베네통에는 30대 젊은이 6~7명으로 구성된 사업기획팀이 회사발전 아이디어를 집중적으로 개발하고 있지만 충격광고는 베네통의 핵심경영전략 중의 하나가 되어버렸다. 베네통 광고에서 특이한 것은 TV광고를 전혀 하지 않는다는 점이다. 베네통의 광고부장 파올로 란디의 말에 따르면 본사의 12명 직원이 총 매출액의 4% 이내(1998년 기준 1,100억원)에서 60개국을 상대로 포스터 등 이미지 광고만 한다는 것이다. 특히 광고 내용 중에는 인간평등과 박애주의를 주제로 하는 충격요법을 광고에 활용함으로써 마케팅 효과를 극대화하고 있다.

가령 1980년대 초반 흑인과 백인, 아시아인들과 함께 들어간 베네통 광고는 미국으로부터 빗발치는 항의를 받았다. 베네통은 "회사로 보내온 인종편견에 가득찬 항의 편지를 보고 인종차별 문제를 해결하는데 기여해야겠다는 생각을 더 하게 되었다"고 말한다.[35)]

널리 알려진 것들로는 백인 꼬마 천사와 흑인 꼬마 악마를 내세운 광고, 풍선처럼 떠다니는 갖가지 색의 콘돔광고, 똑같이 수갑을 찬 흑인의 손과 백인의 손을 대비시킨 광고, 인종주의자들을 비웃거리기라도 하듯 똑같이 혀를 내밀고 조롱하는 표정을 지은 흑인 · 백인 · 황인종 소녀들을 보여준 광고, 심장의 색깔로는 인종을 구분할 수 없다는 점을 강조하기 위해 Black, White, Yellow라고 각각 쓰여져 있는 3개의 흑인 · 백인 · 황인종 심장을 동시에 나열

35) 윤호미, "못 가진자와 나누려 옷벗었다", 『조선일보』, 1993.10.20. 5면.

한 광고, 걸프전에서 유전 폭파로 기름이 넘쳐 흐르는 냇가에서 기름으로 뒤범벅된 오리를 보여준 광고, 흑인 여자의 젖을 먹는 백인 갓난 아기를 보여준 광고, 에이즈 양성반응이라는 스탬프가 찍힌 환자의 엉덩이를 보여준 광고, 같은 종족에 둘러싸인 색소결핍증 환자를 보여준 광고 등을 들 수 있다.[36)]

베네통 광고는 다 나름대로의 메시지를 담고 있다. 적어도 베네통사의 주장에 따르면 그렇다. 1991년에 제작된 '탯줄이 달린 여자 갓난아이' 광고를 낸 해에 유럽에서 가장 화제가 되었던 것인데, 1천 통이 넘는 항의 전화가 빗발쳐 이탈리아와 프랑스에서는 광고가 금지되기도 했다. 그러나 베네통 광고의 전담 사진작가 올리비에로 토스카니(Oliviero Toscani)는 그 광고가 아직까지도 세계적으로 사회문제가 되고 있는 남아선호사상에 대한 고발이라고 주장한다.[37)]

1993년 초 베네통 자신이 검은 테 안경만 걸친 나체로 자사 광고모델로 나선 것도 큰 화제를 불러일으켰다. 베네통은 이 광고가 1992년 남아프리카를 방문해 그 곳의 극심한 빈부격차를 보고 못 가진 자들과 나누자는 뜻에서 옷을 벗기로 했다고 말한다.[38)]

베네통은 1993년 4월에는 자사 선전용 잡지 『컬러스』(Colors)에 세계적인 저명인사 5명의 피부색을 완전히 뒤바꿔놓은 사진을 실었다. 컴퓨터를 이용한 화상처리 조작으로 만들어진 사진들은 엘리자베드 여왕과 아놀드 슈왈츠제네거는 흑인으로, 마이클 잭슨과 흑인 영화감독 스파이크 리는 푸른 눈을 가진 백인으로, 교황 바오로 2세는 황인종으로 바꿔놓았다. 물론 이 사진들은 세계적으로 큰 논란을 불러일으켰다.

그러나 그런 비난에 굴하지 않고 베네통사는 1993년 6월 프랑스의 일간 『리베라시옹』에 56명의 남녀 성기의 실물 사진을 나란히 나열해 놓은, 더욱 충격적인 광고를 실었다. 여러 가지 피부색의 남녀 성인 및 어린이 성기 사진을 실은 이 광고가 나가자마자 프랑스의 라디오 방송에는 즉각 찬반양론의 논평과 시민들의 반응이 줄을 이었는데, 프랑스 언론광고윤리위원회의 루시앙 뷔 위원장은 "공공질서에 대한 명백한 도전"이라면서 제소하겠다고

---

36) 조용준, "평화의 복음인가 '이단'의 주술인가", 『시사저널』, 1994.3.10. pp.82~83.

37) 강준만, 이미지와의 전쟁, 개마고원, 2000.4. p.334.

38) 윤호미, 앞의 기사내용

나섰다. 그러나 베네통 측은 이 광고가 “매우 거칠기는 하나 저속한 광고는 아니며 성의 금기를 깬 것”이라면서 사람들의 얼굴 모습은 계층을 드러내지만 성기만을 보고는 그 같은 구분을 할 수 없으므로 이 광고사진이야말로 모든 인간의 평등성을 보여 주는 것이라고 주장했다.[39)]

넷째로 베네통은 글로벌 경영전략으로 세계시장을 석권하였다. 이미 다국적 기업으로 성장한 베네통은 일찍이 세계 무역시장의 전면 개방화 시대를 예견하고 처음으로 다인종광고를 제작하였으며, 우루과이 라운드 타결을 환호하였다. 광고에서 가장 눈에 띄는 글로벌 전략은 다인종을 부각시키는 광고이다. 지난 1994년 한국모델 홍진경 씨가 베네통 광고모델로 선발된 것도 바로 그런 이유에서 비롯되었다. 베네통사는 다인종 광고에 힘입어 1988년 이래 아시아 · 아프리카를 포함, 전세계 판매망을 8,000여 개로 늘렸다. 베네통사는 전체 매출액의 80%를 해외에서 벌어들인다.

『컬러스』라는 잡지를 발간하고 있는 ‘파브리카(Fabrica)’라는 연구소에는 25세 이하의 전세계 젊은이 30명이 모여 영화 · TV · 디자인 · 음악 · 책디자인 · 사진 · 컴퓨터 그래픽 등을 마음껏 연구하고 있다. 이곳에 온 지 1년 되었다는 한 일본 학생은 “우리는 자유롭다. 베네통사와 아무런 작업도 같이 하지 않는다”며 “가끔씩 토스카니 씨나 베네통 씨가 와서 다음 세대의 유행 등에 대해 토론할 뿐”이라고 말했다. 페데리코 사토 홍보부장은 “이 곳 학생들은 전세계적인 조사를 통해 비공식적으로 뽑은 창의성의 전사들”이라며 “이미 이들의 작품이 칸이나 베를린 영화제 등에서 두각을 나타내고 있다”고 말했다. 이제 세계 각국의 많은 사람들이 베네통 제품은 본 적이 없더라도 베네통이라는 이름은 잘 알게 되었다.

베네통사의 경영우위전략에서도 알 수 있듯이 자사의 이미지를 소비자들에게 강하게 인식시키기 위한 여러 가지 경영전략을 구사하고 있다. 그리고 철저하게 소비자의 입장에서 마케팅 전략을 세우고 변화에 신속하게 적응하면서 글로벌경영을 하고 있다.[40)]

---

39) “베네통 성기 사진 논란”, 『한국일보』, 1993.6.11. 7면 : “이 베네통사 광고 또 논란”, 『중앙일보』, 1993.6.10. 7면.

40) 베네통사의 본사건물은 햇볕에 의해 반사되는 각도에 따라 지붕의 색깔이 오색으로 변한다고 한다. 이것은 환경변화에 따른 신속한 대응을 해야 살아남을 수 있다는 이 회사의 경영이념을 상징하고 있다고 한다.

2. 블루오션 전략에 의한 경쟁우위 확보

블루오션 전략이란 차별화와 저비용을 통해 경쟁이 없는 새로운 시장을 창출하려는 경영전략을 말한다. 이 전략은 프랑스 유럽경영대학원 인시아드의 한국인 김위찬 교수와 르네 마보안(Renee Mauborgne) 교수가 1990년대 중반 가치혁신(value innovation) 이론과 함께 제창한 기업 경영전략론이다. 블루오션(blue ocean : 푸른 바다)이란 수많은 경쟁자들로 우글거리는 레드오션(red ocean : 붉은 바다)과 상반되는 개념으로, 경쟁자들이 없는 무경쟁시장을 의미한다. 블루오션 전략은 두 교수가 1990년대부터 연구해 온 이론을 집대성한 책이다. 기업이 더 많은 가치를 창출하기 위해서는 경쟁시장이 아니라, 경쟁이 없는 새로운 시장을 창출해야 한다는 내용을 담고 있다. 즉 블루오션 전략은 산업혁명 이래로 기업들이 끊임없이 거듭해 온 경쟁의 원리에서 벗어나, 발상의 전환을 통해 고객이 모르던 전혀 새로운 시장을 창출해야 한다는 전략이다.

이 새로운 시장은 차별화와 저비용을 동시에 추구함으로써 기업과 고객 모두에게 가치의 비약적 증진을 제공하는 시장으로, 다른 기업과 경쟁할 필요가 없는 무경쟁 시장이다. 쉽게 말해 기존의 치열한 경쟁시장 속에서 시장점유율을 확보하기 위해 애쓰는 것이 아니라, 매력적인 제품과 서비스를 통해 자신만의 독특한 시장, 곧 싸우지 않고 이길 수 있는 시장을 만들어 내

<그림 2-2>
박태환 선수와 아마추어의 생존경쟁 시나리오

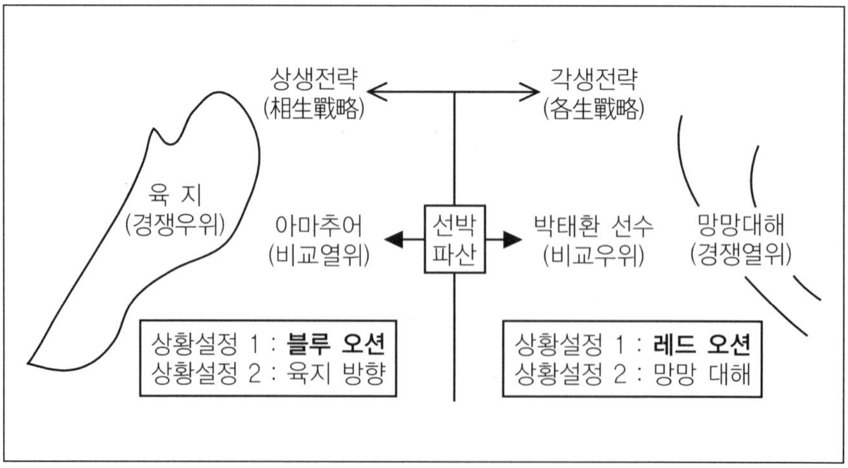

는 전략을 말한다.

블루오션에서 경쟁우위 전략을 선택하는 개인 · 기업 · 국가는 지속적으로 글로벌 경쟁력이 증가할 것이지만 레드오션에서 비교우위의 출혈경쟁으로부터 탈출하지 못하면 이들은 가난하게 살아갈 수밖에 없다. 비교우위와 경제자본에만 의존하는 레드오션의 격랑 속에서 치열한 출혈경쟁의 아비규환을 넘어, 경쟁우위와 문화자본을 통한 경쟁 없는 블루오션으로 출항하는 기회를 포착하는 전략적 선택이 요구된다.

만약 세계적으로 유명한 수영선수인 박태환 선수와 아마추어 수영선수가 함께 타고 있는 선박이 파산되었다고 가정해 보자. 이 상황에서는 아마추어 선수보다 훨씬 수영에 있어서 비교우위를 지닌 박태환 선수일지라도 격랑이 몰아치는 망망대해의 붉은바다로 방향을 잡았다면 아무리 수영을 잘해도 육지에 도달할 수는 없을 것이다. 그러나 박태환 선수보다 비교열위에 있는 아마추어 수영선수일 지라도 격랑이 없는 육지방향의 푸른바다를 향해 천천히 수영을 하다보면 결국 육지에 도달할 수 있게 될 것이다.

제5절 트러스트 사회와 국가 경쟁력

한 나라의 경제 문화는 경제에 대한 사상 혹은 패러다임에 많은 영향을 받는다. 20세기에는 경제번영을 보장해 준다고 약속하는 많은 이론들, 예컨대 중앙통제이론, 수입대체이론, 신고전학파의 경제성장이론 등이 있었다. 비생산적인 경제 문화는 뿌리 깊은 사회적 특징으로부터 비롯된다기보다는 선진국에 의해 제공된 이론을 수용할 수밖에 없는 이데올로기적 측면에서 기인한다고 생각된다. 이러한 이론들은 때로는 정치적 통제 수단으로서 동원되기도 한다. 가령 군사 정부는 수입 대체와 자급자족 정책을 선호한다. 왜냐하면 이런 정책을 써야 국민들에 대한 통제를 강화하고 권력을 제멋대로 휘두를 수 있기 때문이다.

그래서 신고전학파의 경제학은 경제적 평준화에 의한 장미빛 낙관론을 제시하고 있지만 이러한 평준화 메커니즘이 특정 상황에서만 작동할 뿐 보편적으로는 많은 문제점을 노출시키고 있다.

이렇듯 세계화 과정에서 각국의 전통 문화가 빛을 잃어가고, 문화적 획일성과 문화적 동질성이라는 문화 세계주의를 강하게 요구받고 있다. 결국 경제발전에 저항하는 가치체계와 순응하는 가치체계 중 어느 체계를 따를 것인지는 그 나라의 문화적 속성과 강도에 달려 있다고 할 수 있다.

세계화와 개방화의 도도한 물결을 슬기롭게 수용하면서 지식 · 문화 · 정보화 사회의 주역으로서 문화자본을 왕성하게 축적할 수 있도록 이들을 위한 합리적인 법적 · 제도적 장치를 마련하고 교육의 현장에서는 이를 새로운 교육목표로 설정하여 운영할 필요가 있다. 문화자본이라는 혁신적 에너지가 시민사회라는 저수지에 지속적으로 축적되고, 시민사회는 문화자본이라는 자양분을 섭취하면서 성숙되는 것이다. 따라서 교육혁신의 새로운 지향점은 우선 사회 각 분야에서 문화자본이 축적되어 생산적인 문화시민사회가 형성되고 이를 지렛대로 사회발전의 축을 만들어 나가는 일이다. 이러한 교육목표의 기본적인 컨셉은 개별적 · 배타적 경쟁 원리에서 협력과 상호 보완의 경쟁 원리인 협경(co-opetition)의 개념을 실현시키는 일이다. 아울러 학교나 기업은 창조적 문화자본경영을 통해 경쟁 없는 블루오션의 길을 모색해 나가야 할 것이다.

'역사의 종말'과 '트러스트'의 저자인 프란시스 후쿠야마(Francis Fukuyama)가 주장하는 트러스트(trust) 사회에 대해 부언을 하고자 한다. 후꾸야마의 주장에 따르면 한 나라의 경쟁력은 그 나라가 고유하게 갖고 있는 신뢰의 수준에 의해 결정된다고 보고 있다. 미국 · 일본 · 독일 · 영국은 고신뢰(高信賴) 사회이고, 프랑스 · 중국 · 이탈리아 · 한국은 저신뢰(低信賴) 사회로 분류하였다. 이제 이데올로기와 제도의 문제가 해결되었기 때문에 남은 핵심문제는 사회자본, 신용자본, 문화자본의 보전과 축적이라고 보고 있다. 실리콘밸리는 서로가 신뢰에 기초한 계약에 의해 지적재산권을 주고받는 거대한 네트워크이다. 실리콘밸리가 성공한 이유는 바로 여기에 있다는 것이다. 동양문화권의 경제를 분석하면 동아시아, 특히 중국, 한국, 대만, 홍콩, 싱가포르 등의 대기업들은 대부분 가족중심 경영에서 벗어나지 못하고 있다. 트러스트가 없는 나라는 절망적이다. 세계는 가족 이상의 신뢰를 요구하고 있다. 21세기의 세계경제는 인간 자체에 대한 신뢰성을 둔 경제만 살아남을 것이다. 신뢰의 자본주의를 구축하는 데 있어서 글로벌 마인드에 입각한 문화교육 혁신시스템이 요구된다. 이제 한국경제의 진로는 부정부패를 척결하고 문화자본 축적을 통한 고신뢰 사회를 만들어 신뢰의 자본주의를 새롭게 구축하는 일이 중요한 당면과제라고 본다.

제3장

문화자본으로 기업을 경영하라

많은 전문가들은 기업이나 국가 · 지역 · 사회 · 개인의 경쟁력 척도가 점차 물질적 · 기술적인 힘에서 감성적 · 문화적인 힘으로 바뀌고 있다고 지적하고 있다. 산업화 · 정보화 시대에 이어 꿈과 감성의 시대 또는 문화와 예술의 전성시대가 펼쳐질 것이라는 예측이 지배적이다. 코펜하겐 미래학 연구소장인 롤프 옌센(Rolf Jensen)은 '이제 정보사회 시대는 지났고 앞으로는 소비자에게 꿈과 감성을 제공해 주는 것이 차별화의 핵심이 되는 드림서사이어티(dream society)의 시대가 온다'고 전망하고 있다.

기업들도 최근 들어 고객의 문화에 대한 욕구 증대를 기업이 주목하기 시작했다. 이는 고객의 소비패턴이 『품질중심(quality centric)』에서 『품격중심(dignity centric)』으로 이행했기 때문이다. 특히 IT 기술과 생산성의 향상에 따라 공급과잉이 나타나 더 이상 싸고 편리한 제품(서비스)만으로는 고객을 만족시킬 수 없게 되었기 때문에 기업차원의 특별한 전략과 마케팅이 요구되고 있다.

이러한 시대적 요구에 부응하여 최근 문화투자에 노력을 하는 기업들이 증가하고 있다. 최근 기업들이 문화에 대한 직 · 간접적인 지원 또는 후원을 통해 기업이미지를 제고하고 있다는 점에서 기업메세나 활동이 중요시 되고 있는데, 이러한 추세를 감안하여 이 장에서는 주로 기업메세나 활동의 기원과 지원 동기 및 각국의 기업메세나 활동에 대해 소개한 뒤, 마지막으로 기업메세나 활동이 경제에 미치는 효과와 기업메세나 활동의 활성화를 위한 정책적 시사점에 대해 언급하고 있다.

제1절 기업메세나 활동의 기원과 지원 동기

1. 메세나의 어원

프랑스어인 메세나(Mêcênat)는 고대 로마제국의 정치가이자 외교관이며, 문예보호운동에 앞장선 가이우스 킬리니우스 마에케나스(Gaius Cilinius Maecenas, BC 76~AD 8)라는 사람의 이름에서 유래된 말인데, 그는 아우구스투스 황제의 충신이면서 문화예술의 보호자로서 당대의 시성(詩聖) 베르길리우스(Vergilius), 호라티우스(Horatius) 등을 물질적 · 재정적으로 극진히 돌보아 로마의 문화예술 부흥에 크게 기여한 인물이다.

메세나[41]는 원래 "예술 · 문화 · 과학에 대한 두터운 보호와 지원"이라는 의미를 가지고 있었지만 현대에 와서는 "스포츠 지원, 사회적 · 인도적 차원에서의 공익사업 지원"이라는 좀더 넓은 의미로 쓰여지고 있다.

역사적으로 메세나의 대표적인 예로는 르네상스 시대의 미켈란젤로, 레오나르도 다빈치 등의 대예술가들을 지원한 피렌체의 메디치 가(家)를 들

41) 기업메세나와 관련된 용어로는 필앤트로피(philanthrophy), 패트로니지(patronage), 메세나(mecenat), 스폰서쉽(sponsorship), 파트너쉽(partnership) 등이 있나. 특히 우리나라에서 기업의 예술지원을 지칭하는 용어로는 후원과 협찬이 있는데, 후원은 필앤트로피 · 패트로니지 · 메세나와 유사한 개념으로서, 박애정신에 입각하여 반대급부 없이 금전이나 현물을 제공하는 기부행위를 의미하며, 협찬은 스폰서쉽 · 파트너쉽과 비슷한 의미로서 기업의 이미지 증진이나 광고 등 보다 확실한 효과를 기대하고 금전이나 현물을 제공하는 행위를 뜻한다(황현탁 역, 1999, 문화경제학, p.202 참조).

수 있다. 19세기부터 20세기 초에 걸쳐 카네기, 멜롱, 록펠러 등 미국의 억만장자들이 막대한 재산을 문화예술지원에 투입하여 국제적인 관심을 불러일으킨 바 있다. 그러나 시대의 권력자나 대부호 개인이 아닌 기업이 문화예술지원에 착수한 기업메세나 출현은 1960년대 중반 이후의 일이다.[42]

2. 기업메세나 활동의 지원 동기

2.1. 경제외적 동기

이윤극대화를 목적으로 하는 민간기업이 문화, 예술, 교육, 종교, 의료 등의 공익부문에 기부하게 되는 동기는 기업의 사회적 책임의 관점에서 논의되어 왔다. 기업을 주주의 개인적인 자산으로 보는 주주 모형(stockholder model)과 기업과 이해관계가 있는 모든 사람의 공동자산으로 보는 이해당사자 모형(stakeholder model)은 기업의 사회적 책임에 대해 서로 다른 견해를 나타내고 있다.[43]

주주모형에 의하면, 주주가 경영자를 선임하고 선임된 경영자는 주주를 위하여 이윤을 극대화시키는 주주의 대리인에 불과하고 기업의 사회적 책임이란 주주의 이윤을 극대화하는 것이다. 그러나 이해당사자 모형에 의하면 기업은 주주의 이익뿐만 아니라 기업의 생산, 판매 활동에 영향을 받는 회사직원, 소비자, 원료판매자, 협력업체, 사회, 정부 등 모든 이해당사자의 이익도 함께 고려하게 된다. 그러나 기업의 문화활동에 대한 지원이 항상 당연한 것으로 받아들여졌던 것은 아니다. 기업의 기부행위가 생소했던 초기에는 주주들의 반대에 부딪친 적도 있었다.[44] 그 후, 기업들이 크게 성장

42) 공식적인 메세나협의회를 가장 먼저 창설한 미국에서는 1966년에 체이스 맨하탄 은행 회장이었던 데이빗 록펠러가 기업의 사회공헌예산의 일부를 문화예술에 지원할 수 있도록 장려하는 기관의 설립을 주장하여 1967년에 예술지원기업위원회(BCA : Business Committee for the Art)가 설립되었다.

43) Feeeman, R. E. & Reed, D. L., "Stockholders and Stakeholders : A New Perspective on Corporate Government", *California Management Review*, p.25, 1983.

44) 미국의 한 기업이 1953년에 프린스턴 대학교에 1천달러를 기부한 것에 반대하여 주주들이 소송을 벌이는 일이 생기기도 했다.

하여 경제와 사회에서 차지하는 비중이 아주 커지면서 대기업이 사회로부터 거두어들이는 막대한 수익의 일부를 사회에 환원해야 하지 않겠는냐는 기업의 사회적 책임론이 대두되면서 사회자선행위를 특히 대기업들이 당연히 수행해야 할 일로 여겨지게 되어 아무런 대가를 바라지 않고 기부하는 것이 관례가 되었다.[45)]

미국의 경우 1950년대 이전만 하더라도 기업의 목표가 오로지 이윤극대화였으며, 문화예술이나 공익부문에 있어서 기업의 사회적 책임이 없었으며, 법률상으로도 주주의 이익과 무관한 지출행위는 불법이었다. 1917년 『적십자전쟁기금』의 형태로 기업의 기부활동이 정당화되고, 1935년부터 기업의 자선적인 기부금이 연방법인세의 세제혜택을 받기 시작하였다. 그 이후 카네기, 록펠러 등의 기업인들이 기업이윤의 사회환원이라는 의미로 지원행위가 이루어졌고, 1950년대 이후 대기업들이 공익부문에까지 지원활동이 활발하게 이루어지기 시작하였다.

우리나라의 경우 문화예술을 포함하는 공익부문에 대한 기업의 지원은 1970년대부터 시작되었으며, 경제성장에 따라 기업이 지원을 위한 재정적 능력을 확보하게 되고, 대기업 중심의 경제성장 전략에 따라 중소기업보다는 주로 대기업이 축적한 부를 사회에 환원해야 한다는 사회적 인식이 확대되었기 때문으로 볼 수 있다.[46)]

기업이 벌어들인 부의 일부를 공익부문에 대해 지원하는 활동은 경제발전과정에서 발생된 사회의 기업에 대한 부정적인 시각을 해소하는 동시에 사회복지증진이라는 정부의 정책과도 부합되었다. 따라서 정부의 대기업위주의 경제정책 과정에서 나타나는 기업의 사회적 책임론의 대두와 함께 대부분의 공익재단도 주로 대기업에 의해 설립되어 왔다.

특히 정부의 규제와 간섭이 많았던 시기에는 정부의 요구에 의해 기업의 사회봉사활동이 많았다. 왜냐하면 그 당시에는 정경유착이 곧 기업의 운명과도 직결되었으므로 기업의 입장에서는 정부의 요구를 거부할 수 없었기 때문이다.

45) 한국기업메세나협의회, 기업의 문화예술 지원전략 연구, 2002.

46) 신유근 · 한정화, "한국기업의 사회참여활동", 전경련, 경제회개발원, 1990.

2.2. 경제적 동기

우리나라의 경우 정부의 문화예술을 포함한 공익부문에 대한 지원은 정부의 기업재단에 대한 상속세와 증여세에 대한 세제혜택에 기인한 바가 크다고 볼 수 있다. 이런 세제혜택으로 인해 재산의 출연자들은 자신이 소유하고 있는 재산을 출연할 경우 5~50% 정도의 상속세 또는 증여세를 면제받게 되어 지원을 위한 재단을 설립하거나 재단활동에 대한 재산출연 또는 기부활동의 경제적 동기를 갖게 된다. 제1세대의 기업인들이 그들의 후계자들인 자녀들에게 축적된 부를 상속하기 시작한 1970년대 초부터 기업재단의 설립이 시작되었으며, 상속의 시기가 본격적으로 도래한 1980년대 그리고 1990년대 초반에 이르러 기업재단의 설립이 이루어지는 것을 이와 같은 동기에 의한 것으로 짐작해 볼 수 있다.[47]

그러나 이런 현상으로 기업 또는 기업인들에 의해 비영리 기업재단의 설립을 세제혜택의 동기에서만 찾을 수 있는 것은 아니다. 기업의 비영리단체를 통한 지원을 조세혜택에 기인한 것으로 보는 견해에 대해 소병희 모형을 통한 분석에서 정부의 소득세, 법인세에 대한 조세혜택은 기업의 기부금 출연에 직접 영향을 주는 요인으로 보기는 어려우며, 광고홍보효과나 비용절감효과와 같은 요인이 영향을 주는 것으로 분석하고 있다.[48]

최근 확대되고 있는 문화예술을 포함한 공익부문에 대한 기업의 기부활동은 사회 전반에 대해서 좋은 이미지를 확보하기 위한 의도가 강하게 나타나 있다. 특히 상품이 가지는 기업의 이미지는 제품의 판매와 기업의 장기적인 시장확보에 매우 중요한 역할을 한다. 이를 통해 독과점 기업들은 독점이윤을 지속적으로 보장받을 수 있는 사회적 환경을 조성하려고 한다. 또한 기업 경영자는 문화예술을 지원함으로써 얻게 되는 홍보효과의 가치를 인식하고 있다. 문화예술에 대한 지원으로 기업은 문화예술에 대한 자신감과 기업의 정체성을 확보할 수도 있다. 이러한 지원활동을 통해 기업의 이미지가 크게 향상되어 해당 기업에 대한 긍정적인 인식과 홍보효과가 크게 나타날 것이다.

---

47) 박태규, "공익재단 관련 정부의 규제환경", 한국공익재단의 환경변화와 발전방향, 정구현 · 이혜경 공편, 연세대학교 동서문제연구원, 1995.

48) 소병희, "조세 및 규제환경과 비영리기관의 활동", 한국공익재단의 환경변화와 발전방향, 정구현 · 이혜경 공편, 연세대학교 동서문제연구원, 1995.

제2절 각국의 기업메세나협의회 운영 현황

기업의 지식은 기업문화 축적의 산물이며, 기업문화는 과거와 현재를 포함하여 기업에서 일하는 사람들의 지식의 총체라고 할 수 있다. 이러한 기업의 지식은 기업경영원리에 문화라는 요소가 도입되면서 생성되는 것이다. 또한 기업문화는 외부문화와의 관계에 의해 자극을 받고 더욱 내실을 기하게 된다. 오늘날의 진보된 기업경영은 단순한 이윤극대화의 원칙만 고수하는 것이 아니라 철학, 윤리, 미학, 사회공헌 등 모든 요소를 균형 있게 관리하는 것이 요구된다.

19세기 초부터 20세기 초에 걸쳐 카네기, 멜롱, 록펠러 등 미국의 억만장자들이 막대한 자산을 문화예술지원에 투입하여 국제적인 관심을 불러 일으켰다. 시대의 권력자나 부호들에 의한 메세나가 풍부한 문화유산을 보호하고 계승하는데 지대한 공헌을 한 것은 사실이지만, 기업차원에서 문화예술을 지원하는 기업메세나의 출현은 1960년대 중반 이후부터이다. 각국의 기업메세나 활동 조직명칭은 〈표 3-1〉과 같다.

<표 3-1> 각국의 기업메세나 협의회 활동 조직 명칭

국가명	조 직 명 칭	홈페이지 주소
미국	BCA	http://www.bcainc.org
영국	Art & Business	http://www.AandB.org.uk
프랑스	ADIMICAL	http://www.admical.org
유럽연합	CEREC	http://www.cerec.org
캐나다	CBAC	http://businessforarts.org
호주	AbaF	http://www.abaf.au
일본	Kigyo Mecenat Kyogikai	http://www.mecenat.or.jp
한국	한국기업메세나협의회	http://www.mecenat.or.kr

1. 주요국의 기업메세나 활동

1.1. 미국

현대적인 기업메세나 활동은 1966년 체이스 맨허튼 은행 회장이었던 데이비드 록펠러가 문화예술에 의한 『미국의 르네상스』를 제창하면서 기업이 사회공헌예산의 일부를 문화예술에 할당할 것을 장려하는 기관의 설립을 주장하였다. 그 결과 1967년 뉴욕에서 『예술지원기업위원회』(BCA : Business Committee for the Art)가 탄생하기에 이르렀다.

BCA의 출현으로 마침내 극소수의 억만장자가 미국의 문화예술을 독점하는 개인메세나의 시대는 서서히 사라지고, 기업메세나가 다각도로 문화예술을 지원하는 시대가 온 것이다. 1960년대 말에는 미국의 베트남 참전에 반대하는 반체제운동이나 반기성세대 시민운동이 확산되고 있었고 기업이윤의 사회환원은 아랑곳하지 않고 오로지 이윤추구만을 목표로 하는 자본주의적 기업경영방식에 대한 비난의 화살이 날카로웠다. 이런 비난을 피하기 위해 대기업들은 단순한 사회활동을 넘어서서 사회공헌에 기여할 필요성을 느끼게 되었다. 또한 미국기업이 주축이 되었던 다국적 기업이 세계각국으로 진출해 나가면서, 시장확보와 진출국의 민심을 얻기 위해서 자선활동뿐만 아니라 문화예술에 대한 기여의 필요성도 있었던 것이다.[49]

1960년대 말부터 1970년대에 걸쳐 이 운동에 참가한 미국기업의 대부분은 지원에 대하여 반대급부를 요구하지 않고 프로그램 등에 회사이름을 게재하는 정도로 만족하고 있었다. 그러나 1970년대에 들어서 필립 모리스사가 자사가 지원하는 전시회의 광고캠페인을 전국적으로 전개하여 많은 기업들이 자사제품을 선전하는 일반광고 대신, 예술활동 지원과 연계한 광고를 하게 되었다. 특히 1980년대 초에는 아메리칸 익스프레스사가 자사의 카드를 이용한 쇼핑이나 새로운 카드구좌를 개설할 때 일정금액을 특정 예술단체에 기부함으로써 메세나와 연계된 마케팅을 시도하는 혁명적인 마케팅 전략을 개발하자 많은 기업들은 예술지원을 이전의 필랜트로피 부서전담으

49) 후꾸하라 요시하루 · 네모토 초베이, "현대의 기업경영과 박애정신, 메세나", 1998, pp.220~221.

로부터 홍보부, 지역섭외부, 인력관리부 등을 통해 전략적 차원에서 문화예술지원에 대해 적극적으로 검토하기 시작했다.

1.2. 영국

먼저 미국에서 시작된 기업메세나가 국제적인 관심을 불러일으키면서 1976년에는 세계에서 두 번째로 영국의 런던에서 예술지원기업협의회(ABSA : The Association for Sponsorship Incentive Scheme)가 창설되었다. 기부(donation)보다 협찬(sponsorship)에 중점을 둔 ABSA의 예술에 대한 기업메세나의 총액은 창립 당시 60만 파운드에서 1993년에는 5,630만 파운드로 비약적인 발전을 했으며, 영국 내에 7개 사무소를 가진 세계 최대의 협의회로 성장했다.

특히 영국 정부의 문화유산부는 ABSA에 정부의 『기업메세나 장려제도』[50] 운영을 위탁하고, ABSA는 이 특별조치를 활용하여 10년 동안 3,000개가 넘는 영국기업에 매칭펀드(matching fund)를 지원했다.

즉 기업으로부터 5,600만 파운드가 지원되면 3,700만 파운드를 BSIS에 지원하였으며, 이것은 기업들에게 예술지원에 대한 참가를 호소하는 계기가 되었다.

ABSA는 다른 유럽국가 특히 프랑스의 메세나협의회에 비해 기업의 예술지원에 대한 『반대급부』를 적극적으로 인정하려는 입장에서 메세나의 마케팅적 측면을 강조하고 있다.[51]

---

50) BSIS(Business Sponsorship Incentive Scheme)이라고 하며 나중에 '기업정부 연계지원제도'(Pairing Scheme)로 개칭되었는데 BSIS는 정부 주도하에 기업의 스폰서쉽을 촉진시킨다는 의미가 내포되어 있는 반면에, 기업정부 연계지원제도는 기업과 예술 간의 상호발전을 도모하는 파트너쉽 관계를 활성화하기 위해 정부와 기업 간의 매칭펀드 방식을 도입한 것이다.

51) 유럽의 경우 영국과 북유럽 국가들에서는 일반적으로 스폰서쉽이라는 용어가 통용되고 있다. 특히 영국기업들은 자신들의 지원행위가 자선적 기부라기보다는 스폰서쉽으로 인식되기를 원하는데 그 이유는 조세제도상 스폰서쉽은 사업지출로서 100% 세금공제를 받을 수 있는 반면, 자선적 기부금에 대해서는 그러한 혜택이 허용되지 않기 때문이다. 반면에 프랑스의 경우 스폰서쉽보다는 기업의 자선적 지원성격이 강한 메세나가 통용되고 있으며 프랑스 기업의 예술지원은 기업상공인 예술위원회(ADMICAL)를 중심으로 활발히 진행되고 있다.

1.3. 프랑스

프랑스는 1979년에 파리에서 기업메세나 진흥을 위한 『상공업 메세나추진협의회』(ADMICAL : Association pour le Dêveloppement du Mêcênat Industriel et Commercial)가 결성되었다.

프랑스는 전통적으로 강력한 국가주도형 문화정책을 추진해온 국가이다. 1981년 미테랑 정권은 심각한 경제위기에도 불구하고 정부의 문화지출을 국가예산의 1%까지 확대할 것을 목표로 문화성 예산을 대폭 확대함으로써 세계의 주목을 받았다.

ADMICAL의 기본입장은 기업과 예술의 파트너십을 강조하고 경제 이외의 여러 분야에서의 활동을 통해 기업인의 감성이나 경험, 행동이 더욱 더 풍요로워진다는 것이다. 프랑스의 기업메세나는 문화예술에 대한 봉사와 공헌을 제일로 하고, 반대급부인 기업의 마케팅효과에 대한 기대를 일정 한도 이내로 제한하고 있다는 점에서 미국이나 영국의 유형과는 사뭇 다르다.

프랑스의 ADMICAL의 역할 중 기금 설립, 계약체결, 세금과 법적인 문제 등 스폰서가 직면하는 문제에 대하여 정보제공을 하며, FAQ, 직접적인 문의 통로를 운영하는 컨설팅기능도 담당하고 있다. 그리고 기업메세나와 그들의 경향, 그들의 동기와 목적을 제시하고 설명하기 위해 여러 가지 교육 프로그램을 운영하고 있다. 예컨대, 정기적인 강의 및 매달 프로젝트 담당자를 위해 기금마련을 위한 교육 세미나를 개최하며, 기업, 기관, 프로젝트 담당자들의 요구에 맞추어 그들에게 필요한 교육을 제공하는 맞춤형 교육뿐만 아니라 여러 지역의 회의나 교육을 위한 지방 특파원 교육이 있다.

1.4. 유럽

유럽지역의 기멉메세나협의회인 CEREC(Comitè Europèen pour le Rapprochement de l'Economie et de la Culture)은 1991년 당시 유럽연합위원회의 지지를 받아 런던에서 발족된 유럽의 기업메세나 네트워크이다. CEREC의 정식회원은 영국, 프랑스, 독일, 스페인, 이탈리아, 그리스, 스웨덴, 아일랜드, 벨기에, 스위스, 이스라엘 등 12개 조직이다. 준회원은 포르투갈, 덴마크, 네덜란드의 3개 단체이며, 기업회원은 파리바 재단, 스칸디나비아항공, AB 볼보 등 3개사이다.

문화예술에 대한 세제혜택의 유형에 따라 차이가 있는데, 개인 · 기업이 대규모의 문화지원을 하는 민간활동형인 미국과는 달리, 유럽에서는 정부가 직접 적극적인 지원을 하는 프랑스, 간접개입형의 영국, 중앙집권형의 스칸디나비아제국, 지방분권형의 독일과 스페인 등 국가에 따라 약간의 차이는 있지만 어느 나라든 전통적으로 공적 자금을 투입하여 문화예술진흥에 역점을 두어왔다.

그러나 미국의 BCA를 모방하여 1970년에 런던에서 ABSA, 1979년에 파리에 ADMICAL이 탄생, 각국에서 협의회 결성이 잇따르고 유럽에서 기업메세나 운동이 활발하게 전개되었다.

이는 경제불황으로 정부 · 지방자치단체의 공적자금이 늘어나지 않는 반면, '문화의 민주화' 로 프로그램은 증가하여 기업메세나에 대한 기대가 높아졌기 때문이다. 유럽통합의 진전도 유럽 각국의 기업메세나를 연결하는 연합체인 CEREC의 결성을 촉구하였다.

운영자금의 부족, 유럽전체 차원의 계획과 각국 협의회가 요망하는 사항을 조절하는 어려움 등 CEREC의 활동은 몇 가지 문제점을 지니고 있지만, 1996년 이후 『파이낸셜 타임스』와 제휴하여 '유럽메세나상' 을 시상하는 등, 기업메세나 네트워크의 동유럽으로의 확대 및 유럽연합과의 관계강화를 위해 활발한 활동을 계속하고 있다.

1.5. 캐나다

캐나다의 CBAC 조직 활동 상황을 살펴보면, 캐나다의 주요 예술단체와 이사회 및 리더급 직원들을 대상으로 1998년부터 실시하고 있는 리더쉽 개발 프로그램(the annual Canadian Arts Summit)과 결연 프로그램(the Arts Stabilization Program in Alberta and Vancourver), 및 예술기관들이 수입개발능력을 형성하도록 도움을 주기 위해 고안된 프로그램(the Arts Sponsorship Form, the Art of Fund Raising for Endowment) 등이 있다.

1.6. 호주

호주의 AbaF의 경우 총회는 두 단계로 나누어 운영된다. Councillor Forums는 회원사와 준회원사의 CEO와 운영관리자로 구성되며, Manager Forums는 회원사와 준회원사의 CEO와 운영관리자로 구성되며, Manager Forums는 회원사와 준회원사의 회사관련, 인사관련, 마케팅 매니저로 구성된다.

특히 adviceBank는 지식과 경험의 저장소, 문화기관과 기업인의 요구가 만나는 이니셔티브로서 AbaF는 adviceBank에서 가능성이 있는 기업 조언자들을 선택, 기업 조언자와 문화참여자들에게 트레이닝을 제공, 기업 조언자와 문화기관들 간의 중개 역할 및 배치 감시 지원, 각종 프로젝트 평가와 같은 역할을 담당한다.

또한 기업과 문화기관 간의 파트너쉽을 형성하고 강화하는 the Business Case Approach, 기관들이 잠재력이 있는 파트너들에게 그들의 기업사례들을 보여주고 피드백을 받을 수 있도록 하는 Business and Marketing Exchanges, 그리고 기업인들이 그들의 기업기술들이 향상되도록 하기 위해 문화기관들과 함께 작업을 수행하는 Board Bank and Mentor Bank 등과 같은 네트워크 활동이 활성화되어 있다. 기타 연수교육을 통해 문화기관들이 아이디어를 배우고 접근하고 나누며, 기업사례를 개발할 수 있도록 교육 및 훈련을 실시한다.

1.7. 일본

1990년에 탄생한 일본의 기업메세나협의회는 BCA(미국), ABSA(영국)와도 긴밀한 연락을 유지하면서 특히 ADMICAL(프랑스)을 본보기로 삼았다.

일 · 프랑스 문화교류의 일환으로 아사히 신문사와 프랑스 문화성이 공동 개최한 『문화서미트』가 직접적인 계기가 되었는데, 마케팅효과의 추구와는 완전히 다른 프랑스형 메세나가 이 회의에 참가한 일본의 문화적 경영자들에게 감명을 주었고, 그런 사람이 발기인이 되어 협의회 설립을 결정했기

때문이다.[52)]

네트워킹 사업 중 하루방문(daytrip)은 갤러리나 박물관, 예술가들의 스튜디오의 하루 방문으로 회원들이 예술 · 문화시설의 뒷면을 볼 수 있는 프로그램이다. 그리고 일본과 그 외 다른 지역에서 활동하고 있는 예술경영자들과 교육자들에 의한 강연 프로그램인 Art Management Lecture가 있다. 또한 인센티브 제도로서 일본에 있는 회사를 대상으로 예술가와 예술프로젝트 지원 시, 세금 면제 혜택을 부여하는 프로그램인 Arts Project Assistence Approval Program도 있다.

2. 한국의 기업메세나 활동

우리나라의 경우는 일본보다 4년 늦은 1994년에 『한국기업메세나협의회』(KBCA : Korean Business Council for the Arts)가 설립되었다. 당시 이어령 전 문화부장관 등이 일본을 방문하여, 후쿠하라(福原義春) 이사장과 일본의 기업메세나협의회 설립경위를 검토하는 등 한일 메세나 교류가 활발히 전개되고 있었다.

한국의 국가예산은 전년도에 비해 15.4% 증가하였음에도 불구하고 문화예산은 무려 21.4%의 증가율을 나타냈으며, 예산규모 면에서도 국가예산 대비 0.5%에 달했다. 이러한 문화중시정책 분위기에 힘입어 한국 정부는 메세나 육성에 적극적으로 개입하게 되었다. 『한국기업메세나협의회』는 정부주도형 색채가 강하여 민간주도형의 일본과는 대조를 이루고 있다.

한편 문화예술지원 대상을 선정할 때에는 자사의 기업이미지와 연결되는 행사에 우선 지원하고 있었다. 이와 같은 결과는 다음에서 충분히 설명되고 있는데 기업들이 메세나활동을 하는 이유는 〈기업이미지 제고를 위해서〉가 가장 많았고(53.1%), 〈기업의 사회공헌을 위해〉(29.7%), 〈광고선전의 한 방편으로〉(8.6%)라는 순으로 대답하였다.[53)]

52) 황현탁 역, 앞의 책, p.225.

53) 반면에 BCA가 회원사를 대상으로 조사한 최근 결과(1996)에 의하면 회원사들이 문화에 투자하는 가장 큰 이유는 조직을 운영함에 있어서 '삶의 질을 고양하기 위해', '훌륭한 기업의식을 표명하기 위해', '회사의 이미지와 명성을 증진시키기 위해' 등의 순서인 것으로 나타났다.

향후 지원하고 싶은 분야는 문화 축제(20.1%), 음악(20.1%) 등이 가장 많았으며,[54] 기업메세나 활동이 활성화되지 못하는 이유로는, 기업 내의 자금부족(61.2%), 메세나 활동의 중요성 인식부족(12.0%) 등을 지적하고 있다. 또한 메세나 활동을 저해하는 요인으로 준조세성 요청과다 등을 문제(19.9%)로 지적하였다.

문화예술활동 지원에 지속적으로 관심을 갖는 기업이 전체 기업 중 53.1%로, 많은 기업이 메세나 활동에 대해 긍정적인 입장이었으며, 이를 위한 제도개선을 강력히 희망하고 있다. 결국 기업경영 여건이 개선되고, 메세나 활동에 대한 사회적 인식이 높아지면서 정부의 지원혜택이 주어지면 기업들은 문화예술에 대한 지원을 더욱 활발하게 할 것으로 보인다.

2.1. 1기업 1문화운동

2.1.1. 1기업 1문화운동의 목표와 방향

『1기업 1문화운동』은 기업이 자사의 특색에 맞게 문화예술을 후원하는 동시에 마케팅 등에 적극 활용하여 후원금의 일부를 이윤으로 환수하자는 운동이다. 아울러 기업과 상품의 이미지를 높이고 나아가 국가의 일원으로서 기업이 한국의 문화외교에 일정한 역할을 담당케 하는데 그 목적이 있다.

따라서 기업 문화예술 지원은 정부나 개인이 문화예술을 지원할 때와는 다른 독자적인 경영철학과 전략이 필요하다. 기업은 과거에 자선적 또는 정치적 동기에 의해 문화예술을 지원해 왔던 관행에서 벗어나 점차 이윤창출을 위해 문화예술을 기업경영전략에 적극적으로 활용하고 있다. 기업의 문화예술 지원은 기업 경영여건을 개선하고 시장에서의 우위를 창출하며 종업원에 대한 편익을 강화하는 등 다각적인 지원효과를 겨냥한 경영전략과 결합을 도모하고 있다.

문화예술에 대한 지원은 다른 사회봉사활동과는 달리 장기적 · 간접적인

54) 분야별 지원현황을 프랑스와 비교하면 음악부분에 대한 비중이 높은 것은 양국이(1996년 메세나 지원사례) 동일하지만 프랑스의 경우 미술분야가 상대적으로 강조되고, 우리나라는 이벤트성 문화축제가 선호되고 있다.

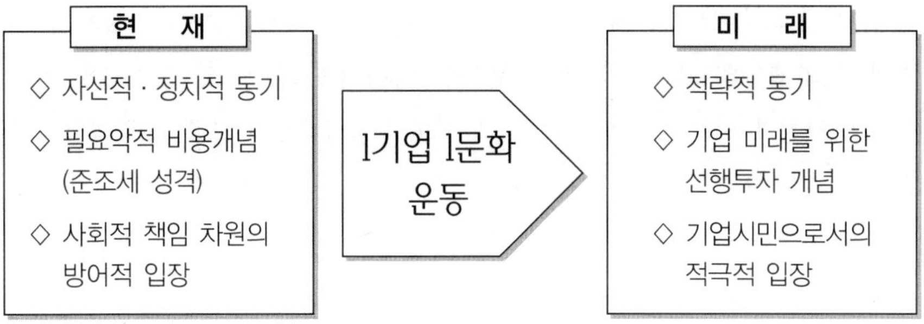

<그림 3-1> 기업문화예술의 지원방향

효과를 지니고 있다는 점에서 차이가 있다. 아울러 문화예술에 대한 지원은 연간 투입되는 광고비보다 훨씬 적은 비용을 가지고 기업이 단기간에 축적하기 어려운 사회적 호의와 신뢰를 구축함으로써 기업의 평판과 이미지를 개선시키고 있다.

이는 바로 21세기의 문화자본경영의 중요성을 단적으로 말해주고 있다. 이런 맥락에서 볼 때 기업의 문화예술 지원은 자선적 또는 준조세적 지원에서 기업의 문화자본을 축적하기 위한 문화투자로 방향전환이 이루어져야 한다.

2.1.2. 1기업 1문화운동과 국가이미지 제고

무엇보다도 『1기업 1문화운동』의 가장 큰 매력은 기업CIP(coporate identity program) 및 브랜드의 가치증진과 홍보에 매우 효과적인 방안이 된다는 점이다.

제조업체들이 생산한 상품에 대한 선전 광고는 엄청나지만 소비자들의 뇌리에 기억되는 기업 이름이나 브랜드는 별로 많지 않다. 삼성이 브랜드 가치로 평가할 때, 세계 52위라고 하지만 일반적으로 소비자들은 52개나 되는 기업 이름을 일일이 기억하지 못한다. 우리 기업들은 디자인, 품질, 기능 면에서 세계 유수 제품과 동등한 제품을 생산하지만 미국, 유럽, 일본 등 주요시장의 소비자들의 마음 속에 깊이 자리잡고 있지는 않는 것 같다. 이러한 상황에서 우리 기업들이 세계시장에서 소비자들의 인지도를 확보하여 이윤을 남기는 일은 쉬운 일이 아니다.

『1기업 1문화운동』은 바로 이러한 애로사항을 극복하기 위해 기획한 운동이다. 브랜드가 자산이 되고 소비자의 인식점유(mind share)가 중요한 시대에, 문화예술의 고급 · 개성 · 차별화된 이미지는 브랜드를 소비자의 뇌리 속에 확고하게 자리잡도록 한다. 문화예술은 기업CI 및 브랜드 포지셔닝을 위해 필요한 요소를 두루 갖춘 셈이다. 『1기업 1문화운동』은 이런 문화예술을 주요 콘텐츠로 활용하는 만큼 세계시장에서 난관에 부딪친 우리 기업에게 다양한 해법을 제시한다는 장점을 지닌다.

그러나 기업이 광고와 기업정체성 프로그램에 엄청난 돈을 투자하더라도 세계시장 내에서 선진국과 경쟁하다보면 느끼게 되는 어떤 한계가 있다. 그것은 바로 국가이미지라는 것이다.

국가의 문화적 이미지를 심어주면 그 나라에서 만든 모든 상품을 신뢰하고 선호하게 된다. 그러나 국가의 문화적 이미지는 기업 혼자의 힘으로 만들어낼 수 없다. 국가의 문화적 이미지를 창출하는 일은 기업 전체의 공동이익이 걸려 있다.

프랑스의 정치경제학자이자 문명비평가인 기 소르망은 세계시장에서 우리나라 기업이 고부가가치 시장으로 진입하기 위해서는 문화적 이미지를 가져야 할 것을 역설한 바 있다. 이는 지식기반 사회에서 기업의 문화적 이미지가 기업의 마케팅 전략에서 갖는 중요성이 더 커지고 있다는 것을 의미한다. 세계시장에서 우리나라 기업이 경쟁력을 갖도록 하기 위해 기업의 문화적 이미지를 제고하기 위한 마케팅 전략의 일환으로서 문화예술을 활용하는 방안이 필요하다고 하겠다.

그렇다면 무엇을 통해 국가의 문화적 이미지를 심어줄 것인가? 최근 한류열풍은 우리나라의 대중문화가 이들 나라에서 경쟁력을 갖고 있었기 때문에 가능했지만 이것이 선진국에서도 가능할 것인가? 아직 선진국에서 우리나라의 대중문화는 경쟁력이 없다는 것이다. 결국 가장 한국적인 것이 가장 세계적이라 할 수 있다. 우리가 문화예술을 어떻게 잘 가꾸고 기획하느냐에 따라 선진국에서 한류열풍을 만들어낼 수 있다.

그 동안 우리 기업들도 이미 세계시장에 진출하면서 문화예술 이미지를 적극 활용하여 왔다. 최근 글로벌 브랜드로 회사를 대표하는 동시에 백화점 전용 고품격(high-prestige) 브랜드인 AMORE PACIFIC을 출시한 화장품 회사 (주)태평양은 예술의 전당에서 열린 『상하이 방송교향악단&첼리스트

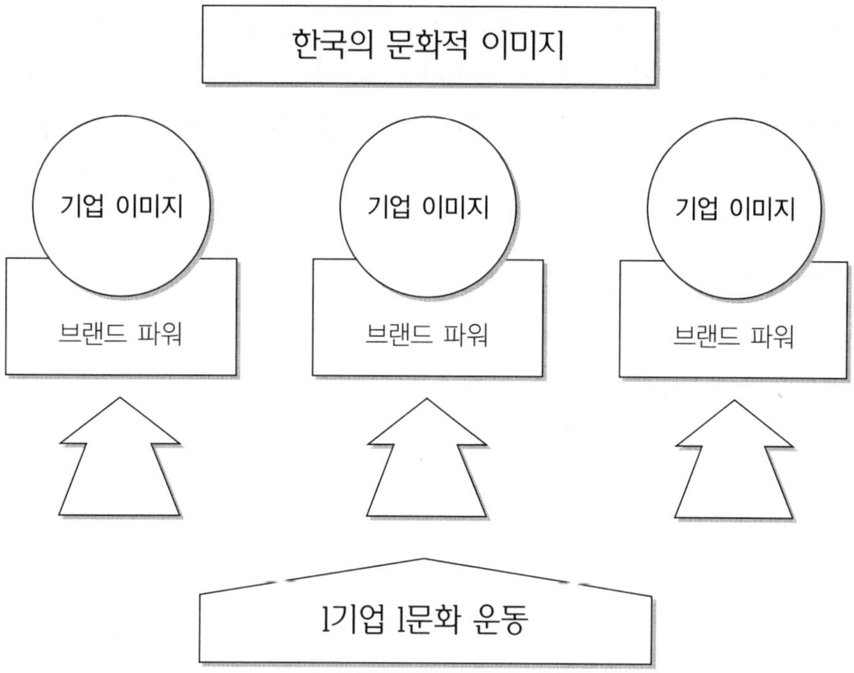

<그림 3-2>
21세기 기업 문화예술 지원 전략

요요마 내한공연』을 후원한 바 있다. 관계자는 첼리스트 요요마가 동서양 문화교류에 목적을 두고 기획한 공연(silkroad project)이 동(東)과 서(西), 몸과 마음의 harmony of contrast를 컨셉으로 잡은 자사 브랜드와 일치하여 후원했다고 밝혔다. 아울러 브랜드명에서 느껴지는『사랑 · 평화』와 브랜드 컨셉의『화합 · 조화 · 어울림』은 문화예술로 표현하기에 적합하다고 판단하고 브랜드 컨셉이나 브랜드 스토리에 어울리는 문화예술 작품을 지속적으로 후원 · 협찬할 뜻을 전했다. 태평양은 공연예술을 후원 · 협찬하여 브랜드 고급화 전략을 구사하는 한편 요요마라는 개성 있는 첼리스트가 주는 독특한 이미지를 차용하여 포지셔닝하는 전략을 구사한 사례이다.

『1기업 1문화운동』은 비단 국내기업에게만 국한되지는 않는다. 국내에 진출한 외국계 기업에게도 유용한 경영도구이다. 현재 협의회 이사로 활동 중인 르노삼성자동차가 대표적인 예이다. 태평양이 기업메세나활동을 브랜드 포지셔닝에 초점을 맞췄다면 르노삼성자동차는 상품특성(『안전한』, 『가치를 아는』) 외에도 기업CI(『독립적인 아이덴티티를 가진 한국기업』) 포지셔닝 전략을 구사하고 있다. 『안전한 자동차』라는 인식을 기반 삼아 2002년,

2005년, 2005년 이후 단계 별로 각각 친근함(familiarity), 신뢰(trust), 국제 경쟁력 있는 차(global competitiveness)라는 이미지를 심어나간다는 방침이다. 우선 『가족의 행복』과 연결지어 기업메세나 활동을 펼쳐 나가고 있다. 르노 삼성자동차의 기업메세나활동은 작년 한해 동안 총 16건으로 타이틀 스폰서쉽 형태로 후원한 『국립극장 토요문화광장』을 비롯하여 세종미술관의 『21세기 현대한국 미술의 여정』, 용산가족공원에서 열린 『로렌스 제프리스 조각전』, 『파리나무십자가 합창단 내한공연』 등이 주요 성과이다.[55)]

최근 『한국기업메세나협의회』는 기업들이 문화마케팅에 많은 관심을 갖고 있는 것과 관련하여, 문화마케팅 컨설팅 사업을 내년부터 본격적으로 시행하기로 했다. 그리고 문화컨설팅 사업을 본격적으로 펼쳐 공익적인 가치를 실현하는 한편, 기업들에게는 기업메세나활동의 구체적인 실천 방법을 인식시켜 문화마케팅에 대한 개념과 방법을 제시하고 문화예술단체들에게는 효과적으로 기업의 지원을 받을 수 있는 방법을 제시하고 경영마인드를 갖도록 유도할 방침이다.

55) 한국기업메세나협의회, 앞의 자료, pp.32~35.

제3절 기업의 메세나 활동 효과 및 정책적 시사점

1. 기업의 메세나 활동 효과

1.1. 일반적인 효과 분석

21세기는 문화의 시대로서 세계적으로 산업의 문화화와 더불어 문화의 산업화가 빠르게 전개되고 있다. 아이디어를 핵심역량으로 하는 문화산업은 제조업을 하는 굴지의 기업을 훨씬 능가하는 고부가가치산업이 되고 있으며, 바야흐로 세계는 문화경쟁 또는 문화전쟁(cultural war)에 돌입하고 있다. 따라서 경제와 문화가 불가분의 관계를 맺고 있다는 인식이 확산되면서 기업과 문화의 만남을 통한 새로운 문화자본경영이 다양하게 모색되고 있다.

따라서 기업이 경영활동을 하는데 있어 그 사회의 문화수준은 중요하며 사람들의 의식수준이 높아지고 물질적으로 여유가 생기면서 눈에 보이는 것뿐만 아니라 문화적 교양을 쌓으려는 욕구가 생긴다. 비록 장기적이고 당장 눈에 띄는 것은 아니지만 기업이 메세나 활동을 해야 하는 이유와 필요성에 대해 서술하면 다음과 같다.

첫째, 기업이미지가 높아지고 간접광고 효과가 나타난다.

기업 이미지 제고와 간접광고 효과는 기업이 메세나 활동을 통해 얻는 가

<그림 3-3>
기업의 문화화를 위한 시책영역[56]

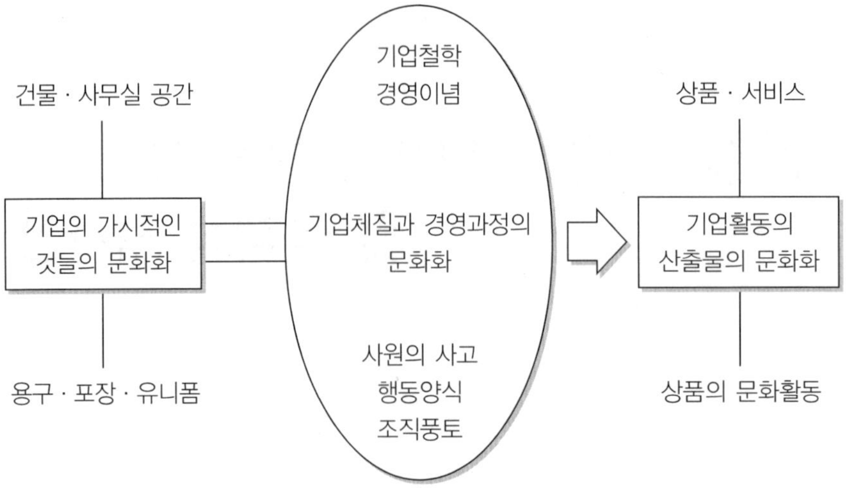

장 큰 효과라 할 수 있다. 직 · 간접적으로 사회활동을 하고 있는 사람들뿐만 아니라 앞으로 경제활동을 하게 될 사람들에게 자사의 이미지를 자연스럽게 심어줌으로써 단편적인 기업의 이미지를 문화와 예술을 통해, 그 기업에 대한 좋지 못한 선입견을 불식시키고 고객과의 거리감을 줄임으로써 막대한 광고비용으로도 해결하지 못하는 친화력으로 기업 이미지제고에 큰 도움을 제공할 수가 있다.

둘째, 사회적인 측면에서는 이미지가 향상되는 효과를 기대할 수 있다.

기업이 돈이 많으면 외국은 그 사람이 성실하게 번 돈이라 생각하고 존경하고 찬사를 보내는 반면 우리는 곱지 않은 시선을 보낸다. 그 이유는 여러 가지가 있겠지만 가장 큰 것은 기업들의 사회환원이 그만큼 적었기 때문이라고 할 수 있다. 서구의 여러 기업인들은 그들이 벌어들인 돈 중 상당한 금액을 사회에 환원함으로써 경제적으로 많은 곤란을 겪고 있는 사람들에게 희망과 용기를 준다. 따라서 그 사람들이 기업인들을 존경하는 것은 어쩌면 당연한 것일지도 모르며 이제 우리나라 기업들도 기업메세나 활동을 사회환원의 차원에서 인식하고 실천하게 된다면 그들에 대한 불신은 어느 정도 씻어질 것이다.

56) 梅澤 正, 1990, 人が見える 企業文化, 講談社, p.55.

셋째, 동기부여 효과를 들 수 있다.

메세나 활동을 통해 얻어지는 기업문화는 사원들에게 뚜렷한 목적과 신념을 제시함으로써 보람을 느끼고 더욱 열심히 일할 수 있는 동기를 부여한다. 이는 종업원들 간의 일체감을 형성함으로써 기업의 생산성이 향상될 것이다.

넷째, 문화재가 보호되는 효과도 기대할 수 있다.

기업은 치밀한 조직력과 막강한 재력으로 그 누구도 해낼 수 없는 문화재 보호의 첨병 역할을 하고 있다. 이러한 기업의 문화활동 지원은 전통문화의 보존과 발전이라는 역사적 의의는 물론 기업의 이미지를 높이는 데 큰 역할을 한다.

다섯째, 국제적인 기업으로 성장할 수 있는 기회를 노릴 수 있다.

특정 소비자가 속해 있는 문화는 생활양식의 선택에 지대한 영향을 끼치므로 그 나라만의 문화적 규범과 선호의 차이점을 최대한 습득해야 하는데 국제적인 메세나 활동이 유용한 방법이 된다. 즉 그 나라 문화를 이해함으로써 좀더 빠른 시장침투를 할 수 있다.[57)]

마지막으로 의식의 변화효과를 기대할 수 있다.

예전에는 물품을 구입할 때 값싸고 또 질 좋은 것을 선택의 기준으로서 중시되있지민 최근에는 브렌드를 선호히는 경향에서 더 나아가 그것을 만든 기업의 이미지도 물품선택의 기준이 된다는 것이다. 즉 브랜드 고유의 자산적 가치가 중요한 개념으로 인식되고 있다.

---

57) 미국 IBM이 프랑스 사회에 동참하려는 의지를 보여 주기 위해 Grand Palais에서 열린 '르노아르 전시전'과 '19세기 프랑스 조각전' 등 대규모 이벤트를 후원하는 적극적인 메세나 활동은 그 좋은 예가 된다.

1.2. 문화투자 관점에서의 효과 분석

문화예술의 지원은 경제적으로 곤란을 겪고 있는 문화예술분야의 창작활동에 금전적인 지원 혜택을 제공함으로써 기업의 입장에서도 여러 가지 이익이 되는 혜택을 누릴 수 있게 해 준다.

따라서 기업의 입장에서 메세나 활동을 장기적인 투자활동으로 인식할 때, 메세나 활동비용과 활동 결과에 대한 장기적인 기대이익을 고려하여 지원을 결정하게 될 것이다.

호주문화인문학재단은 1999년에 아서 앤더슨사와 공동으로 『Making Arts & Culture Work in Business - The Business Case for Cultural Investment Guide』이라는 보고서에서 기업메세나를 기업의 문화투자로 규정하고 여기서 발생하는 상업적인 편익을 〈표 3-2〉에서와 같이 세 가지로 제시하고 있다.

<표 3-2>
문화투자에 따른 편익

범 주	편 익
기업의 정당성(corporate legitimacy)	• 기업이미지 제고
	• 기업활동의 용이성 증대
	• 기업간 유대관계 증진
	• 투자유치 가능성 제고
시장 우위(market advantage)	• 브랜드 인지도 제고
	• 매출증대
	• 고객 유치 및 유지
	• 가격 프리미엄 획득
종업원에 대한 편익(employee benefits)	• 네트워킹
	• 조직 문화 고양
	• 생산성 증대
	• 신규직원 확보 및 유지
	• 기술 및 지식 개발

출처 : AFCH · Arthur Anderson, 1999:10.

1.2.1. 기업의 정당성(coporate legitimacy)

기업의 문화예술 지원이 기업에 제공하는 세 가지 범주 중 기업의 정당성이 첫 번째 편익을 제공하는 범주이다. 일반적으로 이 범주에 속하는 상업적인 편익 중에서 가장 효과가 큰 부분은 기업 이미지 제고이며, 그 다음이 기업활동의 용이성 증대, 기업 간 유대관계 증진, 투자유치 가능성 제고 순이다.

<표 3-3> 상업적 편익 : 기업의 정당성

범 주	상업적 편익
기업 이미지 제고	• 기업 평판 증대
	• 기업가치에 대한 이해 증진
	• 미디어에 기업이름이나 활동노출 강화
	• 상표자산의 증가
	• 경쟁사와 다른 이미지 창출
기업활동의 용이성 증대	• 주주의 협소 획득 용이성 증대
	• 정부 및 지방자치단체의 협조 획득 용이성 증대
	• 지역사회의 협조 용이성 증대
	• 소송 및 파업 등으로 인한 비용 감소
	• 협력업체의 만족도 증가
	• 초대에 대한 반응률 증대
투자유치 가능성 강화	• 투자자의 우선투자 순위
	• 주식 장기보유자 증가
	• 높은 채권수익률 확보 가능

출처 : AFCH · Arthur Anderson, 1999:11.

1.2.2. 시장 우위(market advantage)

기업이 예술을 지원함으로써 향유하게 되는 두 번째 편익을 제공하는 범주는 시장 우위이다. 이 범주에 속하는 상업적인 편익 중에서 가장 효과가 큰 부분은 브랜드 인지도 제고이며, 다음으로 매출 증대와 고객유치 및 유지, 그리고 마지막으로 가격 프리미엄 획득 순으로 나타났다.

1.2.3. 종업원에 대한 편익(employee benefits)

기업의 문화예술 지원에 따른 세 번째 편익을 제공하는 범주는 종업원에 대한 편익이다. 이 중에서 가장 높은 효과를 나타내는 편익은 네트워킹이

<표 3-4>
상업적 편익 : 시장 우위

범　　주	상업적 편익
브랜드 인지도 제고	• 틈새시장(niche)에 대한 인지도 증대
	• 목표시장에서 상표에 대한 인지도 증대
	• 제품 사용시도의 증대
	• 제품 선호도의 증대
	• 신규고객 증대
매출 증대	• 목표시장의 매출증대
	• 구매의도 향상
고객 유치 및 유지	• 상표충성도 증대
	• 재구매율 증대
	• 목표고객에 대한 접근성 증대
	• 특별고객(VIP)의 만족도 증대
가격 프리미엄 획득	• 가격탄력성의 둔화
	• 유보가격의 증대
	• 제품의 고품질성 인식 증대

출처 : AFCH · Arthur Anderson, 1999:12.

며, 이는 고객과의 관계 증진을 통해 기업에 대한 상업적 편익을 가져다주는 것으로 알려져 있다. 그 다음으로 조직문화의 고양을 통한 종업원의 만족도 증가, 생산성 증대, 신규직원 확보 및 유지, 기술 및 지식개발 등으로 나타났다.

<표 3-5>
상업적 편익 : 종업원에 대한 편익

범　　주	상업적 편익
네트워킹	• 고객과의 관계 증진
조직문화 고양	• 종업원의 만족도 증가
생산성 증대	• 종업원당 매출 증대
	• 종업원의 사기증진
	• 결근율의 감소
신규직원 확보 및 유지	• 응시자 증대
	• 이직률 감소
기술 및 지식 개발	• 신제품 개발 속도 및 양의 증대
	• 혁신적 · 창의적 사고의 증대

출처 : AFCH · Arthur Anderson, 1999:13.

2. 정책적 시사점

기업메세나 활동을 활성화하기 위한 정책 대안을 제시하고 그것이 시사하는 의미를 살펴보기로 한다.

첫째, 기업메세나 관련 세제의 정비 및 보완이 요구된다.

지정기부금의 손금 산입 범위를 법정기부금에 준하도록 법인세법을 개정하고 지정기부금의 기부대상을 확대하는 법인세법 시행령을 개정할 필요가 있다. 또 기업재단이나 기업산하 비영리단체의 수익사업에서 발생한 소득을 다음 해의 목적사업 준비금으로 손금 산입할 경우 손금 산입 한도를 없애고 수익사업에서 제공하는 재화 및 용역에 대해서 부가가치세를 감면해주도록 법인세법의 개정이 필요하다. 일정규모 이상의 문화시설의 취득 · 운영에 대한 지방세 감면 범위를 확대하고 일반세율의 2배로 중과되고 있는 극장 · 영화관에 대한 공동시설세 부과를 일반세율 수준으로 낮추도록 한다.

둘째, 기업메세나 인센티브 제도를 도입할 필요가 있다.

인센티브제, 중소기업에 대한 기업메세나 시상부분 마련, 공기업의 메세나 활동 의무화 등을 통하여 공기업 · 중소기업의 참여를 촉구할 필요가 있다. 아울러 기업단체들이 문화예술지원사업을 채택하도록 촉구하고, 기업이 문화 시설을 운영할 경우 세제혜택을 강화한다. 또한 전문성을 제고하기 위하여 『한국기업메세나협의회』가 기업의 메세나 활동을 촉구 · 후원할 필요가 있다.

셋째, 『한국기업메세나협의회』의 촉매기능 강화를 위한 지원책을 마련해야 한다.

적극적인 회원 영입활동이 필요하며, 기업메세나 활동에 대한 포괄적인 통계조사작업이 체계적으로 이루어진 『기업메세나 백서』를 발간한다. 그리고 메세나활동의 장애요인들을 밝혀 이에 대한 정책연구와 해당 행정당국에 대한 건의 작업을 구체적으로 진행한다. 또한 『메세나 기업에 대한 시상제도』 등 기업의 문화예술 후원을 촉진할 수 있는 제도 및 프로그램을 개발한다. 아울러 『메세나 홀』, 『메세나 페어』 등 회원기업들이 공동으로 참여해 그 기업들을 홍보할 수 있는 프로그램도 개발한다.

이상에서 살펴본 바와 같이 문화예술계의 만성적인 재정문제는 근본적으로 산업사회 내의 예술의 위치와 관련이 있는데 그 결과 고급문화로써 모더니즘 예술은 한정된 관객층에 의존하는 예술시장에 기반을 두게 됨으로써 만성적인 재정적자를 면하지 못하게 되었다. 이러한 문화예술계에 새로운 힘을 실어준 메세나는 문화예술의 긍정적 이미지와의 결합을 통해 고객의 마음 속에 있는 부정적 인식을 제거하고 기업에 대한 긍정적 태도를 형성시킴으로써 궁극적으로 기업이미지 또는 브랜드가치를 제고시키데 중요한 역할을 담당해 왔다.

기업은 기업 이미지 관리 차원에서 어떠한 문화예술분야를 전략적으로 지원하는 것이 적합할까? 이 질문에 대답하기 위해 우리는 기업이 손쉽게 사용할 수 있는 기업의 문화예술 지원전략 기획 모델을 제시할 필요가 있다.

즉 기업 이미지와 문화예술분야 이미지 간 적합도를 측정하고 적합도가 높게 나타난 문화예술분야 중 소비자반응 측면에서도 긍정적인 효과를 이끌어 낼 수 있는 문화예술분야가 무엇인지를 분석하여 소비자 반응 면에서 기업에게 가장 효과적인 문화예술 지원전략으로서 메세나 지원전략을 수립해 나가야 한다.

이러한 기업의 메세나 지원전략 기획 모델을 통해 기업은 효과적인 메세나 지원 전략을 개발할 수 있을 것이며, 이러한 전략은 기업의 이미지 관리에 매우 유용할 것으로 예상된다. 따라서 기업 이미지에 적합한 특정 문화예술분야에 대한 체계적이고 일관된 메세나 지원은 전략적인 기업 이미지 관리에 유용한 도움을 줄 것이다.

미래는 기업과 문화예술이 공존하는 사회가 되어야 한다. 인간은 생산을 위해 경쟁하기도 하지만, 보다 인간적인 삶을 영위하기 위해 서로 협조하며 더불어 살아가는 지혜를 가지고 있다. 전자가 기업과 노동이라면 후자는 여유와 예술이다. 이 두 가지가 조화를 이루어나갈 때, 우리의 미래는 보장받을 수 있다. 이러한 측면에서 볼 때, 기업의 문화예술에 대한 지원은 과거의 자선적 개념에서 벗어나 문화투자라는 개념으로 바뀌어져야 한다.

기업 메세나활동은 기업의 이미지를 개선시켜주는 간접적인 효과뿐만 아니라 이로 인한 매출증대와 같은 광고효과와 기업 내 선진 조직문화 정착이라는 조직효과와 같은 직접적인 효과도 기대할 수 있다. 따라서 기업 메세나는 21세기 문화자본(cultural capital)이라는 측면에서 기업경영의 핵심사항으로 부각되고 있다. 오늘날 기업메세나의 위상은 바로 한 국가의 문화적 수준을 가늠하는 척도에까지 이르고 있으며, 한국의 기업이 문화 예술 지원을 통한 사회적 역할을 끊임없이 제고하고 정부의 열려진 문화정책 의지가 뒷받침된다면 한국 문화 예술의 미래는 낙관해도 좋을 것 같다.

제 4 장

지역경쟁력의 원천은 문화자본이다

위기의 시대를 출현시킨 근대화와 근대문명은 합리적·과학적인 사고, 공업화에 의한 경제발전, 국가중심주의 등을 통해 유지되어 왔다. 그러나 지금 이러한 흐름은 여러 가지 면에서 한계를 드러내고 있다. 국가 단위, 즉 통합되어 거대한 규모를 자랑하는 근대국가에서는 진정한 민주주의가 성장할 수가 없다. 문화는 원래 지방의 것, 그 토지의 자연과 생활에서 길러진 개성에 의해 만들어지는 것이다. 따라서 근대국가의 문명이라고 하는 것은 진정한 문화로 승화되고 정착될 수가 없다. 그 동안 『국가(國家)의 시대』를 반영하는 『국부론(國富論)』이 강조되었지만 21세기는 『지방의 시대』 즉, 『향부론(鄉富論)』이 중시되고 있다. 따라서 이 장에서는 이러한 점을 고려하여 새로운 지역발전 패러다임으로서 지역의 잠재력을 핵심역량으로 활용하는 내발적 지역발전모델을 제시하고, 세계도시의 한계와 문화·창조도시의 성공사례를 소개한다. 아울러 자연자본이 자연환경시스템(natural ecosystems)의 지속가능성에 기여하는 경우에서처럼, 문화자본 역시 문화적 환경시스템(cultural ecosystems)에 영향을 미치기 때문에 문화적 환경시스템을 유지·발전시킴으로써 지속가능한 문화도시 건설이 이룩될 수 있는 방안을 제시하고 있다.

제1절 지역문화발전에 대한 인식의 전환

여기서는 지역문화발전에 대한 전제적 논의로서 중앙과 지방 간의 관계에서 몇 가지 관점과 인식의 내용을 서술하고자 한다.

1. 지역경제의 관점

지역경제를 보는 상이한 두 시각이 있다. 첫 번째 시각은 지역경제를 국가경제를 구성하는 공간적 단위로 보는 경우이다. 즉 지역경제를 국가경제의 한 부분집합으로 간주하는 것이다. 이 관점에서 지역경제란 언제나 『지점경제』에 불과하다. 『지방경제 = 지점경제』라는 시각이다. 따라서 전국적인 국가경제정책 또는 국토정책들에 의해 개별 지방이나 지역의 운명은 대충 정해져 있기 때문에 지방은 중앙의 지시와 계획에 맹목적으로 순응하기만 하면 되는 것이다. 지역경제의 활성화 여부는 중앙정부에 로비를 잘해서 SOC · 대기업 · 중화학공업 유치 등 산업배치상 유리한 입장에 서거나, 재정지원금을 많이 받아내어서 도로 확충 등 소위 주민들의 숙원사업을 해결할 수 있을 때 가능해진다.

두 번째 시각은 지역경제를 공간적 범위가 적은 독자적인 경제권으로 보는 경우이다. 이러한 관점에서 보면 지역경제는 『지방에 소재한 본점경제』이다. 본점경제이기 때문에 독자적인 작동원리와 구조를 갖추고 있으며 지방에 소재하였기 때문에 고유의 역사와 배경을 가지고 있다. 따라서 지역경제의 활성화란 중앙정부가 베푸는 시혜의 결과로 얻어지는 것이 아니라 지역주민의 아이디어와 땀의 결과로 얻어지는 과실이다. 이 입장에서는 지역경제의 진흥을 위해서는 타지역의 기업을 지역으로 유치하는 것보다는 지역에 있는 기존의 산업·기업을 시대의 필요에 맞춰 재설계하여 육성하는데 우선순위를 둔다. 아울러 기존산업으로는 부족한 분야나 경제력을 보충하기 위하여 산업·기업의 이업종 교류나 지식의 융합화에 의하여 새로운 산업을 창조하고 육성하는 것에 더 큰 관심을 두게 된다.[58]

두 번째 시각은 최근 전국 각 지역에서 일고 있는 지방분권운동과도 맥을 같이 하고 있다. 여기에 참여하고 있는 사람들은 지방분권운동을 중앙정부로부터 지방자치단체로 권한을 이양하고 서울·수도권에서 지방·비수도권으로 자원을 균형배분시켜 그 동안 홀대받았던 지방을 살리고 궁극적으로는 서울도 함께 살리는 상생의 운동으로 보고 있다. 실질적인 지방분권을 확보함으로써 지방이 의사결정권을 가지게 되고 서울과 수도권은 일극집중 현상이 해소되어 결국 국가전체의 경쟁력이 향상될 수 있으며, 양 지역의 주민들은 다같이 삶의 질을 높일 수 있게 된다. 즉 이것은 서울이 다이어트를 해야 서울과 지방이 함께 건강해질 수 있다는 논리이다.

지금 한국에서 일어나고 있는 지방분권운동은 『지방분권-주민자치-지역혁신』을 통한 지역경제의 내발적 발전을 추구하는 운동이다. 더 나아가 지방분권운동은 『참여-연대-생태』라는 기본가치를 지향하는 지역발전을 도모하려고 한다는 점에서 대안적 발전운동이다.

대안적 발전모델은 주민중심적이고 공동체 지향적이며 지속가능한 발전모델이다. 이런 대안적 발전모델은 한국에서 21세기 새로운 지역발전모델일 뿐만 아니라 국가발전모델이기도 하다. 따라서 장기적으로 지방분권운동은 국가경영패러다임을 바꾸는 운동이라는 것이다. 자기결정권과 자기책임을 가지는 지역들 간의 자유로운 연합과 자율적 협력을 통한 새로운 공동체 사회의 형성, 이것이 바로 지방분권운동이 장기적으로 지향하는 새로운 사회의 비전이다.[59]

58) 허재완 외, 1998, 한국지역경제론, 법문사, pp.3~5.

59) 김형기, 2002.12.13.“서울과 지방을 함께 살리려면”, 중앙일보.

2. 지역문화발전에 대한 인식의 변화

역사적으로 도시는 근대화와 산업화의 산물이자 그것을 추진하고 이끌어 온 견인차 역할을 해 왔으며, 그 과정에서 근대국가와 자본주의, 그리고 시민사회가 성립되었고 근대 도시문화도 형성되었다. 그러나 자본주의의 성숙과정에서 지역산업은 꾸준히 발전해 왔지만 도시문화와 지역산업 간의 연계를 통한 창조적인 지역발전에 대한 관심은 매우 부족했다.

우리의 경우 1970년대의 압축성장과정에서 『성장 · 개발 위주의 경제지상주의』가 도시문화를 지배해 왔다고 할 수 있다. 따라서 1995년 지방자치제가 본격적으로 실시되기 이전까지만 해도 『도시 문화의 부재』, 『도시정체성의 부재』, 『도시 미학의 부재』라는 수식어들이 한국의 도시성격을 대변하듯, 도시의 문화적 생산성의 중요성을 간과해 왔던 것이 사실이다.

성장과 효율성, 기능성 위주의 공간개발로 우리의 공간은 쾌적한 생활공간이라기보다 단지 살기 위한 생존의 공간일 뿐이었으며, 당연히 문화적 자긍심이나 전통의 보존, 자연과 더불어 사는 의지 등은 희박해질 수밖에 없었다. 이런 식의 경제정책과 공간정책은 지역불균형과 도시의 과밀 및 농촌의 과소화, 환경파괴 등의 공간 문제를 발생시켰다. 또한, 총량적인 성장위주의 경제정책은 공간이 우리 삶의 터전이자 문화의 거울이라기보다는 효용가치의 수단이라는 인식에 기초를 두고 있었으며, 그 결과로 나타난 공간개발은 삭막한 콘크리트의 문화만을 양산해 왔을 따름이다.[60] 다시 말해서 성장과 개발의 논리 속에 당연히 우리의 국토 공간은 환경파괴와 오염으로 크게 훼손당하였으며, 자연과 인간의 부조화로 인해 공생적 공간문화를 정착시키지 못했던 것이다.

그렇다면 진정한 도시문화의 의미는 무엇이고 우리가 추구해야 할 도시모습은 무엇인가. 이제 우리는 과거의 양적 성장위주의 발전론에서 탈피하여 삶의 질의 고도화 문제에 직면하고 있다. 세계화, 정보화 등 거대한 물결의 도래로 산업사회의 『패러다임』이 변화하면서 그 동안 홀대받았던 문화부문의 중요성이 과거 어느 때보다 중시되고 있다. 국가나 기업의 경쟁력과

60) 이무용, 1998, "한국도시문화의 현실과 과제", 걷고 싶은 도시, 도시연대 7~8호(창간호).

생산성에 무형적 『인프라』로서의 문화가 강조될 뿐만 아니라 문화 자체가 하나의 중요한 산업영역으로 많은 부가가치 창출의 대상이 되고 있다. 이것은 21세기가 창의성과 유연성을 토대로 하는 새로운 지역발전 패러다임의 전환을 의미하고 있다.

한편 선진공업국의 생산력이 증대하고 국제적인 상호관계가 강화된 현재, 환경문제는 지역사회와 국경을 초월하여 지구환경문제로서 논의되고 있다. 환경 · 자원문제를 고려하지 않은 경제성장정책은 문제해결에 도움이 되지 않는다.

따라서 현대자본주의의 본질로서 환경이나 자원을 낭비하지 않고 지역문제를 해결하여 주민생활을 질적으로 향상시킬 수 있는 지역개발을 추진해 나가야 한다. 그렇기 때문에 21세기를 목전에 둔 오늘날에는 지방화 · 지역화를 지향하면서 『지방시대』, 『지역문화시대』에 초점을 맞추면서 도시의 문화나 역사, 그리고 경관이나 건축물뿐만 아니라 도시의 산업, 특히 문화와 관련된 도시가 주목을 받고 있다. 이는 20세기말 지구규모의 구조전환 즉, 글로벌 리스트럭처링(global restructuring)과 깊은 관련이 있다. 이러한 글로벌리스럭처 과정을 통해 국민경제와 국가경제보다는 지역경제와 도시경제의 중요성이 부각되고 있다.

지역문화는 그 지역의 주인공들이 지니고 있는 미학적 감각과 가치관 및 생활양식의 총체로 형성된다. 따라서 지역문화의 진흥은 소수의 문화엘리트가 수행하는 것이 아니고, 행정과 주민의 자발적 참여와 협동에 의해서 일상생활 속의 드라마처럼 만들어가야 한다. 이를 위해서는 21세기의 새로운 지역발전 패러다임을 모색해 나가지 않으면 안 된다. 따라서 여기서는 지역의 잠재력을 핵심역량으로 적극 활용하여 지역창조의 길을 모색하는 내발적 지역발전모델의 성공사례 도시를 분석하여 이들을 벤치마킹함으로써 향후 우리 나라의 지역발전의 새로운 방향을 설정하고자 한다.

제2절 새로운 지역발전 패러다임 모색

여러 학자들의 사상과 문화경제학적 관점을 고려해 볼 때, 공통적인 견해는『생명과 환경』을 무엇보다도 중시하는『문화경제학』을 근저로 한,『인간의 소비활동과 창조활동을 충실히 하는 도시의 재건』이다.

글로벌 리스트럭처의 충격은 선진자본주의 국가에 있어서의 하이테크화 · 정보화 · 소프트화로 표현되는 산업구조의 고도화와 획일적인 대량생산에서 다품종 적량의 유연생산체제로의 이행이라는 생산 시스템의 변화로 인해 도시경제에 새로운 가능성이 나타나기 시작했다.

산업구조의 고도화로 선진자본주의 국가에서는 컴퓨터, 정보 · 통신, 소프트웨어산업이 성장하고 소재형 중공업이 쇠퇴한 결과, 물적 생산에 비해 지적 생산의 비중이 급증하였다. 이 때문에 대학원대학 · 연구소 등 기초연구기관, 대학 · 전문학교 등의 고등교육기관, 나아가서는 도서관 · 극장 · 콘서트홀 · 오페라하우스 등의 문화시설, 그리고 도시경관이나 도시 디자인에 이르는 전반적인 도시의 문화 · 학술집적이 첨단도시형 산업을 발전시키는 인프라스트럭처로서 중시하게 되어 문화지향형 산업정책이 등장하게 되었다.[61]

이러한 새로운 지역발전 패러다임의 변화는 1970년대의 석유파동에 의해 포디즘으로 정의된 획일적 제품의 대량생산과 대량소비 시스템의 모순이 그 단초가 되었다. 원래 이 시스템은 일정한 제품을 싼 가격에 대량으로

61) 佐ケ木雅幸, 앞의 책, p.4.

공급함으로써 대중소비사회를 실현하고, 대기업에서 일하는 근로자에게는 생상성 향상분의 임금인상을 인정함으로써 대량소비를 유지시키고, 불황 때에는 유효수요 창출능력을 가진 케인즈주의에 기초해 중앙집권국가에 의해 안정장치를 갖춤에 따라, 제2차 대전후 미국을 포함한 주요 자본주의국가에서 보편적인 경제안정화장치로 활용되었다.

따라서 포디즘에서 문화적 생산으로의 전환은 도시의 나아갈 방향에 있어서도 전환을 요구받게 된다. 이미 뉴욕이나 런던, 동경과 같은 세계도시로 불리는 거대도시에 있어서도 급작스런 번영으로 무주택자나 실업자, 그리고 주택, 토지문제, 통근지옥, 게다가 대규모 프로젝트의 파산에 따른 재정위기 등 도시병리현상이 두드러지고 있다.

이러한 포디즘을 극복할 수 있는 새로운 문화적 생산으로는, 첫째로 생산자의 창조성을 발휘시킬 수 있는 인간적 규모(human scale)의 공장이나 기업에 있어서 문화성이 높은 고유가치가 부가된 제품을 시장변동에 대응하면서 유연하게 생산할 것, 둘째로 시장에서 진품을 꼼꼼하게 고를 수 있는 능력에 의한 질 높은 소비생활을 통해, 스스로 생활설계능력을 높여나갈 수 있는 문화적 수준이 높은 소비자가 등장하는 것, 즉 문화적 생산과 문화적 소비가 일체가 된 시스템이다. 이렇게 오늘날『공방형(工房型) 기업』,『지적 대중』,『생활의 예술화』라는 키워드가 계속 보급되고 있으며, 포디즘을 넘어서 문화적 생산 시스템으로의 관심이 높아짐을 짐작할 수 있다.

국가라는 단위는 민주화와 문화를 형성 · 발전시켜 나가기 위해서 너무 단위가 넓고 크다. 따라서 이를 달성하기 위해서는 우선 다음과 같은 세 가지의 지방화(地方化)가 전제가 되어야 한다.

첫째, 진정한 민주주의를 보장하기 위해서는 지방분권(地方分權)을 적극적으로 전개해 나가야 한다.

둘째, 문화를 계승 · 발전시켜 나가기 위해 자연과 문화를 위한 지방화(地方化)를 더욱 진전시켜 나가야 한다.

셋째, 무국경 지구촌 사회에서 지방과 도시들이 세계무대의 주역이 될 수 있도록 지방의 세계화를 적극 추진해 나가야 한다. 지방의 세계화를 위해 세계화와 지방화를 동시에 추진하여 진정한 지구촌 사회라는 것을 지역 전체의 차원에서 인식하도록 해야 한다.

제3절 내발적 지역발전모델

1. 문화경제학과 새로운 지역발전모델

여기서는 세계도시의 허상을 설파하고 21세기 새로운 지역발전모델 설정을 위해 현대의 도시경제를 분석하기 위한 방법으로 제이콥스(J.Jacobs)가 제기한 창조도시론[62]을 발전시켜서 도시가 가진 창조성을 매개로 도시의 산업과 문화의 상호발전의 연관관계를 명확히 하고자 한다.

종래의 글로벌 경제발전 속에서는 도시와 산업의 구조전환의 진행과정은 금융국제화나 산업공동화의 진행 등의 관점에서 주로 고찰되었다. 그러나 현대도시의 역동적인 변화의 실상을 정확히 파악하려면 역사와 전통을 가진 도시 고유의 진화과정이나 글로벌한 구조전환이 가져온 영향 등의 상호작용을 살펴보아야 한다. 따라서 이 글에서는 내발적 창조도시의 사례 분석을 중심으로 도시의 창조적 발전이 도시가 가진 고유의 문화적 · 산업적 전통과 현대의 첨단기술 및 문명과의 교류에 의해 촉진된다는 점에서, 새로운 지역발전 패러다임으로서의 내발적 지역발전모델을 고찰하여 이를 벤치마킹함으로써 우리 나라의 지역발전의 방향 설정을 위한 기초자료로 활용코자 한다.

62) 『창조도시론』의 계보를 요약하면, 우선 창조도시론의 선구자로서 경제발전과 문화 · 예술과의 연관관계를 검토한 영국의 경제학자 러스킨과 모리스는 『문화경제학』의 서곡을 장식하였으며, 그들의 사상을 도시의 진화과정에 적용한 게디스의 저서 『진화하는 도시』의 출간으로 창조도시론의 새로운 전기가 마련되었다. 이어서 멈포드는 게디스의 도시발전설을 수정하여 윤회설을 전개하였으며, 최근 독일의 경제학자, 에베르트(R. Ebert), 그나드(F.Gnad), 쿤즈만(K.R.Kunzmann)과 일본의 宮本憲一, 池上惇, 中村剛治郎, 佐ケ木雅幸 등으로 이어진다.

2. 세계도시의 한계

다국적 기업과 다국적 은행이 세계경제의 주역으로 등장하고 이러한 다국적 경제활동의 본사(국제적 중추관리기능)가 집적하여 세계적인 경제활동의 관제탑 역할을 담당하는 도시를 세계도시라고 할 수 있다.

인구 1,800만명, 그 중심에 위치하는 맨하탄에는 국제금융센터로서 월스트리트가 위치하고 있으며, 미합중국의 국민총생산의 1/5에 달하는 약 1조 달러의 금융거래(1일 기준)가 이루어지고 있는 뉴욕은 대표적인 세계도시 중의 하나이다. 그러나 뉴욕은 지금 투기적 붐에 의한 금융부문의 불안정한 성장과 맨하탄을 중심으로 한 일극집중 발전 현상이 두드러지고 있다. 세계 경제에 있어서 높은 지위에도 불구하고 미 국내경제에 대한 기여도는 점차 줄어드는 한편, 국제금융센터의 개입에 의한 카지노 자본주의가 성행하고, 도시경제는 불안정한 기반 위에서 동요하는 구조적 모순을 내포하고 있다.

한편 동경(東京)은 일극집중 · 전지전능형 세계도시이지만 집적 불이익이 극한에 도달하여 외견상 강점을 지니고 있는 것 같지만 내실은 많은 구조적 약점을 가지고 있다.[63] 따라서 세계도시 동경의 내실은 공동화(空洞化)하고 있고 홍콩 · 싱가폴 등 아시아의 세계도시에 대한 우위성 확보가 의문시되고 있다.

돈과 시간의 여유가 있는 일부 도시상류층을 제외한 일반 서민들은 금전적으로나 시 · 공간적으로나 『세계문화』를 향수할 기회가 많지 않다. 특히 매일 밤 개최되는 오페라, 콘서트, 연극 등은 현실적으로 거대도시의 일부 부유층만이 그 향유대상이 되고 있다. 즉 일반서민들의 주거공간은 문화시설이 집중되어 있는 도심부로부터 멀리 떨어진 곳에 위치하고 있어서 문화향수기회가 적을 수밖에 없다.

한편 불황이 엄습해 오면 도시재정이 파산직전에 이르고, 도시행정은 문제해결능력을 상실하게 되어 지역공동체의 해체현상이 나타나며, 주민들은

---

63) 버블경제 붕괴 후에도 동경권에는 여전히 고차경제기능의 높은 집적이 계속되고 있다. 즉 외국은행 · 신탁업 및 외국회사 종업자수 등의 국제 비즈니스 기능은 60~80%, 대기업본사기능은 50%, 수표교환액이나 전국은행대출잔고 등 금융기능은 40%가 집적되어 있으며, 출판 · 광고 · 방송업종사자 등 「매스컴」기능, 문화예술직업종사자수로 본 문화적 기능은 수도권에 50% 이상 집적되어 있다.

이기주의적으로 행동하려는 경향이 강하게 나타난다. 그리고 쓰레기처리시설과 부랑자 수용시설을 자기 집 근처에 건설하는 것을 반대하는 소위 님비(not in my backyard)현상이 극성을 부리게 된다.

이처럼 20세기말은 세계도시라고 불리는 거대도시의 융성과 쇠퇴라는 현상을 우리 눈 앞에 보여주고 있는 바, 적어도 21세기에 걸쳐 거대도시가 도시 아이덴티티를 계속 확보해 나가기 위해서는 생활문화를 뒷받침하는 생활공동체의 재건이 불가결할 것이다.[64)]

이와 같이 세계도시의 허상과는 달리 21세기형의 도시모형으로서 주목받고 있는 내발적 창조도시에 대해서 살펴보기로 한다.

3. 내발적 지역발전 사례 분석

3.1. 자율도시 볼로냐의 문화적 생산

인구 1,000만명 가까이를 포용하는 세계도시가 지금 쇠퇴의 길로 접어든 점과는 대조적으로, 21세기형 도시유형이라 할 수 있는 자율도시는 인간적 규모의 중규모 도시이다.

이탈리아의 볼로냐(Bologna)가 그 전형적 예로서 평가되고 있다. 볼로냐시는 1980년대 이탈리아의『기적의 부활』의 원동력인『제3의 이탈리아』지역의 중핵도시로, 인구 약 40만명의 역사도시이다. 시가지 중심부에 900년의 역사를 가진 세계에서 가장 오래된 볼로냐 대학이 위치하고, 시가지 가로를 따라 12~13세기에 건조된 포르티코(Portico)라 불리는 주랑(柱廊)이 각 시대의 특징을 나타내면서 전체로서 조화된 독특한 도시경관을 만들어 내고 있다.

지붕이 있는 보행로인 '포르티코'는 볼로냐 시 특유의 건축구조이다. 도심을 둘러싸고 40여 km 가까이 조성된 포르티코는 햇빛을 가려 주고 눈비를 막아 준다. 이탈리아 볼로냐는 마냥 걷고 싶은 충동을 갖게 하는 도시이

64) 김문환, 1998, 지역문화발전론, 문예출판사, pp.57~59.

다. 눈이 내려도, 비가 와도, 따가운 햇살이 내리쬐도 보행자들은 마치 건물 복도를 걷고 있는 듯 편안하게 걸을 수 있다. 이는 볼로냐 도심에 있는 모든 건물의 1층마다 처마가 보도까지 뻗어 나가 전 시가지를 회랑처럼 구석구석 연결해 주기 때문이다. 아치형의 이 독특한 회랑은 투영되는 빛과 그림자를 통해 건물의 미학적 깊이까지 더해 주는데, 로마, 피렌체, 밀라노 등 이탈리아의 다른 도시에서는 찾아볼 수 없는 볼로냐만의 도시 명물이다.

그 가치가 더욱 빛나는 것은 시민들이 합의 하에 포르티코를 완벽하게 보존하는 도시 계획을 결정했기 때문이다. 1960년대인 고도성장기에 주정부는 오래되어 낡고 붕괴된 포르티코를 제거하고 도심부의 빌딩화를 추진하였으나, 보존운동차원에서 많은 시민들의 반대로 마침내 포르티코가 관광명물로 유명하게 되자 도시경관 보존의 리더로서 전세계적으로 주목받게 되었다. 시민들은 포르티코가 품어내는 음영의 풍요로운 도시경관을 스스로의 문화적 아이덴티티로서 중시한 것이다.

도시경관의 문화성을 소중히 하는 도시는 유럽에도 많이 있지만 볼로냐시의 경우는 경제기반도 직인기업을 중심으로 한 문화에 넘치는 독특한 개성을 가지고 있다. 일본과 같은 기업성곽도시에 있는 대규모공장은 전무하며, 반대로 산업의 커뮤니티의 주역은 직인기업이라 불리는 종업원 24명 미만의 영세기업이다.

이들 소기업들은 직인기업연합 등 협동조합조직 네트워크형으로 연결되어 있고, 사업 면에서도 가맹된 직인기업의 세무회계, 급여에 관한 기본서비스 외에 다음과 같은 광범위한 지원을 행하고 있다. ① 지방자치단체와 협력해 공업단지의 조성을 수행하고, 용지취득에서 공장의 건설까지 공동으로 실시한다. ② 종업원이나 신규구직자를 위한 전문적 교육이나 기술적 훈련을 행한다. ③ 견본시나 전시회에 공동으로 참가한다. ④ 원료의 공동구입, 공동수주 · 판매, 공해대책, 작업연구 등의 분야에서 기업공동화를 촉진한다. ⑤ 금융기관으로부터의 유리한 자금조달을 원조한다. ⑥ 최근의 기술정보를 공급해서 하이테크화를 지향하고 있다. 이상과 같은 직인기업에의 지원 등은 『경쟁과 협동』이라는 이념을 통해 문자 그대로 공생적 네트워크의 역할을 하고 있다.

주정부(와 자치단체)는 직인기업과 직인기업협동조합에 대해 각종 기술학교나 연수제도를 운영해 금 · 은세공이나 도기에 이르기까지 전통기능의 계승에서 하이터치의 패션감각, 나아가 하이터치 기기를 사용하는 기능공 양성까지 폭넓은 인재양성을 육성하고, 제3섹터로 경제발전국을 설치해 ① 직인기업단지의 조성과 기업유치, ② 환경보전형 기술의 개발지원, ③ 각 업계단위의 연구 · 시작(試作) 및 정보센터의 운영 등 적극적인 산업정책을 전개하고 있다.

볼로냐 시정부는 이 밖에 직인의 후계자양성을 위해 도심의 역사적 시가지 중심부에 신규개업자를 위한 임대사무실을 제공하고 있다. 이러한 주정부의 지원은 역사적 시가지의 문화적 환경 속에서야 말로 풍부한 감성을 갖춘 직인기업이 육성된다는 이념에서 나온 것이다. 요컨대 시민의 손으로 보전된 역사적 시가지가 직인기업을 위한 인큐베이터가 되는 것으로 도시의 문화집적이 신규 유망한 기업이나 산업을 낳는다는 것이다.

이같이 도시경관 보전정책과 연결된 직인기업의 육성정책은 볼로냐 시에 있어서 문화적 생산을 더욱 진전시키고 있다고 하겠다.[65]

3.2. 내발적 도시 카나자와의 문화적 생산

볼로냐와 같이 일본의 카나자와(金澤)도 인구 45만명의 인간적 규모의 도시로, 구 시가지를 중심으로 오래된 집들이 즐비하게 자리잡고 있으며, 전통예능 · 공예를 육성하는 생활문화, 산과 강으로 둘러싸인 천혜의 도시환경 속에서 독자적인 경제기반을 가지고 있다.

고도성장기에 일본의 많은 지방도시가 동경의 지점경제도시가 되거나 기업성곽도시나 기업결합 도시화하여 고유의 문화와 경제기반을 잃어왔는데, 예외적으로 카나자와는 문화와 경제의 조화를 취한 내발적 발전을 도모해 온 도시라고 할 수 있다.

그러면 내발적 도시 카나자와의 특징을 다섯 가지로 정리하면 다음과 같다.[66]

---

65) 佐ケ木雅幸 "앞의 논문", pp.73~75.

66) 佐ケ木雅幸 "앞의 논문", pp.75~82.

첫째, 지역 내에 본사나 의사결정부문을 갖춘 핵심공장을 두고, 지속적으로 발전을 수행한 지역 내발형의 중견·중소기업군에 의해 지탱해 온 자율성이 높은 도시경제로, 직인기질이 풍부하고, 이노베이션을 장점으로 하는 다수의 중견기업군과 영세한 사업소군으로 구성된 경제구조를 가진다.

둘째, 명치중기 이후 현재까지 약 100년에 걸쳐 섬유공업과 섬유기계공업이 2대 기간공업(基幹工業)으로서[67] 지역 내에서 상호 연관적으로 발전하여, 이들을 기초로 해서 전후에는 공작기계나 식품관련기계, 나아가서는 출판·인쇄공업·식품공업, 어패럴산업 등이 발전함에 따라, 인구 45만명의 도시로서는 다채로운 산업관련구조를 유지하였고, 동시에 전통산업에서부터 하이테크 산업에 이르기까지 지역기술의 축적과 그 연관성도 유지해 왔다.

셋째, 섬유공업에서 전형적으로 보이듯이, 산지도매상사를 중심으로 하는 독자의 산지시스템을 형성하고, 섬유산업의 제조기능 뿐만 아니라 판매·유통기능, 그리고 이를 기초로 한 금융기능이 역내에서 발전함에 따라 2차산업과 3차산업의 조화를 취한 도시경제를 구성하고 있다.

넷째, 이같은 도시경제의 내발적 발전의 힘이 외발형의 대규모공업개발이나 기업연합 등의 유치를 결과적으로 억제하였고, 산업구조나 도시구조의 급격한 전환을 회피해 왔기 때문에 독특한 전통산업과 함께 전통적인 거리나 주변의 자연환경이 그대로 보존되어 쾌적한 도시미(都市美)를 자랑하고 있다.[68]

다섯째, 이상과 같은 내발적 발전이 가져온 독자의 도시경제구조가 역내에서 다양한 연관성을 가진 우회생산에 의해 부가가치를 증대시켜, 지역 내에서 생산된 소득 중, 이윤부분의 역외로의 누출을 막고, 그에 따라 중견기업의 끊임없는 이노베이션을 가능케 해 정보산업이나 각종 서비스업을 발전시켰으며, 게다가 대학(카나자와 대학, 카나자와 미술공예대학, 카나자와 공업대학 등 13대학)이나 전문학교, 나아가 다수의 박물관이나 자료관 등의 학술문화집적을 가져옴에 따라 카나자와의 질 높은 도시문화의 집적을 과

---

67) 섬유공업이 섬유기계공업의 수요를 창출하고, 섬유기계공업은 섬유공업에 생산수단을 제공하는 형태를 유지하였다.

68) 카나자와의 경우 전통산업은 약 800개의 사업소에서 3,200명이 종사하며, 22종의 전통공예가 보존되어 있고, 교또(京都) 시에 이어 제2위의 집적을 가지고 있다.

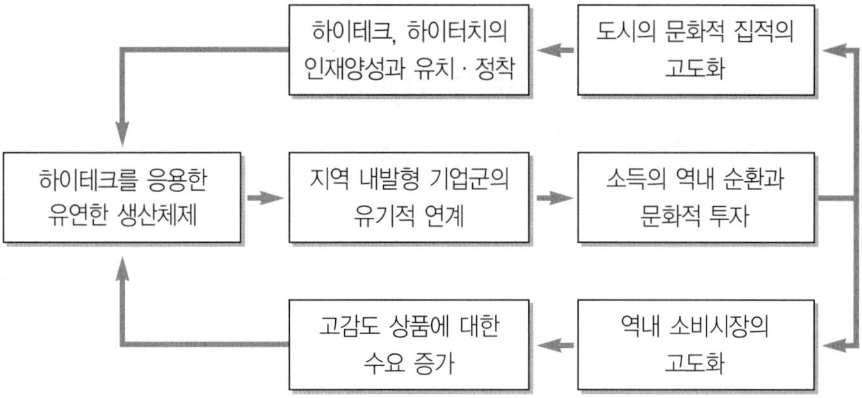

<그림 4-1> 카나자와의 문화적 생산 개념도

시하고 있다. 즉, 경제적 잉여의 도시내 순환으로 생활문화 스톡이 점점 많이 축적되고 있다.

이같이 고도성장기에 있어서 지방도시의 대부분이 포디즘의 물결에 휩쓸려 거대기업을 앞다퉈 지역에 유치하는 외발적 발전의 길을 선택함으로써, 지역의 전통공예나 생활문화의 독자성을 상실해가는 반면 카나자와는 내발적 발전을 통해 개성적인 도시문화와 자율적인 도시경제를 이룩한 것이다.

카나자와에는 없었던 포스트모던 디자이너를 양성하려고 하는 의도가 있었다. 기업의 문화적 투자로서 카나자와 도심에 새로운 직인을 양성하는 거점을 만들려는 것은 제3의 이탈리아 도시 볼로냐를 벤치마킹하려는 것이다. 하이테크를 유지시켜 주는 소프트웨어 인재나 하이터치를 창조하는 디자이너를 양성하고 정착시키는 도시집적이 새로운 고부가가치산업이나 기업을 만들어 내는 것이다.

이와 같이 고품격의 문화적 집적에 의해 도시경제의 발전을 야기시키는 새로운 산업발전 방식을 문화적 집적을 창출하는 도시의 문화적 생산이라고 일컬어진다.

지금까지 검토한 바에 의하면 오늘날 도시형 산업 방식 즉 문화적 생산에 기초한 도시형 산업을 다음과 같이 정의한다.

『생산자의 창조성을 발휘할 수 있는 인간적 규모의 공장이나 공방에 있어서 도시 고유의 문화나 하이테크, 하이터치를 이용한 문화성이 높은 고유가치가 부가된 제품을 시장의 변동에 대응하여 유연하게 생산하는 산업 · 기업』이고 그 배경에는 앞에서 살펴 보았듯이, 『진품을 구별할 수 있는 능력을

<그림 4-2>
카나자와의 신도시형 산업의 이미지

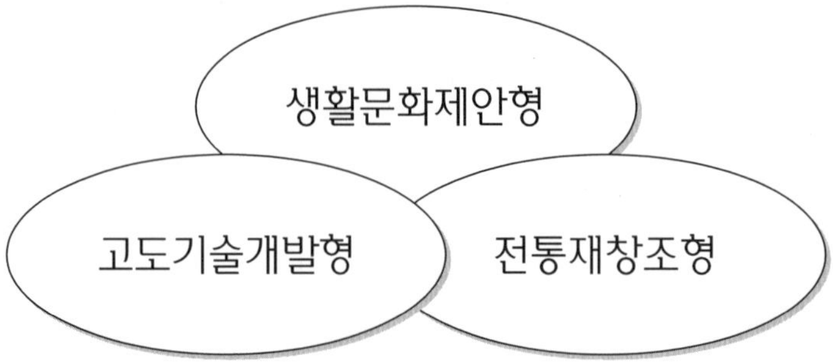

가지고 소비생활을 통하여 자신의 생활설계능력을 고양해 가는 것이 가능한 문화적 수준이 높은 소비자』의 존재가 필수적이다.

따라서 신도시형 산업을 육성하기 위해서는 이 산업이 담당하는 문화적 생산자와 문화적 소비자가 거주하는 양질의 도시만들기가 반드시 이루어져야 한다.

이러한 문화적 생산 시대의 도시는 문화적 생산과 문화적 소비가 유기적으로 연계가 되어, 경제활동과 문화집적을 고도화해 가는 순환적 시스템이 되지 않으면 안 된다. 카나자와의 내발적 발전은 이러한 시스템의 하나로서 그 사례도시가 되고 있다.

즉 21세기로 향하고 있는 카나자와의 신도시형 산업의 이미지는 이같은 개념을 다음의 세 가지 컨셉의 집합으로 요약할 수 있다.[69]

① 고유가치에 기초한 부가가가치화를 전개한다.

지금까지 축적해 온 고유의 기술을 이업종교류 등의 산업 네트워크의 재구축으로 고도의 부가가치화를 추진한다.

② 전통을 현대에 재창조한다.

전통산업이 전달하는 직인적 기법, 감성 등을 현대에 살려, 전통의 재창조를 도모한다.

③ 풍부한 생활을 실현하는 생활문화의 제안을 겨냥한다.

생활의 예술화라는 관점을 중시하고, 물건만들기와 주민들과의 연계를 꾀하는 생활문화제안형의 산업 방식을 추구한다.

69) 佐ケ木雅幸 "앞의 논문", pp.82~84.

3.3. 창조도시의 성립 조건

이상에서 서술한 바와 같이 고도성장기에 있어서 지방도시의 대부분이 포디즘의 물결에 휩쓸려 거대기업을 앞다퉈 지역에 유치하는 외발적 발전의 길을 선택함으로써, 지역의 전통공예나 생활문화의 독자성을 상실해가는 반면, 자율도시 볼로냐와 창조도시 카나자와는 내발적 발전을 통해 개성적인 도시문화와 자율적인 도시경제를 이룩하였다.

이제 포디즘 하에서 효율중시와 양적 확대를 겨냥해 온 세계도시의 시대는 막을 내리고, 문화적 생산이 강조되는 내발적 창조도시의 시대가 다가오고 있다. 새로운 도시발전 패러다임은 생산자의 창조성을 발휘하고 문화적 생산을 담당할 인간적 규모의 공장이나 공방과 같은 유연한 생산시스템을 구축하거나, 문화적 수준이 높은 소비자를 배출하여 개성적인 주택과 아름다운 거리 환경 속에서 스스로 질 높은 소비생활을 함으로써 문화적 생산과 문화적 소비가 일체가 되어, 경제활동과 문화집적을 고도화해 가는 순환적 시스템 구축에 의한 문화경제도시를 만들어 나가야 할 것이다.

따라서 내발적 창조도시가 되는 길은 첫째, 예술가나 과학자가 자유로운 창조활동을 전개할 뿐만 아니라 노동자나 직인도 노역으로서의 노동이 아니라 유용한 일에 종사하여 자기의 생명을 불태울 수가 있어야 한다. 이렇게 하기 위해서는 이윤 제일의 기업활동을 가급적 지양하여 사회적으로 유용성이 있고 문화성이 높은 제품이나 서비스의 생산을 장려하고, 공장 · 사무실의 환경을 향상시키지 않으면 안 된다.

둘째, 부유한 계층의 낭비적인 소비생활과는 다른 서민 레벨의 일상생활을 예술적으로 만들어 나가야 한다. 이렇게 하기 위해서는 생활을 윤택하게 할 수 있는 한, 서민의 소득과 생활시간이 확보되고, 생활문화상품이 적당한 가격으로 제공되며, 연극 · 오페라 · 콘서트 등 고품격의 무대예술도 저렴한 가격으로 감상할 수 있어야 한다.

셋째, 도시의 과학과 예술의 창조성을 지원하는 대학 · 전문학교 · 연구기관이나 극장 · 도서관 · 문화시설 등과, 중소기업 · 직인기업의 권리를 옹호하고 신규창업을 용이하게 하는 독창적인 일을 지원하는 각종 협동조합이나 협회 등 비영리센터가 잘 갖추어져 창조지원 『인프라스트럭처』로서 역할을 할 수 있도록 해야 한다.

넷째, 시민의 생활공간을 규정하는 도시환경이 보존되고, 도시주민의 창조력과 감성을 고양하는 도시경관의 미가 보존되도록 창조적 도시계획을 수립하는 것이 중요하다.

다섯째, 도시는 개성적인 문화적 지역을 지원하는 균형을 갖춘 경제기반을 획득해야 한다.

마지막으로 창조도시의 행정에 있어서 산업정책과 문화정책이 유기적으로 관련하여 행·재정의 민주적·효율적 운영과 종합화된 창조적 도시정책이 『창조도시』의 건설조건이라 할 수 있겠다.

제4절 지속가능한 문화도시 건설

1. 지속가능한 개발

전통적인 경제학에서는 인구 · 자원 · 환경(오염)이 주어진 조건이 되어 왔고, 많은 경제학자가 국민경제의 확대재생산 즉 경제개발만을 지상명제로 생각해 왔다. 그러나 경제활동이 전지구적 규모로 확대되면서 인구 · 자원 · 환경이 경제개발과정에서 불가피하게 변화가 초래되어, 세계질서의 붕괴를 가져온다는 가설을 받아들여야 한다는 것이다.[70)]

경제학자에게 충격이었던 것은 1972년 당시 재계인, 경제학자, 과학자 등으로 구성된 국제적인 연구 · 제언 그룹인 『로마 클럽』에 의해 제출된 『성장의 한계』라는 보고서이다. 이 보고서가 나온 이후 선진국의 많은 식자(識者)들은 그것을 진지하게 받아들여 인류공통의 과제는 경제성장을 제로성장 · 마이너스성장으로 가지고 가야 한다고 생각하게 되었다.

1972년 국제연합은 『인간환경회의』를 스웨덴 스톡홀름에서 개최하였다. 세계 114개국의 대표가 참석한 그 회의에서 「인간환경을 보호하고 개선시키는 것은, … 모든 정부의 의무이다」라는 『인간환경선언』이 채택되었다.

70) 1962년, 카슨(Carson, Rachel)이라는 미국 해양생물학자가 『Silent Spring』이라는 저서를 출판했다. 농약이나 살충제 등의 화학물질이 내량으로 사용되면 자연 생태계는 어떻게 되는가, 생물 그리고 인간에 어떠한 영향을 가져오는가, 오늘날 주목을 집중시키고 있는 환경호르몬의 문제를 독자에게 읽게 해서, 개발을 서두르는 세계에 충격을 주었다. 「생태계」라고 하는 말은 이 책에 의해 정착했다고 할 수 있다. 일본에서는 1964년 번역서로 『생과 사의 묘약』이라는 기묘한 표제로 간행되었는데, 1974년에 『침묵의 봄』이란 표제로 다시 출판되어, 독자들로부터 많은 반향을 불러 일으켰다.

1980년, NGO의 『국제자연보호연합』(IUCN)[71]이 처음으로 『지속가능한 개발』(sustainable development)이라는 개념을 제기했다. 그리고 그 개념은 국제연합의 환경과 개발에 관한 세계위원회(WECD)[72]가 1987년에 저술한 『Our Common Future』[73]라는 연구보고서에서 널리 알려지게 되었다. 많은 식자가 그 동안 개발과 환경을 대립적으로 다루어 왔는데 이 『지속 가능한 개발』이라는 말은 이들에게 신선한 충격으로 받아들여졌다. 그 내용의 골격은 다음의 네 가지로 요약된다.

첫째, 인간이 날이 갈수록 증대하는 물질적 · 문화적 수요 및 그를 위한 경제개발 그 자체를 부정하는 것은 아니다.

둘째, 단지 경제개발은 재생 불가능한 자원의 파괴에 의해서가 아니라, 새로운 과학기술의 확립과 새로운 사회조직 구축을 통해 달성한다.

셋째, 인간과 자연의 공생을 중시하고 경제활동 및 사회발전이 자연자원을 고갈시키거나 생태계를 파괴하지 않도록 어느 정도 제한을 가해 감시한다.

넷째, 성장 이익은 다른 세대 간(inter-generation) 및 같은 세대 내(intra-generation)에서 공평하게 분배되도록 한다. 즉 『지속 가능한 개발』이라는 사고는 다음 세대가 향유할 이익을 악화시키지 않도록 하는 것으로, 현재의 세대가 지혜를 발휘해 환경을 이용해 간다는 것이며, 그것은 눈앞의 이익을 중시해 개발을 추진하면, 먼 훗날에는 환경이 악화되고, 최종적으로는 이익을 얻을 수 없게 된다는 현실적 · 역사적인 교훈에 기초한 것이다.[74]

따라서 우리 세대에 주어진 환경은 우리 세대에서 마음대로 사용한 후 남은 것을 다음 세대에게 유산으로 물려주는 것이 아니라, 다음 세대로부터 차용하여 사용하고 있다는 인식이 필요하다. 따라서 우리 세대에서 깨끗하

---

71) IUCN은 1948년에 스위스에서 설립되어, 자연보호 · 야생생물의 보호분야에서 활동하고 있는 국제기구. 그 정식 명칭은 International Union for Conservation of Nature and Natural Resources.

72) WECD는 1984년에 발족. UN환경특별위원회라고도 한다. 정식 명칭은 World Commission on Environment and Development.

73) "Our Common Future"(우리 모두가 공유하는 미래)의 번역은 1987년에 福武書店에서 大來佐武郎監修 『地球の未来を守るために』로 출판되었다.

74) 어업으로 말하면, 어업자원을 지키기 위해, 양식기술 및 그에 대한 사회적 이해를 높여, 지금까지의 난획(亂獲)을 대신해 양식어업(길러서 잡는 어업)을 보급시키는 것으로, 그러한 것은 개발을 서두르는 발전도상국에서도 수용하고 있는 것이다.

게 사용한 후 원래 상태로 보존하여 다음 세대에게 넘겨줄 수 있도록 노력하는 자세가 요구된다.

이러한 노력의 일환으로 1992년에는 『환경과 개발에 관한 UN회의』(지구서미트)가 브라질의 리우데자네이로에서 개최되었는데, 그것은 1972년 스톡홀롬에소 개최된 제1회 『UN인간환경회의』 20주년에 해당된다. 회의에서는 약 180여 개국 · 지역의 정부대표와 UN산하 국제기구 및 약 8천명이나 되는 NGO가 모여, 참가자는 4만명을 넘었다. 그리고 그곳에서 『지속 가능한 개발』의 기본개념 및 그에 대한 점진적 전환이 세계의 공통인식으로 확인되어, 21세기로 향한 지구환경을 지키기 위한 헌법이 되는 『환경과 개발에 관한 리우선언』, 지구온난화방지조약과 생물다양성보호조약의 조인, 삼림보호를 위한 『삼림원칙선언』, 이를 실행하기 위한 행동계획 『아젠다21』(Agenda21)로서 결실을 맺었다.

그것은 환경을 한계로는 인식하지만, 환경보전을 위한 과학기술이나 사회시스템 등의 혁신이나 변혁에 의해, 새로운 문화도시 발전을 인식한다는 점에서 『성장의 한계』(limits to growth)로부터 『한계의 성장』(growth of limits)으로의 전환이라고 말할 수 있다.[75]

2. 지속가능한 문화도시 건설

도시는 박물관이 아니나. 도시는 하나의 생명체이다. 몸집만 커진다고 해서 도시의 정체성이 저절로 생겨나는 것은 아니며, 도시생산성이 높아지는 것도 아니다. 문화가 없는 도시는 거대한 경기장에 운집한 관중들처럼 경기가 끝나면 텅빈 공간만이 남아 있는 것에 비유된다. 문화가 없는 도시는 지속가능성을 보장할 수가 없다. 우리는 환경적으로 건강한 도시, 경제적으로 풍요로운 도시, 과거와 현재가 함께 숨쉬며, 미래의 역동성이 보장되는, 살아있는 도시 즉 지속가능성을 보장할 수 있는 문화도시를 만들어나가야 할 것이다.

75) 서정교 역, 앞의 책, pp.224~225.

<그림 4-3>
도시·문화·지속가능성의 관계[76]

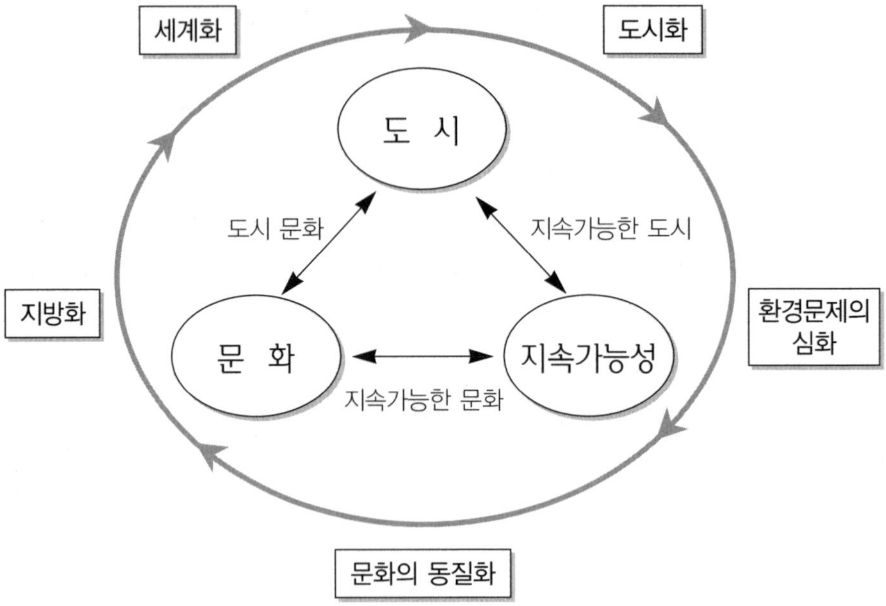

지속가능한 문화도시를 건설하기 위해서는 다음과 같은 몇 가지 사항들을 고려할 필요가 있다.[77]

첫째, 환경적 측면에서의 지속가능성을 확보해야 한다.

이를 위해서는 문화를 통해 환경에 대한 의식구조의 변화와 자원 · 에너지절약적인 생활패턴으로의 변화를 유도하고 새로운 삶에 대한 발상의 전환이 요구된다.

둘째, 경제적 측면에서의 지속가능성을 보장받을 수 있어야 한다.

이는 문화를 상품화하여 문화산업을 육성한다든가 도시의 문화이미지를 향상시켜 도시 자체를 장소마케팅(place marketing)하는 전략이 핵심사항이다. 그 도시가 가지고 있는 문화유산이나 정체성(identity)을 살려 매력적인 도시를 만들려는 의도가 담겨져 있다. 여기서 문화유산은 도시의 형태나 건축양식일 수도 있고, 지역축제나 유 · 무형의 문화재일 수도 있다. 역사적인 사실에서 도시의 정체성을 살리고 기형적으로 몸집만 큰 획일화된 세계

76) 청주문화도시국제회의조직위원회, 앞의 책, p.32.

77) 청주문화도시국제회의조직위원회, 2001, 도시의 지속가능성과 문화, pp.33~34.

도시가 아니라, 지역의 고유한 역사성, 정체성 그리고 차별화된 지역이미지를 만들어나가는 작업이 요구된다.

셋째, 공간적 · 물리적 측면에서의 지속가능성을 확보해 나가야 한다.

한 도시의 공간구조나 물리적 형태는 그 도시가 오랫동안 이룩한 문화적 표현이다. 승용차 증가추세가 두드러지고 이에 따라 직장과 주거 간의 거리도 멀어지고 있다. 도시를 형성하고 있는 이웃이라는 공동체가 해체되고 전통적으로 유지해온 토지이용의 형태도 무너지고 있다. 전통적 건축양식이 국제적 양식으로 규격화 · 획일화되고 있다. 지속가능한 문화도시를 만들기 위해서는 대중교통수단을 확충하고 직주근접형(職住近接型)의 산업단지를 조성하는 등 복합적 · 입체적인 토지이용계획을 수립하여 실시해야 할 것이다. 또한 전통과 현대가 살아 숨쉬는 독특한 도시형태와 건축양식을 개발해야 할 것이다. 공원과 오픈스페이스가 시민들의 안식처가 되도록 해야 할 것이며, 도시도 하나의 생태계로서 자연과 더불어 사는 길을 찾도록 만들어야 할 것이다.

넷째, 사회적 측면에서의 지속가능성이 보장되어야 한다.

도시는 문화생산과 문화소비가 이루어지는 장소이다. 모든 시민들이 골고루 문화를 향유할 수 있는 기회가 확보되어야 한다. 이를 위해서는 마을마다 문화공간이나 휴식공간이 마련되어 시민들의 문화소비에 대한 접근성을 높여나가야 한다. 고급문화와 대중문화의 형평성은 물론 인프라 시설에 걸맞은 문화활동 프로그램 개발에도 박차를 가해야 한다.

다섯째, 협치(協治 : governance)에 의한 지속가능성이 요구된다.

중앙집권적 문화행정이나 일극 집중의 문화적 편중현상을 지양하고 지역의 잠재력을 발굴하여 지방문화를 창조하고 지방문화에 대한 위상을 높여나가야 한다. 이를 위해서는 기본적으로 시민과 기업, 중앙정부와 지방정부 그리고 문화생산주체들 간의 파트너쉽 정신을 살려 협치에 의한 시너지 효과를 극대화해 나가야 할 것이다. 특히 문화관련 시민단체의 활동과 기업메세나 활동을 활성화하기 위해 정부의 문화정책적 지원도 강화되어야 할 것이다.

이상에서 살펴본 바와 같이 우리가 건설해야할 지속가능한 문화도시는 문화라는 매체를 통하여 이룩될 수 있으며 궁극적으로는 새로운 도시문화의 창조로 이어질 때 가능하다. 위에서 언급한 문화도시 건설의 다섯 가지 필요조건 외에도 우리는 다음 세 가지의 충분조건을 간과해서는 안 된다.

먼저 지속적으로 보존 · 계승되어져야 할 문화유산은 시간과 노력을 들여 진정한 내재가치를 유지 또는 증가시켜 나가야 한다.

둘째, 건물용도와 도시형태에 대한 태도나 아이디어, 표현들은 변경되거나 사라질 수도 있다는 것을 받아들여야 한다.

셋째, 지속가능성과 진화적 변화는 적어도 비싼 경제적인 대가를 치러야 달성될 수 있음을 알아야 한다. 도시와 건축물, 그리고 조직 속의 문화는 진화적인 변화와 재발견을 거듭하면서 보존된다. 따라서 이를 수행하는 도시의 능력이 지속가능성의 척도가 된다. 도시와 사회의 지속가능성을 확보하기 위해서 우리의 관심은 어떻게 변화의 비용을 최소화하면서, 즉 적은 에너지를 사용하고, 변화에 따른 환경적 영향을 최소화하면서 시민들이 지속적으로 풍요로운 삶을 영위할 수 있는 문화도시를 구현해 나가느냐에 달려 있다.

제5장

생산요소별 문화적 내재성 분석

신고전학파의 성장모델이 통계적 · 수학적 접근에 치중하여 각 생산요소에 내재되어 있는 문화적인 요소가 배제됨으로써 기계적인 분석에서 벗어나지 못하고 있다. 따라서 이 장에서는 문화자본 축적이 각 생산요소에 내재적인 잠재력으로 작용할 수 있음을 밝히고, 21세기에는 특히 이러한 문화자본이 내재된 각 생산요소가 새로운 생산 패러다임을 초래한다는 점을 강조하고 있다.

제1절 이론적 분석틀

이 연구에서 서술하게 될 이론적 분석틀은 다음과 같다.

우선 자본, 노동, 토지, 기술, 경영을 독립변수로 하는 기존의 총생산함수를 (5-1)식과 같이 설정할 수 있다.

$$Y = F(K, L, E, T, M) \text{ ——— } (5\text{-}1)$$

(여기서, Y : 총산출량, K : 자본, L : 노동, E : 토지, T : 기술, M : 경영)

$$Yc = Fc(Kc, Lc, Ec, Tc, Mc) \text{ ——— } (5\text{-}2)$$

(여기서, Yc : 문화자본이 내재된 생산요소가 투입되었을 경우 총산출량, Kc : 문화자본이 내재된 자본, Lc : 문화자본이 내재된 노동, Ec : 문화자본이 내재된 토지, Tc : 문화자본이 내재된 기술, Mc : 문화자본이 내재된 경영)

한편 문화자본이 내재된 생산요소로 구성된 총생산함수를 (5-2)식과 같이 나타낼 수 있다. 여기서 문화자본의 내재성을 고려하지 않은 생산함수와 그것을 고려한 생산함수를 비교하면 〈그림 5-1〉과 같다.

여기서 문화자본이 내재화된 생산요소를 고려할 경우 총생산함수는 상방으로 이동되어 궁극적으로는 경제성장을 촉진하게 된다. 따라서 문화자본 축적을 통해 경제발전을 촉진시키는 새로운 발전 패러다임을 모색하는 것이 이 장의 핵심내용이라 할 수 있다. 물론 여기서 문화자본이라는 요소가 문화적 · 사회적 · 철학적 · 시스템공학적 특성을 지니고 있는 특수성 때문에 그것이 생산요소에 어느 정도 내재되어 있는 지에 대해 계량화가 곤란하다. 따라서 이 연구에서는 자본, 노동, 토지, 기술, 경영 등 다섯 가지 생산요소에 대한 문화적 내재성을 서술적 · 도식적 방법에 의해 논증하고자 한다.

<그림 5-1>
총생산함수의 이동

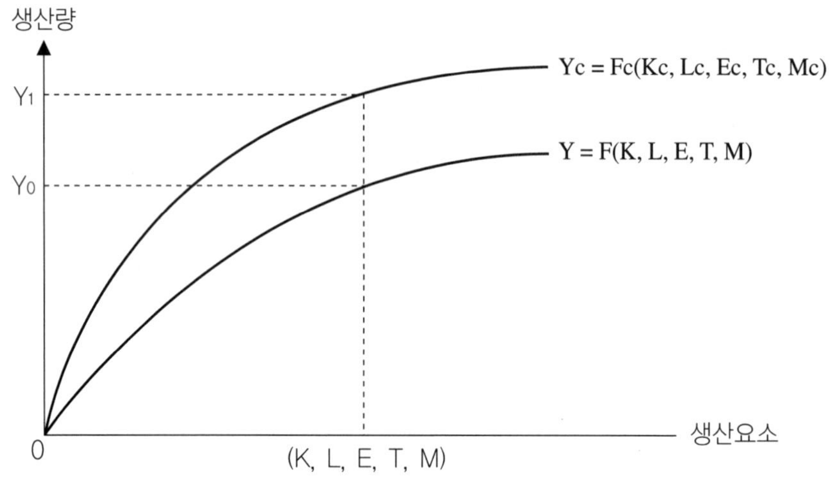

제2절 문화적 내재성 분석

1. 자 본

자본(자금)은 상품생산을 위해 소비되지만, 문화생산을 위해 소비되기도 한다. 『자본의 생산』과 『상품의 생산』과의 본질적인 차이가 있다. 자본은 『힘』이요 에너지이다. 보다 정확히 말한다면 몇 개의 힘이 상호관계를 서로 맺고 있는 『시너지』(synergy)이다. 이 시너지는 몇 가지 자본의 조합에 의해 이루어진다. 그 주요한 핵심이 되는 자본이, 문화자본(cultural capital), 사회자본(social capital), 경제자본(economic capital), 상징자본(symbolic capital)의 네 가지이다. 그밖에도 여러 가지 자본으로 구분될 수 있다. 이들이 복합적으로 서로 협동해서 『자본의 힘』을 발휘한다. 이를 『복합자본』이라 부르고 있다.

자금을 사용하는 『사람과 대상』은 영유계(領有界)라는 공간세계를 구성하고 있다. 개체 · 물체가 아니라 사람과 대상의 관계세계 · 공간세계, 즉 『영유계』가 구성되고 있다. 이 영유계에서 활동하는 것이 『자본』이 된다. 사람이 자본이며, 그들의 관계가 『관계자본』이다. 자금은 그러한 자본이 활동해 가는 가운데 힘으로 작용하게 된다.

자금을 움직이는 것이 문화자본이고, 자금이 활동하는 장(場)이 사회자본이며, 자금을 움직여 산출물을 낳는 것이 경제자본이다. 그리고 자금을 이끌어내는 것이 상징자본이다.

특히 문화자본 축적을 통한 새로운 생산 패러다임을 좀더 잘 이해하기 위해서는 상품과 자본의 장의 차이를 확실히 알아 둘 필요가 있다.

자본의 장은 Z장으로서 세 가지의 자본의 협동관계를 구성하고 있다. 기축은 미분화된 자원 · 장소를 비분리에 의해 창출하는 『상상자본』의 장이다. 보이지 않는 것을 보이게 하는 자본 즉 암묵지(暗默知)에서 형식지(形式知)[78]로 이끌어내는 자본이며, 이 장이 실은 『분배 · 환경』의 장을 형성하고 있다.

이 상상자본이 공간으로 분화 · 표상되어 갈 때 상징자본이 형성되고 사물 · 상품으로 분리 · 생산되었을 때 경제자본이 형성된다. 이 분화 · 분리를 추진하는 힘이 문화자본이다. 이렇듯 문화가 확실히 자리잡고 있으면 활력을 가지고 자본을 움직이게 할 수 있다.

상품 중심에서 자본 중심으로 경제생산의 전환을 가져오는 핵심은 『장소와 생활의 시장성』, 『커뮤니케이션의 다양성』, 『행동의 다양성』이라는 이 세 가지 사항을 어떻게 창출할 것인가에 달려있다. 이 세 가지를 문화자본으로서 조합해 나가는 것이 문화자본경영을 지향하는 기업경영의 최대 테마라고 할 수 있다.

이상의 내용을 기초로 문화자본과 브랜드 · 상품 · 메시지의 관계를 설정하면 〈그림 5-2〉와 같다. 그림 중앙에 상상적 생산의 장으로서 『상상자본의 장』이 있고, 거기에는 브랜드가 위치를 차지한다. 문화자본 0도의 위치에 있는 『브랜드』 즉 그것은 기업의 장소에 해당되며 브랜드를 형성해 나가는 인간의 힘을 육성하는 자본의 힘이기도 하다. 이 브랜드에서 두 가지 방향성이 생긴다. 하나는 상징자본의 형성이고, 다른 하나는 경제자본의 형성이다. 상징자본화는 브랜드를 메시지로서 시장에 진출시키기 위해 인기와 신뢰를 향상시켜 판매경쟁력을 강화해 나가는 것이다. 여기에 문화자본력이 작용한다. 경제자본화는 브랜드를 상품으로 만들어 상품의 품질을 높이고, 거기에 필요한 기술을 개발하며, 상품의 판매규모를 결정하는 것으로서 여기에도 문화자본력이 작용한다. 이처럼 한편에서는 『문화자본력 Ⅰ = 상상자본을 상징자본으로 형성하는 힘』이, 다른 한편에서는 『문화자본력 Ⅱ = 상

78) 일본의 노나카교수는 조직구성원 각자가 대화를 통해 암묵지(暗默知 : 주관적이며 언어와 문장으로 표현할 수 없는 상태의 지식)를 공유하고 개인과 개인이 그룹을 이뤄 암묵지를 형식지(形式知 : 객관화한 지식)로 표현해내고 그룹과 그룹이 모여 형식지를 공유하는 조직을 만들고 조직의 형식지는 다시 개인의 암묵지로 내재되는 과정이 끊임없이 반복되면서 지식이 창조된다고 설명한다.

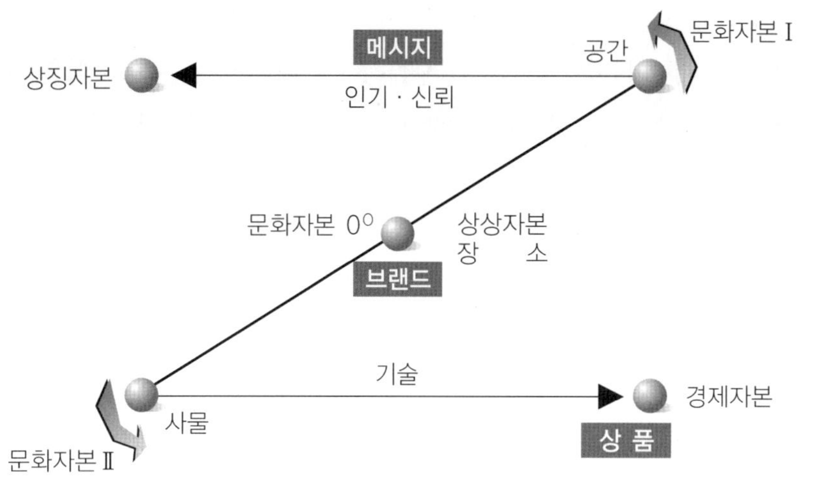

<그림 5-2>
문화자본과 브랜드 · 상품 · 메시지의 관계

상자본을 경제자본으로 형성하는 힘』이 문화자본 0도의 장소에서 만들어져서 『브랜드 · 메시지 · 상품』의 시장이 개척되는 것이다.[79)]

이 때 경제자본화를 목적으로 할 경우에는 상징자본은 형성되지 않는다. 상징자본을 형성할 수 없는 기업 · 제도는 경제적인 수익증가가 예상되더라도 일시적인 번영에 지나지 않아 조만간 쇠퇴해 버린다. 따라서 상징자본과 경제자본을 연결하는 실제의 힘이 문화자본이다. 문화자본이 늘 형성되어 있어야 비로소 상징자본은 경제자본으로 전화(轉化)될 수 있다.

2. 노 동

노동과 생산은 별개의 문제라는 인식이 요구된다. 그런데 생산과 노동의 결합이 산업사회경제의 특질이 되어버렸지만, 사실 노동(labor)과 행위(action)를 식별함으로써 생산을 노동과 별개로 하여 행위의 차원으로 인식되어질 필요가 있다고 본다. 즉 노동과 노동생산성의 관계에 있어서 생산을 생각하는 것이 아니라, 행위 그 자체가 생산이라는 차원이다.

자본을 상품 · 노동과 별개로 취급함으로써 문화자본의 형태가 개념적으

---

79) 福原義春 · 文化資本研究會, 1999, 文化資本の經營' ダイヤモンド社, pp.143~145.

로 확실하게 정립이 되고 있다.

마르크스의 『자본론』에서는 가치가 높아질 때, 노동은 사용가치를 만드는 구체적 노동이 아니라, 교환가치의 형식에 기여하는 『추상적 노동』이 된다. 그리고 인간은 노동으로부터 『노동력』을 별개로 취급하여 노동시간으로서 고용주에게 판매하여 그 일정 급여인 임금을 받는다. 이 『노동력』·『노동시간』은 자유롭지 못한 『소외된 노동』[80]이 된다.

급료를 받는 임노동은 정확하게는 노동력을 일정한 시간(1일 8시간) 고용주에게 판매·종속되어 그 시간 동안은 개인적 자유를 향유할 수 없는 대가로서 급료를 받는다고 하는 시스템이다. 이것은 『노동시간』인 8시간을 계산해서 결정된 시간으로 배정된 업무를 하도록 강제된다.[81]

그에 대해 이러한 다양한 행위가 업무의 질과 관련을 맺고 있다고 생각되어, 그것을 살려 나가는 과정이 바로 문화자본을 형성해 나가는 시간인데, 이 경우에 규제 받는 노동시간이 아니라 그 모두가 생산시간이 되는 『행위의 경제』가 설정된다.

그 동안 우리는 생산시간을 노동시간으로 질서화하고, 노동력 부분만이 교환가치로서 가능하며, 가치를 만드는 유일한 방법이라고 생각해 왔다. 이러한 노동시간은 생산시간과는 차이가 나지만 산업사회경제는 『노동시간 = 생산시간』이라고 하는 형식을 취한다. 노동자가 잠을 자기도 하고, 식사를 하기도 하며, 음악을 듣는 시간도 본래는 노동의 질을 높이고 피로를 덜어주는 생산의 시간인데, 이것을 비생산적인 시간이라고 간주하고 있다. 즉 아마도 물건을 생산하는 시간에는 멍청히 공간을 보거나, 유성을 바라보거나 혹은 여유를 부리거나, 깜빡 잠들거나 그러한 가운데 아이디어를 생각해 내는 여러 가지 시간이 포함되어 있다.

후꾸하라 요시하루(福原義春)는 산업적인 기업체를 합리성이라는 이름

---

80) 「소외된 노동」이란 초기 마르크스의 생각인데, 후기 마르크스의 「물상화」(物象化)의 관점으로부터 노동이 고려되어야 한다고 하는 점도 마르크스가 생각하고 있는 부분이다. 게다가 마르크스는 노동가치론을 극복하고 있다고 간주하는 논자도 있다. 마르크스 평가의 논의·의미는 여기서는 거론하지 않겠지만 현대자본주의를 재고(再考)하는 가운데 이러한 논의의 지평이 마르크스 해석을 초월하여 「현대의 문제」를 생각하는 중요한 포인트가 「노동시간」이라고 하는 시간론의 영역에서 취급되어질 수 있다.

81) 「선택은 당신의 자유」라고 하는 자유선택의 기회가 부여되어 있기 때문에 「강제는 아니다」라는 입장도 있다.

아래 효율화해 가면 생산시간과 노동시간이 단절되어 버린다. 그러나 문화자본경영의 관점에서 진정한 의미에서 합리적인 형태를 수립해 나가기 위해서는 생산시간을 유연하게 잡아야 한다고 밝히고 있다.[82)]

21세기의 초기업 · 초제도는 정해진 노동시간 내에서 업무를 하는 것이 아니라, 원할 때 언제, 어디에서도 자유자재로 행위하고 있는 그것을 업무로 하는 자유시간이 곧 생산시간이 된다. 창조적인 것은 멍하니 있을 때 문득 떠오르기도 하고 정신을 집중시킬 때 생겨나기도 하는데, 어느 쪽이라고 단언하기는 어렵다. 또한 어느 날은 24시간 내내 잠을 자지 않고 업무를 계속 수행하는 경우도 있는가 하면 어느 날은 1시간 정도 일을 한 뒤 아무 것도 하지 않아도 좋다. 그러한 자유로움이 업무시간 그 자체가 될 때, 업무의 양(量)이 아니라 질(質)이 중요하게 여겨진다. 양을 달성하지 않으면 안 될 때도 있고, 질에만 의존할 때도 있다. 어쨌든 행위하고 있는 것 자체가 경제인데, 그 방식이 생산적이 된다는 것이다. 노동이 소멸한다고 하는 것은 시간이 사회적으로 해방되어 개인화된 다양한 시간이 사회적 영유로서 성립되어지는 것을 의미하고 모두가 생산과 동시에 소비되어 생산과 소비 사이의 경과시간이 없어지게 되는 것을 의미한다.

3. 토 지

지금까지 우리는 토지를 단순히 식량이나 에너지를 생산하는 공간 또는 상품을 생산해내는 공간 정도로 토지의 가치를 재단해 왔다. 그러나 토지는 잠재적인 아름다움을 함축하고 있고, 사고(思考)의 원천을 제공한다. 따라서 그 잠재적인 아름다움을 발견하고 자연과 조우할 때 비로소 그 토지의 가치는 달라지게 된다. 이는 토지의 외형적인 생산성만이 아니라 인간적 정서와 가치를 반영하는 문화성이 강조되고 있음을 뜻하는 말이다.

『상품을 만드는 장』은 공장이 아니라 물적요소가 실제로 사용되는 생활의 장소이다. 그 동안 이러한 단순한 것이 간과되어 버렸던 것이다. 21세기에

82) 福原義春 · 文化資本研究會, 앞의 책, pp.32~33.

있어서『물적요소를 만들어내는 장』을『생활의 장』이라고 하는 생산시스템으로 만들어가는 것이다. 실제의 물체인 상품을 만들어내는 장이라고 하더라도『생활의 장소』에 있어서 어떠한 상품을 사용하는 것이 좋은가라는 컨셉(concept)과 실제의 상품이미지를 만드는 것은『생활자들』자신이다.

장소가 있기에 공간이 만들어지는 것이지 공간이 있어서 장소가 만들어지는 것은 아니다. 이렇듯 그 동안 토지는 물적생산의 기반이 되는 생산요소로서 역할을 해 왔다. 그러나 21세기의 경제는 이러한 물적경제 중심의 상태를 초월하고 있다. 이는 물적요소에 대신하여 공간 · 장소의 경제가 경제의 장 또는 생산의 장을 영위하는 것을 의미한다. 또한 물품을 둘러싸고 있는 공간이나 생활의 공간이며, 또한 상품을 만들어내어 존재하게 하는 장소, 생명이 존재하는 장소가 경제의 기반이 된다는 것을 의미하기도 한다. 경제라는 것은 생계를 꾸려나가는 토대이기 때문에 일상생활의 공간경제를 배제하고는 물적생산도 존재하지 않는다는 것이다.

물적생산은 공간이나 환경을 복잡하고 효율성을 악화시키는 것으로 생각하고 그것을 배제한 상태에서 물품 그 자체만 독립시켜 생산할 수 있는 경영체를 만들어내어 생산성을 제고시키는 것이다. 물적생산은 가치(교환가치)를 만들어내고, 경제로부터 비경제영역을 구분하고, 그것을 소비의 장으로 전환시켜 이『소비의 장』을 국민시장전체로 획일화시켜 갔다. 거기에는『경제적 균질공간』으로서『물품을 소비하는 장』이며,『물품을 생산하는 장』은 기업생산에 점유되어 버린다.

그러나 기존의 물적생산 기반인 토지는 문화적 생산공간으로서 문화성이 내재된 장소경제로 파악할 필요가 있다. 따라서 소비의 장에 빼앗겨버린 상상적 생산의 장을, 장소를 생산하는 장으로 되돌리고, 장소경제의 설계와 동시에 상상적 생산의 설계를 장소마다 추진해 가는 일이 중요하다.

그리고 환경주택은 외부환경의 여러 조건을 단절하여 실내를 차단한 중앙난방식으로 통제하는 능동적 · 인위적 공간에 대신하여 외부의 기후나 장소의 여러 조건에 개방된 수동적 · 친환경적인 공간으로 변화시키는 것으로서, 생활품 즉 상품의 존재와 그 사용방법을 공간과 결부시키는 행위의 변용에 의해 변화시켜 가는 것이다. 사람 · 물건이 위치한 신체적인 내재공간을 수동적 · 친환경적으로 설계해 가는 것이다.

4. 기 술

기술은 과학기술만은 아니다. 자연에는 자연의 기술이 있고, 정치나 경제에도 『정치기술』, 『경제기술』이라는 사회기술이 있으며, 자기에게도 자기에 관련된 쪽에 있어서 『자기기술』이 있다. 기술에 이러한 다양한 형태가 있다는 것을 자각한 사람이 바로 미키 키요시(三木清)[83]이다.

"기술이란, 인간의 의지에 물체적인 형태를 부여해야 하는 것이다"라든가 "인간적 목적을 위해 자연상태나 조건을 공작적(工作的) 활동에 의해 변화시키는 것이다"라고 하듯 근대 서구적인 이해를 가지고 설명하는데, 미키 키요시는 "여러 문화는 본질적으로는 기술적이다"라는 차원을 취한다. "기술은 상품을 만드는 행위이다.

그것이 어떠한 것이든 즉 도구와 같은 것이든 기계와 같은 것이든, 인간의 마음이나 신체의 형태와 같은 것이든 사회 제도 혹은 사회적 합의 형태와 같은 것이든, 상품을 만든다는 것이 기술에 공통하는 본질이다"라고 말하고 있다.

즉 미키 키요시는 기술이란 문화이며, 행위라고 한다. 따라서 "기술은 본래 새로운 행위의 형태의 발명이다"라고 말하기도 한다. 『행위의 형태』를 만드는 것, 그것이 기술의 본질적인 의미이다.

과학기술 일변도의 사고에서 벗어나 기술이 적어도 자연기술, 사회기술, 과학기술 그리고 문화기술(cutural technology)에서 성립하고 있다는 것을 받아들일 필요가 있다. 여기서 문화기술이란 문화자본을 에너지로 활용하는 기술인데, 이것은 다양한 장소에서 다양한 문화를 살리고 문화성(culturality)을 높이는 기술이다. 문화기술의 실례는 전통기술 속에 가장 잘 나타나 있다.[84]

새로운 차원에서 가동하는 복합자본을 활용해 나가는 데는 문화기술을 핵심으로 해서 문화기술을 살리는 사회기술을 새롭게 다시 만들어 과학기술을

83) 그는 산업기술(기계기술 · 경제적인 기술), 지적기술 · 관념기술(인간적 기술, 마음의 기술), 사회기술, 자연기술이라는 기술의 여러 가지 형태를 유형화하고 있다.

84) 산업적 상품에서 문화기술을 잘 살려나가고 있는 것은 워크맨이다. 스테레오라는 거대파워장치를 몸에 소지하고 다닐 수 있는 소형의 편리한 힘으로 전환한 기술이다. 캐논의 「시선입력카메라」도 문화기술의 전형이다.

『자연기술』[85]과 다원적으로 균형시킬 수 있도록 재창조해 가는 것이다.

이 문화기술을 자각시키고 사회기술의 형태를 변화시켜 과학기술을 자연기술 속으로 용해시킬 필요가 있다.

여기서 말하는 자연기술이라는 것은 자연 존재 그 자체가 가지고 있는 기술이며, 생명기술[86]은 그 가운데 중요한 것이다. 돌이라면 돌 그 자체의 사용도구로써 기술화되어 가는 것이기 때문에 식물이나 동물의 생활양식, 행동양식, 존재양식 그 자체에서 배워갈 수 있는 것이다. 이 후자의 기술은 문화기술 이상으로 장소에 규정되어 있는 생명기술이며, 『장소』를 별개로 분리해서 보편화해서는 안 된다. 이 자연기술 · 생명기술은 과학주의적으로 개발해야 하는 것이 아니라, 문화기술을 매개로 해서 장소로부터 배워나가야 하는 기술이다.

<그림 5-3>
문화기술의 장

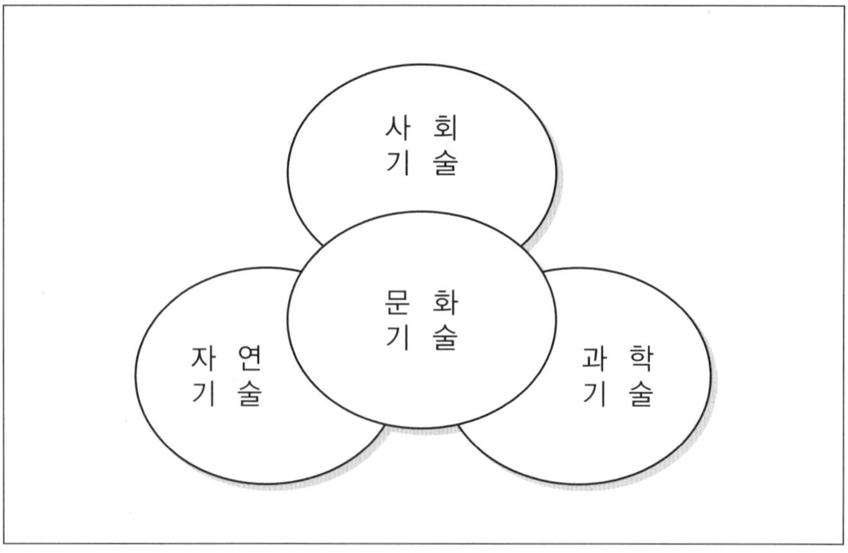

85) 자연기술이란 자연에 있어서 물체 · 물질 그 자체가 가지고 있는 물질기술, 생명의 움직임 · 존재 그 자체가 가지고 있는 생명기술, 그리고 물적 형태나 생명의 형태가 가지고 있는 형태기술, 나아가 이러한 자연 · 생명이 장소적으로 존재하여 생식하고 있는 생태기술이 있다. 물(水)에는 물의 기술이 있고, 불(火)에는 불의 기술이 있다.

86) 비행기는 새의 생명형태기술을 사용하고 있다고 할 수 있다. 그러나 비행형태에는 잠자리와 같은 것, 나비와 같이 팔랑팔랑 나는 것, 뱀과 같이 달리는 형태가 있는가 하면 물고기와 같이 헤엄을 치는 형태도 있다. 이러한 생명형태는 식물의 경우에도 있다.

5. 경 영

철저한 경제합리주의에 기초한 생산이 지구규모로 확대됨으로써 사람들의 경제생활을 그 나름대로 향상시키면서도 세계전역에 심각한 공해나 환경파괴를 가져오는 결과를 초래하고 있다.

게다가, 투자효율도 컴퓨터를 이용한 복잡계 이론까지 도입함으로써 궁극적으로 스스로의 한계에 부딪히고 있다. 자금은 적재적소에 공급되지 않고, 1분 1초 단위로 햇지펀드가 전세계를 누비며 세계금융질서를 혼란시키고 있다.

이러한 카지노자본주의에 기초한 금융자본 만능주의에서 탈피하여 인간관계나 사회관계 속에서의 신뢰나 상징성이 강조되는 문화자본경영이 요구되고 있다. 즉 지금까지의 경영은 『자금』이라든가 『재(財)』와 같은 물질적인 경제자본을 중심으로 생각해 왔기 때문에, 문화자본에 대해서는 많은 사람들이 생소하게 느낄지 모른다. 우리들은 경제자본만의 세계에서 벗어나 문화자본이라는 새로운 개념을 취해야 할 것이다.

가치 있는 상품을 생산하는 기업의 활동이 단순히 경제생산뿐만 아니라 동시에 문화생산에도 있다는 것은 말할 필요도 없다.

단, 과거의 경영에서는 그만큼 문화생산이라는 관점은 필요로 하지 않았다. 그것은 제일 먼저 문화는 상품에 의해 만들어지는 것이 아니라 학문이나 예술의 성과에 따라 만들어지는 것이라는 생각이 지배적이었기 때문이다.[87)]

그러나 기업이 학자나 예술가와는 다른 영역에서 갖가지 보람 있는 문화를 계속 생산해 왔던 것은 의심할 여지가 없다. 또한 지금 기업에 있어서는 문화생산이라는 관점은 필수적이다. 사람들이 상품이나 서비스에 대해서 보다 문화적인 만족을 얻도록 요구하게 되었다.

지금, 세계적으로 경제자본의 파워가 약화되고 있다. 한 때는 경제자본만

87) 예컨대, 그다지 많이 팔리지 않는 순수문학소설은 문화이지만, 대량으로 팔리는 대중소설은 문화가 아닌 시대가 있었다. 전자는 상품가치가 낮고, 후자는 상품가치가 높다. 너무 상품가치가 높은 것은 문화라는 이름이 어울리지 않고, 문화임에도 통속문화 · 저급문화로 간주된 시대가 있었다. 그 시대, 문화는 상업적으로 판매할 수 없다고 생각했으므로 기업이 문화를 생산하고 있다는 것은 겉치레에 불과하다든지, 혹은 기업경영자의 취미 활동에 지나지 않았다는 것이 일반적이었다.

충실하다면, 무엇이든 새로운 것을 할 수 있다든지, 멋있는 사업을 더욱 신장시켜 갈 수 있었다. 그런데 지금 그러한 기업에서도 경영위기에 빠져 도산에 이르는 경우가 발생하고 있다. 역으로 벤처비즈니스의 분야 등에서는 극단적으로 말하면 경제자본이 전혀 없어도 지금까지 축적해 온 체험이나 아이디어 · 기술을 문화자본화함으로써 경제자본을 움직이고, 사업으로서 성공시킨 새로운 타입의 기업이 출현하고 있다.

이처럼, 경제이윤을 내는 활동과 문화를 생산하는 활동이 상호보완적인 방향으로 움직이고 있는 것이 현대 경제사회의 큰 특징이다. 그럼에도 불구하고 지금까지의 기업 활동이라 한다면, 경제활동 측면에서만 취급해 온 관계로 문화활동 측면이 소홀히 다루어져 온 경향이 있다. 따라서 21세기에는 다음과 같은 문화자본경영이 요구된다고 할 수 있다.

첫째, 문화는 자기생성하면서 가치를 변혁시킨다는 인식이 필요하다.

문화를 사회의 변화와 연결시키고 있는 경영자와 문화를 단순한 잉여투자로 생각하고 있는 경영자와의 차이가 점차 선명해진다. 문화와 사회의 결합을 생각하고 있는 경영자는 문화경제의 영역까지를 시야에 넣고 있다. 그에 반해 문화를 마지못해 지원한다든가, 남은 찌꺼기의 배분이라고 생각하고 있는 경영자는 기본적으로 문화는 불필요한 것으로 이해한다.

둘째, 장소의 의지를 고려한 장소시장의 개척이 진정한 지구시장이 된다는 세계로 열린 경영마인드가 요구된다.

현재는 장소의 시장과 전국 획일시장과의 정치적인 대립관계가 점차 현저하게 나기 시작하고 있다. 그것은 특히 주민투표와 사회법규와의 관계에서 나타나기 시작하고 있다.[88]

이제부터는 구체적인 각각의 장소를 염두에 둔 미분적인 경제 활성화가 시작된다는 것이다. 시장을 적분하고 거대화하는 것이 아니라 장소를 한정한 미분시장이 점점 전개되고 있다는 것이다. 따라서 시장경쟁과 공익성의

88) 예컨대, 원자력발전소나 쓰레기 처리장을 만들 때에는 반드시 주민투표의 문제가 나오게 되어 있다. 원자력발전소를 만들려고 하는 측은 공익을 위해 국민 전체에게 전력을 배당하지 않으면 안된다고 주장한다. 한편, 주민측에서는 자신들의 생활장소에 이런 위험한 것을 만들 이유가 없다는 것을 주장한다. 그리고 대부분의 경우, 주민투표에서는 반대가 결의되었다. 이 경우 주민투표의 이론은 장소시장을 만들어간다는 것이라고 할 수 있다. 그에 대해 원자력발전소의 경우 국익을 위한다는 이론은 전국시장을 만들어가고 있다.

문제를 통해, 미분시장의 개척이 크게 부각되기 시작하고 있다.

문화자본경영을 위해서는 『장소의 의지』[89]를 고려해야 한다. 즉 각각의 지역에는 지역고유의 역사 · 문화에 뒷받침된 『장소의 의지』라는 것이 있다. 21세기의 기업가는 장소의 의지인 지역의 요구에 부응하는 경영마인드를 가져야 살아남을 수 있다. 다시 말해서 기업메세나를 통해 새로운 매력적인 지역공간을 어떻게 디자인하고 어떻게 연출하는가라는 문제는 기업이미지와 직결된다.

셋째, 다양한 행위가 보장되는 사회로의 전환이라는 패러다임 속에서의 새로운 노동인식이 요구된다.

상품중심의 사회는 노동을 중심으로 한 사회라는 것이다. 이는 포디즘적 생산시스템 하에서 노동 강도가 상품 생산의 증대와 직결된다는 논리로 해석할 수 있다. 이 시스템의 세계는 노동시간이라는 형태에서 사회나 공장에서 일하는 시간이 결정되며, 그 속에서 얼마만큼의 경제가치를 올릴 수 있는가라는 세계인 것이다. 그러나 거기서부터 전환해 가는 자본중심의 사회에서는 다양한 행위가 보장되어 간다. 하나의 부서에서 하나의 노동을 하는 것이 아니라, 여러 부서에 소속하면서 다양한 행위를 하는 것이 가능하게 된다.

넷째, 기업활동자체가 철학이나 이념을 제시할 수 있는 것이 중요하다.

기업이 스스로의 활동에 따라 이익을 올리지 않으면 안 되는 것은 말할 필요도 없다. 그러나 헷지펀드와 같은 머니게임에서 돈을 모으는 것을 목적으로 하는 것과는 다르다.

머니게임(money game)은 돈을 가동시키는 힘을 갖고 있으므로, 전략적 차원에서 그것을 하게 되면, 기업활동은 상당히 정체된다. 따라서 그것은 전술적 차원에서 실시하는 것이 바람직하다. 이를 위해서는 본격적으로 문화자본력의 활용이 요구된다. 실제 그러한 힘이 없는 기업에서는 대부분이 머니게임에 빠져버린다.

---

89) 통상 의지를 가지는 것은 국가나 기업이나 경영자나, 나(자신)라고 하는 주어적(主語的)인 입장의 것을 생각하지만, 술어적인 의지(意志)라고 하는 것이 있다. 지역도 또한 인간의 의지나 사회의 움직임과는 별개로 술어적인 의지를 가지고 있으며, 그것이 여기서 말하는 「장소의 의지」이다.

이처럼 문화자본경영에는 철학이 요구된다. 철학은 정치가에게만 요구되는 것은 아니다. 기업가도 또한 스스로의 철학을 가지고, 자신들은 무엇을 하려고 하는 것인지, 어디로 향하고 있는지 사회적 지향(social orientation)이 분명해야 한다. 예컨대 기업의 궁극적인 목표가 이윤추구의 경제학을 추구하는 것인지 사회봉사활동의 경제학을 추구하는 것인지 확실한 경영철학을 가지는 것이 필요하다. 그것이 가능한지 아닌지는 조직에 있어서는 상당히 중요한 문제가 된다. 이것은 기업뿐만 아니라 대학이든 병원이든 어떤 조직 · 기관에 대해서도 마찬가지이다.

제3절 새로운 문화생산 메커니즘

선진공업국의 생산력이 증대하고 국제적인 상호관계가 강화된 현재, 환경문제는 지역사회와 국경을 초월하여 지구환경문제로서 논의되고 있다. 환경 · 자원문제를 고려하지 않은 경제성장정책은 문제해결에 도움이 되지 않는다. 또한 경제활동이 자연환경이나 생활환경을 무색케 하고, 난개발을 통한 환경파괴는 날로 증가하고 있는 실정이다.

20세기형 기업은 산업화를 기반으로 하여 성장해 왔다. 아담 · 스미스의 대량생산의 논리는 공장생산이나 교육생산에 채용되어 이것이 곧 현대의 TQC와 같이 효율화되었다. 이러한 대량생산은 상당히 영향력 있는 장치의 원리를 만들어냈다. 이러한 『20세기형의 발전 패러다임』에 대해 새로운 21세기형 발전 패러다임은 경제자본에서 문화자본으로(자본), 물적생산 기반경제에서 장소경제로(토지), 과학기술에서 문화기술로(기술), 노동경제에서 행위경제로(노동), 경제자본경영에서 문화자본경영으로(경영) 각각 이동해야 한다. 이는 산업중심세계에서 『환경중심의 세계』로 이동한다는 것을 의미한다. 『소유의 경제생산』에서 『영유(appropriation)의 환경생산』에로의 패러다임의 전환이라고 할 수 있다.

이 환경생산이 문화생산과 결합하고 조금씩이나마 경제생산과 결합하기 시작하는 현상은 지금까지는 거의 보이지 않았던 완전한 새로운 현상이라고 할 수 있다. 이 새로운 움직임은 문화 · 환경을 포함해 『복합경제생산』이라는 새로운 생산 패러다임을 예고하고 있다. 이 복합경제로의 비약은 경제이윤주의나 노동가치론 등으로 상징되는 지금까지의 단일경제의 한계를 확실히 극복해 가는 것이다.

실제로 산업경제의 사회화가 진행되고, 시장경제의 사회화가 진행되고 있다. 사회이익에 반하는 경제의 파워는 지금, 최후의 폭발기에 접어 들어, 점차 쇠퇴하고 있다. 또한 상품의 다원가치화가 진행되고, 소비사회가 경제화되고, 그들이 실제로 작용하고 있다. 게다가 인간행위의 다양화가 진행해 선호가 개인화하고 있다. 이처럼 시장은 급속히 지금까지의 단일성을 계속 잃어가고 있다. 대량생산 · 대량판매에 의해 경제가 사회를 지배하는 형태가 붕괴하고 있는 것이 이야기되고 있듯이, 사회의 여기 저기에서 단일경제의 한계를 나타내는 갖가지 현상이 일어나고 있다.

자유경쟁을 지탱하는 것은, 이제 공익이라고 해야 한다. 그것은 무엇으로 향한 경쟁인가, 무엇을 위한 경쟁인가라는 점에서 상호 배타적인 경쟁이 아니라 서로 협력하면서 경쟁하는 협경(co-opetiton) 메카니즘을 만들 필요가 있다. 혼자만의 진화는 스스로를 소멸시키며, 함께 진화할 때만이 공생한다는 공진화(共進化)의 원리가 21세기의 생존원리임을 인식해야 한다. 이를 위해서는 문화자본경제의 장에서는 문화경제시장이나 환경경제시장이라는 방향으로 기존의 시장메카니즘을 변화시켜 갈 필요가 있다. 이를 위해서는 자연의 장 속에 문화나 환경이라는 분배시스템의 메카니즘을 확보해 나갈 필요가 있다. 경쟁과 공익을 겨냥하는데는 교환경제를 초월해 문화경제 혹은 환경경제라는 형태에서 시장의 메카니즘을 조성해 갈 필요가 있다. 거기에는 기업 스스로가 어떤 사회를 만들어 가려고 하는 것인가라는 기업의 사회비전이 요구된다.

경제가 생산의 장이라고 한다면, 문화는 분배와 관련된 장이다. 그럼에도 불구하고 경제에 따라 생산되는 재화를 분배한다는 형태에서 분배가 생산에 종속되어 버린 것이 현실이다. 따라서 『어떤 사회를 만들어갈 것인가』라는 분배의 세계를 우선적으로 고려한 뒤, 그 세계 속에서 문화를 잘 생산해 나가야만 한다. 많은 기업이 지금까지의 분배의 사고방식을 바꾸는 메카니즘을 만들어갈 때 새로운 문화생산의 메카니즘이 된다.

풍부한 문화생산이 있는 곳이야말로 풍부한 경제생산도 성립한다는 시대에 들어왔으므로, 그러한 생산메카니즘으로의 전환에 의해 경제 활성화를 모색해나가는 지혜가 요구된다고 하겠다.

제 6 장

문화산업의 육성은 향부와 국부의 지름길

최근 문화가 경쟁력의 원천으로서 문화를 소재로 고부가가치 상품을 만들어내는 문화산업이 크게 부각되고 있다. 따라서 이 장에서는 문화산업의 개념과 특성, 그리고 문화산업의 분류와 구성요소에 대해서 소개한 뒤, 문화산업의 발전 양상과 정책과제에 대해서도 다룬다.

제1절 문화산업의 개념과 특성

1. 문화산업의 개념

1.1. 일반적 정의

문화는 일반적으로 지적(intellectual)인 것이며, "총체적 삶의 양식(total way of life)"으로 정의되고 있다. 다시 말해 문화란 '사회 구성원인 인간에 의해 습득된 지식, 신념, 기술, 도구, 도덕, 법, 관습 및 그 밖의 능력과 습관 등을 포함하는 총합체' 로 표기되기도 한다.[90]

문화산업이라는 용어를 학문적으로 처음 사용한 학자는 프랑크푸르트학파의 호르크하이머(M. Horkheimer)와 아도르노(T. Adorno)였으며, 이들은 1947년에 출간된 '계몽의 변증법' (Dialektik der Aufklärung)에서 문화산업(cultural industry)을 현대적 시각에서 분석하였다. 특히 호르크하이머와 아도르노는 표준화되고 대량생산되는 상업적인 문화를 문화산업이라고 하고, 대중들의 자발적 의지에 의해 형성된 대중문화와는 명확히 구분을 하고 있다. 그 때만 해도 TV, 영화, 만화, 스포츠댄스와 같은 문화산업을 예술작품으로서의 특성과 가치는 무시된 채, 천박하고 외설적인 것으로 폄하시켜 왔다.

이렇게 문화산업은 대중들에 의해 자발적으로 형성된 문화가 아니라 대

90) 구문모, 임상오, 김재준, 2000, 문화산업의 발전방안, 산업연구원, p.21.

중을 상대로 조작된 욕구에 의해 생산되는 문화로서, 자본주의적 경제논리에 따라 이윤추구를 목적으로 생산되는 것이며 인간의 감각적 쾌락만을 자극하여 현실도피에 이르게 하는 반계몽적인 것이었다. 따라서 학문적인 용어로서 처음 등장했을 당시 문화산업은 오늘날 사용되는 것과 같은 문화경제적 시각의 개념이 아니라 자본주의적 문화생산의 모순을 지적하기 위한 비판적 개념이었다.[91]

최근 문화산업에 대한 일반적 정의를 보면, 우선 협의 개념으로서 『엔터테인먼트적 요소가 상품의 부가가치에 크게 영향을 미치는 산업』을 들 수 있다. 그러나 이 개념은 엔터테인먼트적 요소의 의미 자체가 애매모호한 측면이 있고, 문화산업의 범위를 너무 좁게 해석하고 있을 뿐만 아니라 최근 급변하고 있는 문화산업환경의 구조적 특성을 신속하게 반영하지 못하고 있다는 문제점이 있다.

한편, 광의의 개념으로서 문화산업은 『전통과 현대를 아우르는 문화와 예술 분야에서 창작되거나 상품화되어 유통되는 모든 단계의 산물들』로 지칭된다. 이러한 의미의 문화산업에는 문학, 음악, 건축, 연극, 춤, 사진, 영화, 산업디자인, 미디어 예술, 출판, 도서관, 박물관, 라디오 및 TV 프로그램업뿐만 아니라 이들의 제작 과정에서 필수적으로 활용되고 있는 컴퓨터 및 주변기기 · 정보통신 등도 포함된다. 그러나 광의의 문화산업 개념은 문화산업을 지나치게 광범위하게 획정하고 있다는 비판을 피하기가 어려운 단점이 있다.

그 외에도 문화산업은 반드시 『이윤을 목적으로 하는 문화와 예술에 관한 모든 활동』 즉 이윤추구 여부를 기준으로 문화산업을 규정하는 정의가 있는데, 이것은 문화상품이 생산되고 시장에서 거래되는 분야를 문화산업으로 정의하는 경우이다. 그러나 이 정의도 문제가 있다. 가령 비영리를 목적으로 운영되고 있는 방송국의 경우, 문화산업의 범주에서 누락되는 문제점이 발생하게 된다.

그리고 상품의 복제성을 기준으로 문화산업을 정의하는 경우도 있는데, 보통 사람들은 문화상품에서 값비싼 원작보다 값싸고 구입하기 편리한 복

91) 권오혁, 김흥석, 2000, 지방문화산업의 육성방안, 한국지방행정연구원, p.7.

제품을 선호하는 경향이 강하기 때문에 원본만 문화상품으로 취급하는 문화산업 정의는 점차 그 의미가 퇴색되고 있는 실정이다. 특히 복제품의 유통은 원작의 유지와 보수에 도움을 주는 긍정적인 측면도 있다.[92]

문화산업의 개념은 국가마다 차이가 있고 범주도 다양하다. 프랑스, 호주 및 일부 개도국 등은 문화산업(cultural industry)이라는 용어를 사용하는 반면, 영국은 창조산업(creative industry)과 문화산업(cultural industry)을 혼용하고 있고, 캐나다는 예술산업(art industry) 그리고 미국은 정보산업(information industry)이라는 용어를 사용하고 있으며 일본은 오락산업(entertainment industry)이라고 부르고 있다. 또한 OECD의 경우 영상 · 출판 · 음반 · 방송 · 광고산업을 정보 · 오락산업으로 규정하고 있다. 이러한 용어들을 최근 문화산업 논의가 첨단문화산업으로서 멀티미디어 컨텐츠산업[93]의 범주로 확대되는 추세에 있다는 것을 의미한다.

이상에서 살펴보았듯이 문화산업의 개념은 매우 유동적이며 논쟁의 여지가 많다고 할 수 있다. 따라서 각 국의 문화 및 사회적 배경과 산업 · 기술의 발달에 따라 융통성 있게 해석하고 정의하는 것이 바람직하다고 하겠다.[94]

1.2. 법적 정의

한국에서 사용되고 있는 문화산업의 법적 정의를 살펴보면, 『문화산업진흥기본법』(제2조 1항)[95]에서는 문화산업을 "문화상품의 생산, 유통 · 소비와

---

92) 복제성을 기준으로 정의할 때 문화산업에 속하는 업종들은 영화, 텔레비전, 라디오, 출판, 음악 등 컨텐츠 관련 업종 등이 있다.

93) 광의의 정보 컨텐츠란, 텍스트, 데이터, 음성, 화상, 영상 등의 모든 정보형태를 포괄하는 아날로그 및 디지털 정보내용물이나 서비스를 지칭하며, 단행본, 정기간행물, 신문, 전자출판 등을 포함한 출판 컨텐츠 부문으로 구분되기도 한다. 이에 대해 멀티미디어 컨텐츠란 멀티미디어상에서 주로 영상물 또는 게임을 내용으로 하고 있는 소프트웨어라고 할 것인 바, 정보컨텐츠를 디지털화하여 정보기기로 생산, 유통, 소비되는 정보컨텐츠와 양방향성이 추가되어 광대역 정보통신망 혹은 방송망을 통해 송수신되는 정보컨텐츠를 지칭한다. 멀티미디어 컨텐츠에는 전자출판, 온라인 신문, 전자잡지(electronic magazine), 양방향 TV, 디지털영화, 양방향 게임 등이 포함된다.

94) 문화산업의 정의에 대해서는 이 책의 제6장(문화투자론) 제2절(문화산업의 개념적 범위와 현황)에서 좀더 구체적으로 언급하게 된다.

95) 〈제2조 및 시행령 제2조〉에서는 "문화산업이라 함은 문화상품의 생산, 유통 · 소비와 관련한 산업으로서, 문화상품이라 함은 문화적 요소가 체화되어 경제적 부가가치를 창출하는 유 · 무형의 재화와 서비스 및 이들의 복합체를 말한다"로 규정되어 있다.

관련한 산업"으로 정의를 내리고 있다. 한편『문화예술진흥법』(제2조 2항)에서는 "문화예술의 창작물 또는 문화예술용품을 산업의 수단에 의하여 제작 · 공연 · 전시 · 판매하는 업"을 문화산업으로 규정하고 있다. 이는『문화산업진흥기본법』보다 문화예술 창작 측면을 좀더 강조하는 것이다.

이러한 관점에서 볼 때, 문화산업이란『문화적 요소, 경제적 부가가치 창출, 생산과 유통 과정 등을 속성으로 하는 산업 활동』이라고 말할 수 있다.[96]

최근 디지털기술의 광범위한 적용으로 인한 환경변화를 반영하여『문화산업진흥기본법』을 개정하고 있는데, 개정안에서는 문화산업을『문화상품의 개발 · 제작 · 생산 · 유통 · 소비 등과 이에 관련된 서비스를 행하는 산업으로서 영화 · 음반 · 게임 · 방송 등과 관련된 산업』으로 정의함으로써 그 개념을 서비스 관련 산업으로 확대하였다. 또한 디지털컨텐츠산업에 대한 정의를 신설하면서『디지털컨텐츠를 수집 · 가공 · 개발 · 제작 · 생산 · 저장 · 검색 · 유통 등과 이에 관련된 서비스를 행하는 산업』으로 규정하고 있다.

이렇게 문화산업은 문화라는 소재(재료)와 산업이라는 경제활동에 의한 것으로, 문화와 예술을 상품의 소재로 삼되 그것이 시장에서 교환 거래되는 형태를 가진다는 점이다. 이 점에서 문화산업은 일부 특정 수요집단을 집중적인 수요대상으로 삼을 수도 있고 일반 대중의 정서적인 수요에 대응할 수도 있다. 하지만 문화산업이 일반적인 상품거래와 완전히 동일하다고 할 수만은 없다. 거기에는 여전히 작가의식, 예술적 추구 등과 같은 문화활동의 특수성이 개재될 수 있기 때문이다.[97]

2. 문화산업의 범위

문화산업의 분류와 영역설정 문제는 문화정책적 차원에서 중요하게 다루어진다. 상술한 바와 같이 문화산업에 대한 개념 정의는 아직까지도 학자들 사이에서 다양한 의견이 제시되고 있지만, 문화경제학적 측면에서『문화와

96) 한국문화경제학회, 2001, 문화경제학 만나기, 김영사, p.204.

97) 권오혁, 김흥석, 앞의 책, pp.9~10.

예술을 소재로 상품화하여 유통하는 산업부문』을 문화산업으로 보는 견해에 대한 의견 접근이 이루어지고 있다.

이와는 달리, 문화산업의 범위 설정은 분석하는 개인이나 단체 혹은 국가별로 일정하지 않다. 왜냐하면 어떤 분야를 문화산업에 포함시키느냐 여부는 한 나라의 산업화 및 과학기술 수준과 시대별 기술의 발달 수준에 따라 그 대상이 달라질 수 있기 때문이다. 불과 20~30년 전만 해도 문화산업에 포함되는 분야로 출판, 인쇄, 신문, 방송, 영화, 박물관 등이 고작이었으나 최근에는 광고 및 문화관광까지 추가되고 있는 것을 보아도 알 수 있다. 최근 정보통신기술이 급속히 발전하면서 전에는 그 개념조차 없었던 멀티미디어 컨텐츠 분야를 문화산업의 범위에 대부분 포함시키는 경향이 두드러진다. 이처럼 기술발전에 따라 문화산업의 범위가 넓어지고 있다.[98]

특히 문화산업의 범위는 나라마다 조금씩 다르다. 미국은 최근 정보서비스의 중요성을 반영하여 출판, 영화 및 음반, 방송 및 통신, 정보처리서비스 등을 정보산업으로 분류하여 문화산업의 정보컨텐츠화 추세를 반영하고 있다. 이와는 별도로 미국의 지적재산권연맹은 저작권산업에 신문, 잡지, 서적출판, 라디오 및 텔레비전 방송, 케이블 TV, 녹음 및 테이프, 영화, 광고 및 컴퓨터 소프트웨어, 데이터처리 등을 포함시켜 저작권 산업과 문화산업의 긴밀한 관계를 나타내고 있다. 영국의 문화산업(창조산업)에는 광고, 건축설계, 미술품 및 골동품, 수공예, 디자인, 영화, 쌍방향 소프트웨어(게임용 및 교육용 소프트웨어), 음반, 공연예술, 출판, 텔레비전과 라디오 방송 등이 포함되어 있다. 그리고 캐나다는 문화산업에 서적 및 잡지출판, 음반, 영화 및 비디오, 방송 등을 주요 부문으로 취급하고 경우에 따라서는 공연예술과 시각예술, 축제, 그리고 스포츠 활동과 이벤트를 포함시키고 있다.

이를 종합해 볼 때, 일반적으로 문화산업에는 서적 및 잡지, 광고, 건축설계, 미술 및 골동품, 수공예, 디자인, 패션디자인, 영화 및 비디오, 쌍방향 소프트웨어 및 게임용 · 교육용 소프트웨어, 음반, 공연예술, 출판, TV 및 라디오방송, 통신, 정보처리서비스 등이 이에 포함된다. 우리나라의 경우 〈표 6-1〉에서 나타난 바와 같이 문화산업의 범위가 매우 넓다.

98) 문화관광부, 2001, 2001 문화산업백서, p.7.

<표 6-1>
우리나라 문화산업의 범위

문화산업진흥기본법

1. '문화산업'이라 함은 문화상품의 생산 · 유통 · 소비와 관련된 산업으로서 다음 각목의 1에 해당하는 것을 말한다.
   - 영화진흥법의 규정에 의한 영화와 관련된 산업
   - 음반 · 비디오물 및 게임물에 관한 법률의 규정에 의한 음반, 비디오물, 게임물과 관련된 산업
   - 출판사 및 인쇄물의 등록에 관한 법률과 정기간행물의 등록 등에 관한 법률의 규정에 의한 출판 · 인쇄물 · 정기간행물과 관련된 산업
   - 방송법의 규정에 의한 방송 프로그램과 관련된 산업
   - 문화재보호법의 규정에 의한 문화재와 관련된 산업
   - 예술성 · 창의성 · 오락성 · 여가성 · 대중성이 체화되어 경제적 부가가치를 창출하는 캐릭터, 애니메이션, 디자인(산업디자인 제외), 광고 · 공연, 미술품, 전통공예품과 관련된 산업
   - 영상 소프트웨어 중 양방향성 멀티미디어 기술을 이용한 멀티미디어 컨텐츠와 관련된 산업
   - 기타 전통 의상 · 식품 등 대통령령으로 정하는 산업
2. '문화상품'이라 함은 문화적 요소가 체화되어 경제적 부가가치를 창출하는 유 · 무형의 재화와 서비스 및 이들의 복합체를 말한다.

문화예술진흥법 제2조

- '문화예술'이라 함은 문학, 미술(응용미술을 포함한다), 음악, 무용, 연극, 영화, 국악, 사진, 건축, 어문 및 출판을 말한다.
- '문화산업'이라 함은 문화예술의 창작물 또는 문화예술용품을 산업의 수단에 의하여 제작 · 공연 · 전시 · 판매를 업으로 영위하는 것을 말한다.
- '문화예술회관'이라 함은 연주회 · 무용 · 연극 등의 공연과 전시 · 학술행사 개최 등의 용도로 건립된 건축물을 말한다.

자료 : 통계청 특수분류

3. 문화산업의 특성

앞에서 언급했듯이 문화산업을 “문화적 요소가 체화되어 경제적 부가가치를 창출하는 유 · 무형의 재화, 서비스, 정보 및 이들의 복합체(즉 문화상품)의 생산 · 유통 · 소비와 관련한 산업”(문화산업육성기본법, 1999)이라고 정의할 때, 문화산업의 핵심 혹은 본질은 『문화』라는 소재(재료)와 『산업』이라는 경제활동에 있다. 즉 문화와 예술을 상품의 소재로 삼되, 그것을 시장에서 교환 · 거래하는 산업활동인 것이다. 이런 점에서 문화산업은 일반적인 제조업이나 여타 산업들과는 구별되는 매우 독특한 형태의 산업이라고 할 수 있다.[99]

이렇게 문화산업은 최근 급격히 확대 · 발전하는 추세이기 때문에 그 범주와 성격을 간단히 말하기는 그리 쉽지 않다. 그러나 문화산업에 공통적으로 내재된 특징을 찾아보면 다음과 같다.

첫째, 문화산업은 문화를 소재로 한 상품을 생산한다는 측면에서 보면, 일반상품과는 달리 문화상품은 한 나라의 정서나 가치, 사회적 통념 등이 체화되어 있기 때문에 소비자인 국민들의 정체성과 생활양식에 커다란 영향을 미치는 산업이다. 여기서 일반상품은 생물학적 욕구를 충족시켜주지만 문화상품은 문화적 욕구를 충족시켜준다는 점에서 차이가 있다. 따라서 문화산업은 단순한 산업활동을 넘어서 생산 및 유통과정에서 문화 향수의 기회를 확대하고, 궁극적으로 문화민주주의를 실현하는데 역할을 하게 된다.

둘째, 문화산업은 일반적으로 네트워크효과(network effect)가 큰 산업이다. 네트워크효과란 어떤 문화상품을 소비하는 사람이 많으면 많을수록 그 상품에 대한 가치가 증가하는 것을 말한다. 예컨대 『스타크래프트(star-craft)』라는 온라인 게임은 이용자가 많으면 많을수록 그 가치가 증가하게 된다. 『친구』라는 영화나 앙드레가뇽(Andre Gagnon)의 피아노연주곡 CD와 같은 문화상품은 인기가 있어서 많은 사람들 사이에서 빠른 속도로 전해질 때, 사람들은 그 영화나 그 음악 CD를 더 많이 소비할 가능성이 높아진다는 것이다.

---

77) 권오혁, 김흥석, 앞의 책, p.27.

셋째, 문화산업은 생산과정에서 복제성이 매우 강하여 대규모 재생산 기술이 요구되는 산업이다. 따라서 발달된 복제 재생 기술에 의해 유통되는 라디오, 영화, 텔레비전, 출판, 음악 등은 비록 초기 생산비용이 엄청나더라도 재생산 비용은 매우 싼 것이 특징이다.

넷째, 문화산업은 다른 산업에 비해 창구효과(window effect)가 높은 산업이다. 창구효과란 어떤 문화상품이 기술적 변화를 거쳐 생산 또는 활용되면서 새로운 수요가 계속적으로 창출되어 추가적인 이익이 발생되는 것을 의미한다. 이것은 수확체증의 법칙이 작용하고 있다는 것을 의미하기도 한다. 예컨대 어떤 음반 하나가 CD, MP3, DVD로 생산되면서 이것이 지속적으로 이익을 창출하는 원천이 되는 현상이 그러하다. 이는 한번 생산되고 나면 이를 재생산하는 경우에 한계비용이 아주 낮거나 거의 들지 않기 때문에 자연독점 또는 승자독식현상이 초래될 수 있다.

<그림 6-1>
문화산업의 원도우효과[100]

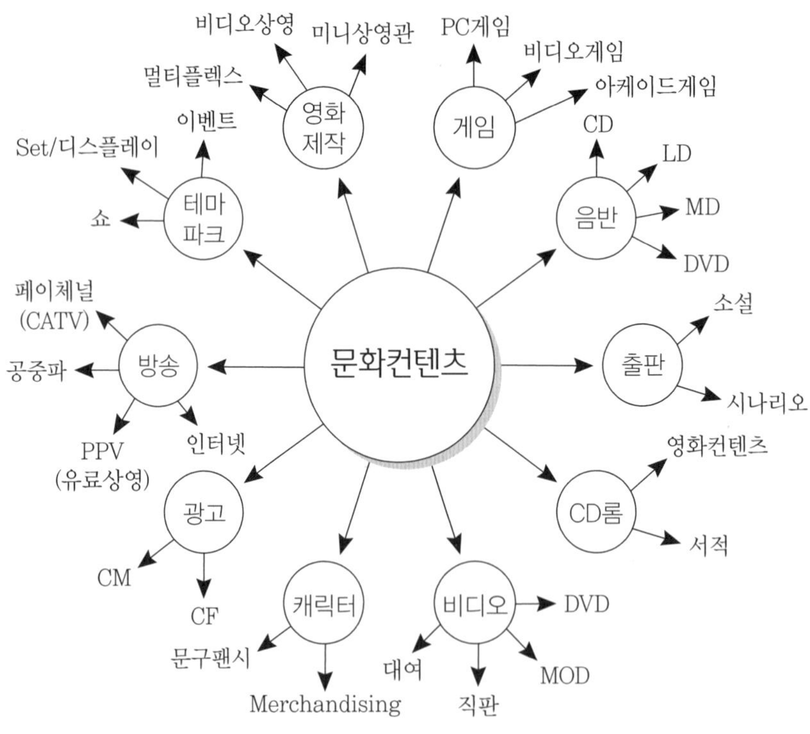

100) 김형석, 1998, 영상비즈니스의 세계, 문지사.

다섯째, 문화산업은 집적효과가 큰 산업이다. 이는 문화산업관련 기업들이 집적하여 입지하고 있을 때, 특정 종류의 기업에서 발생하는 단위 비용이 절감되며 공급업체간 가치사슬 구조[101]가 형성될 경우 시너지효과는 더욱 크게 나타날 것이다. 예컨대 TV프로그램 제작, 영화제작, 공연산업들은 집적에 의해서 이러한 효과가 극명하게 나타난다. 그래서 각 시도마다 경쟁적으로 『첨단문화산업단지』를 조성하고 있다.

여섯째, 문화산업은 세계시장에 직접적인 영향을 미치며 파급효과도 크게 나타난다. 다시 말해서 문화산업의 기술 · 투자 · 시장은 전세계를 무대로 하고 있다. 예컨대 『경주세계문화엑스포』, 『안동국제탈춤페스티벌』, 『광주비엔날레』, 『부산국제영화제』 등과 같은 대규모 국제적 문화행사를 통해 외화를 획득하고 국가이미지도 크게 향상시킨다.

101) 문화산업의 가치사슬 구조는 하나의 문화산업이 제작-유통(배급)-소비(이용) 등의 과정을 거쳐서 소비자에게 전달되는 일련의 연결구조를 말한다. 자세한 내용은 신창호, 2000, 서울시 문화산업 육성방안, 서울시정개발연구원, pp.17~18. 참조

제2절 문화산업의 분류체계

우리나라의 경우 문화산업은 정보통신산업, 생물산업 등 여타 신산업과 마찬가지로 독립된 새로운 산업으로서 관심의 대상이 된 것은 최근의 일이다. 따라서 아직 문화산업은 표준산업분류표상에서 다른 산업들과 명확하게 구분되어 있지 않다. 이는 과거에 문화산업에 대한 인식이 부족한 상태에서 산업분류통계가 수집 · 정리된 데 기인한다고 볼 수 있다.

그래서 정부에서는 새로운 산업출현과 산업활동의 전문화 및 다양화에 따른 산업구조의 변화를 반영하여 표준산업분류를 개정하였다(2008. 2. 1. 제9차 개정고시). 문화산업과 관련하여서는 오락, 문화 및 운동관련서비스업을 대분류로 상향조정하였고 문화산업진흥기본법 2조와 문화예술진흥법 제2조에 근거하여 문화산업을 특수분류로 설정하고 문화산업의 범주에 포함되는 항목을 별도로 분류 작성하였다.[102] 통계청의 문화산업 특수분류표는 〈표 6-2〉과 같다.

이케가미 준(池上 惇) · 야마다 히로유기(山田浩之)는 광의의 문화산업을 대체로 다음과 같이 분류하고 있다.[103]

첫째, 문화적 소프트웨어(software)산업은 학문, 예술, 문예, 종교, 영상, 디자인 등과 같이 인간 정신활동의 산물에서 나타나는 문화적 가치를 상품으로 생산하는 산업이다.

102) 주요 관심산업에 대한 분석과 행정목적에 보다 효율적으로 사용할 수 있도록 기본분류에서 관련산업부문을 발췌하여 정보산업, 문화산업, 스포츠산업, 환경산업, 물류산업 및 관광산업 분류표 등의 특수목적 분류표를 개발하였다(문화관광부, 앞의 책, pp.10~12)

103) 池上 惇 · 山田浩之, 1993, 文化經濟學, 世界思想史, 東京, p.100.

<표 6-2>
우리나라 문화산업의 분류

구 분	항목명(KSIC)
출판산업	출판업(22110, 22121, 22122, 22123, 22139, 22190)
	인쇄업(22211, 22212, 22219)
	서적, 잡지 및 신문 유통업(51463, 52621, 52892, 71302)
음반산업	음반 제작 및 복제업(22131)
	음악 출판업 및 저작권 관리업(22110, 65999, 87312, 22300)
	음반 유통업(51471, 52513, 71301, 88913)
게임산업	게임 기기 및 소프트웨어 제작업(36943, 72201, 22300)
	게임 기기 및 소프트웨어 유통업(51473, 52643, 51891, 52513, 71301)
	오락장 운영업(88911, 88912)
영화산업	영화 및 비디오물 제작업(87111, 87112, 87113)
	영화 및 비디오 제작 관련 서비스업(87120)
	기록매체 복제업(22300)
	영화 및 비디오물 배급 및 유통업(87130, 51471, 52513, 71301)
	영화 및 비디오물 상영업(87141, 87142)
방송업	공중파 방송업(87211, 87212, 87114)
	유선 및 위성 방송업(87221, 87222, 87223)
공연산업	공연시설 운영업(87311)
	공연단체(87321, 87322, 87329)
	자영 예술가(87331, 87332)
	공연관련 산업(87341, 87342, 87349)
기타문화산업	건축 및 조경설계 서비스업(74311, 74312)
	사진촬영 및 처리업(74911, 74912, 74913)
	전문디자인업(74601, 74602, 74603, 74609)
	광고업(74510, 74591, 74592, 74593)
	공예품 및 한복제조업 (20293, 26211, 28999, 36122, 36910, 36941, 36973, 18130)
	공예품 및 한복 유통업(51109, 51473, 51417, 52661, 52662, 51413, 52412)
	뉴스제공, 도서관, 박물관 및 기타 문화관련 산업 (88100, 88211, 88221, 88222, 88992, 88919, 75994, 75995, 74991)
	(예술 및 문화부분)교육서비스업(80301, 80302, 80303, 80992)

자료 : 통계청의 문화산업특수분류표를 이용하여 작성

둘째, 문화적 펌웨어(firmware)산업은 문화적 소프트웨어에 수반되는 데 기인하는 문화적 가치를 소지하는 물건을 상품으로 생산하는 산업이다.[104]

셋째, 문화적 하드웨어(hardware) 산업은 문화적 소프트웨어의 생산 ·

104) 이것은 약간 모호한 유형에 속하기는 하지만 문화적 가치와 감각이 많이 표출되는 제품을 생산하는 산업으로 패션관련 제조업, 수공예 관련 제조업, 건축업, 요리업 등이다.

유통 · 소비에 불가결한 하드웨어와 관련된 기기, 장치 등을 생산하는 제조업이다.[105)]

넷째, 문화적 유통산업은 문화적 소프트웨어, 문화적 펌웨어, 문화적 하드웨어를 시장에 보급 · 전달 · 유통시키는 산업이다.[106)]

문화의 산업화 현상을 어떤 시각에서 접근하느냐에 따라 문화산업이라는 용어에 대한 개념의 정의가 달라질 수밖에 없는 것처럼 문화산업을 어떻게 정의하느냐에 따라 문화산업의 영역과 하위 분류체계도 달라질 수밖에 없다. 이는 구체적으로 어떤 부문을 문화산업의 영역으로 분류할 것인지에 대한 현실적인 문제에 해당한다. 따라서 이러한 문화산업의 분류와 영역 설정 문제는 문화정책적인 관심과도 연관되어 있는 문제라 할 수 있다.[107)]

그러면 외국의 경우 문화산업은 어떻게 분류하고 있는가? 아래 〈표 6-3〉의 주요 문화산업 분류방식에서와 같이 외국에서 행하고 있는 문화산업의 영역 설정과 분류에서도 표준화가 어렵다는 것을 알 수 있다.

UNESCO는 1986년 세계 최초로 『문화상품의 국제비교』라는 연구보고서에서 『문화통계모델』(framework of cultural statistics)을 제시한 바 있다. 이 보고서에서는 문화활동 분야를 총 10개의 범주로 구분하고 그 중 5개 항목, 즉 『인쇄물 및 문헌, 음악, 시각예술, 영화 및 사진, 라디오 및 TV』는 문화산업과 관련이 있는 것으로 서술되어 있고. UN이 채택하고 있는 국제표준무역분류(SITC)와 연계하여 작성되어 있다. UNESCO 분류의 특징은 국제무역이 가능한 분야 위주로 작성되어 있어, 문화산업의 국가 간 비교가 용이하다는 점이 특이하다고 할 수 있으며, 그 분류체계는 매우 포괄적이기 때문에 문화산업 분류체계라기보다는 문화분류체계에 가깝다고 볼 수 있다.

---

105) 영상과 관련된 기기(비디오, TV 등) 제조업, 음향과 관련된 기기(스테레오, CD플레이어, 테이프 리코더 등) 제조업, 예술과 관련된 기기(악기, 레코드, CD, 영화재료 등)제조업, 활자와 관련된 기기(인쇄, 제본기기 등)제조업, 화상과 관련된 기기(카메라 및 부속품 등)제조업, 교육과 관련된 기기(계측기, 컴퓨터 등)제조업 등과 같이 문화적 서비스를 제공하는데 필요한 장비, 장치, 기기 등을 생산하는 산업이다.

106) 영상 소프트와 관련된 유통업(영화배급, 영화관, 비디오판매, 임대 등), 활자화상 소프트와 관련된 유통업(출판물, 도소매업 등), 예술과 관련된 유통업(극장, 화랑, 흥행, 문화재관리 등), 라이프 스타일과 관련된 유통업(결혼식장 등), 스포츠와 관련된 유통업(여행업, 호텔 등) 등이다.

107) 이영두, 2000, 문화산업 경영전략, 삶과 꿈, pp.31~33.

그러나 최근에 발행되고 있는 UNESCO의 자료에서는 서적출판, 잡지, 신문, 음악녹음, 영화, 비디오, 멀티미디어 제품 및 기타 새로 등장하고 있는 업종들을 문화산업으로 지칭하고 있어 과거에 비해 좁은 의미의 문화산업을 보다 강조하고 있다.

캐나다는 1970년대부터 문화산업에 대한 합리적인 산업분류를 시도하여 왔다. 특히 캐나다는 문화산업보다 예술산업(art industry)[108]이라는 개념을 사용하고 있으며 UNESCO 분류에서처럼 문화예술과 관련된 많은 분야를 포함시키고 있다. 호주는 캐나다의 분류와 거의 유사하나 음악과 교육이 문화산업에서 제외되고 디자인과 건축설계가 포함된 것이 특징이다.

<표 6-3> 주요 문화산업 분류방식

UNESCO	캐나다	호 주[1]
인쇄물 및 문헌	문학	문학, 도서출판
음악	음악	
라디오	라디오	라디오
TV	TV	TV
영화	영화, 비디오	영화, 비디오
사진		
문화재	문화재	문화재
	박물관	박물관
	도서관	
공연예술	공연예술	공연예술
시각예술	시각예술	시각예술
	미술관	미술관
사회문화활동	지역문화활동	
	교육	
	축제와 문화행정	축제와 예술행정
체육활동	체육 · 오락 · 건강	스포츠 · 오락
자연환경	자연환경	자연환경
문화의 일반운영		디자인
		건축설계

1) : National Culture AND Leisure Statistical Framework
자료 : 문화관광부, 1997, 1997 문화산업백서

108) 캐나다는 모두 11개 항목의 산업군을 문화산업체로 분류하였다. 이 분류는 의회가 채택한 표준공업분류(standard industrial classification manual)에 의하여 넓은 영역에 걸쳐 직 · 간접적으로 연결되어 있는 문화산업 중 문화적 · 예술적 요소가 뚜렷한 산업체만을 선정하여 문화산업이라는 용어 대신에 예술산업이라는 용어를 사용하고 있다.

제3절 문화산업의 발전양상과 정책과제

1. 문화산업의 발전양상

소득수준이 크게 향상됨에 따라 삶의 질 향상에 대한 개개인의 욕구가 증대하게 되고 생활패턴도 점차 개성화, 다양화, 고급화, 국제화되어감에 따라 이를 충족시켜 줄 수 있는 문화관련산업이 앞으로 크게 발전할 것으로 예상된다. 자동화와 정보화의 진전은 이제까지의 대량화에 의한 물질적 풍요 중시로부터 점차 생활의 질(質)에 더 관심을 두는 정신적 풍요 중시 경향으로 옮겨가게 되었다. 구미선진국에서는 이미 스포츠 · 레저산업, 고령자를 대상으로 하는 건강 · 패션 · 주택관련산업 등이 크게 번창하고 있으며, 새로운 소비자 욕구를 충족시켜 줄 수 있는 가사(家事)기기, 음식에서 주택경비에 이르기까지의 각종 문화관련산업이 크게 각광받고 있다.

특히 최근 참신한 아이디어로 문화산업 관련분야에서 두각을 나타내고 있는 벤처기업들이 잇따라 등장함에 따라, 디자인컨설팅, 영화기획제작, 이벤트, 만화영화 등의 분야에서 새로운 영역을 개척하며 우리나라 문화산업계에 활기를 불어넣고 있다.[109]

산업사회문명이 기계의 발명으로 시작되었다면 지식 · 정보사회문명은

109) 박종수, 1998. 11, "文化의 商品化를 통한 輸出企業의 競爭優位 確保方案", 국제상학, 사단법인 한국국제상학회(제13권 제3권), p.74.

컴퓨터와 통신위성, 광케이블 등 주로 정보처리와 통신기술의 발달에 의해 시작되고 있다. 그러나 이와 같은 문명의 전환은 단순한 기술적 변동에 그치지 않고 산업구조와 사회구조, 그리고 생활양식과 가치관에 이르기까지의 광범위하고도 근본적인 사회변동을 의미한다.

우선 산업구조에서는 공업중심의 산업구조가 지식산업, 정보산업 및 문화산업이 중심이 되는 산업구조로 전환되어 간다. 그러나 사실상 그와 같은 방향으로의 산업구조의 변화는 선진 공업국의 경우 이미 1970년대부터 시작되고 있었다. 다니엘 벨(Daniel Bell)이 1973년에 『탈공업사회의 대두』를 발간하였을 때 그와 같은 산업구조의 변화는 이미 진행되고 있었고 그에 따른 지식 · 정보사회의 도래가 예견되고 있었던 것이다.

특히 문화산업은 소리, 색깔, 빛, 시나리오 등을 결합하여 산업화시킨 것으로서, 최근에는 신기술의 발달과 함께 멀티미디어 기업이 출현하고 있다. 그 결과 아날로그 기록 방식이 디지털화되어 통신 및 컴퓨터와 결합되는 등 다양하게 변환되면서 기술력이 나날이 향상되고 있는 추세에 있다.

이러한 신기술의 발달로 인해 매체와 내용을 생산하는 데 여러 가지 미디어를 결합할 수 있다. 이러한 현상은 1990년대 들어서 더욱 심화되고 있다. 또한 1980년대 이전까지는 매체와 내용별로 특화되어 있던 문화산업이 1990년대에 들어서 강력한 멀티미디어 그룹을 구성하고 있다. 뿐만 아니라 컨텐츠를 계속 공급받을 데이터베이스, 저작권, 정보원을 확보하기 위하여 치열한 『문화전쟁』을 치르고 있다. 이렇게 됨으로써 전세계에 걸친 다국적 기업들은 기술력과 막대한 재정 획보를 통해 강력한 체제를 갖추어 나가고 있다.[110]

문화산업 성장의 주요 요인으로는 다음 여섯 가지를 들 수 있다. 첫째, 대중소비사회에서 물질적 욕구 충족에 의한 문화적 · 심미적 수요 증가, 둘째, 멀티미디어를 중심으로 한 새로운 문화미디어의 급속한 발전, 셋째, 정보기술, 컴퓨터기술 발전에 의한 혁신능력 강화, 넷째, 포디즘적 생산체제에서 포스트포디즘적 생산체제로의 전환, 다섯째, 문화예술의 통합현상, 여섯째, 포스트모더니즘 풍조의 전개 등이 그것이다. 즉, 오늘날 문화산업의 성장은 다양한 산업변화 및 문화현상들에 의해 지원되고 있는 것이다.

110) 한국문화경제학회, 앞의 책, pp.208~209.

<그림 6-2>
문화산업의 성장요인 종합[111]

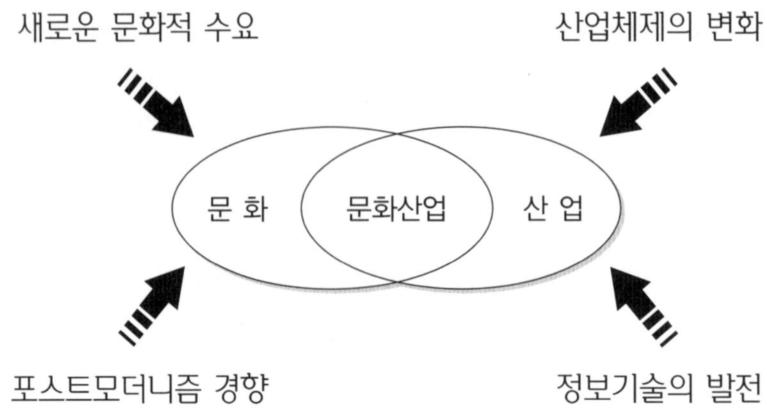

그러나 오늘날 문화산업의 성장에 가장 결정적인 영향을 끼치고 있는 것은 문화에 대한 대중적 수요의 증가라고 할 수 있다. 문화적 요소들이 이제 엄청난 수요를 창출하는 고부가가치 상품 형태로 생산되어 문화소비자들을 현혹시키고 있다. 그리고 문화산업이 21세기의 주요 산업이 될 것이라는 데 대부분의 사람들이 무언의 합의를 해 놓은 상태이다. 문화는 생존욕구에서 벗어나 현대인들이 새로이 추구하는 가치이자 욕구충족의 새로운 영역이 되었고, 현대 자본주의의 가장 활동적인 경제부문으로 성장하기에 이르렀다.

이렇듯 문화와 문화산업에 대한 수요가 급성장하고 있는 원인은 소비자들의 가처분소득 증가와 현대사회에서 여가시간 증대를 들 수 있다. 소비자들의 가처분소득 증대는 기초적인 물질적 수요를 넘어 문화상품의 대량소비를 가능하게 하였다. 직장 및 가사 노동시간의 감소에 따른 여가시간의 증가는 엔터테인먼트, 관광, 문화와 문화산업에 대한 수요 증가를 야기시키고 있다.

그리고 상품 수요에 있어서 기호화 · 개성화 경향은 문화산업 성장의 다른 주요인이라 할 수 있다. 대중소비의 실현 이후에 나타난 기호적 소비의 대두가 문화산업형 상품의 수요를 증가시키고 있는 것이다.

스콧(A. J. Scott, 1997)에 의하면 20세기말에 들어서면서 문화와 경제의 영역에 현저한 변화가 일어났다. 문화적 특성이나 예술적 감성들이 상품

111) 권오혁, 김흥석, 앞의 책, p.39.

과 결합하여 상품의 주요 가치를 결정하게 된 것이다. 선진국들의 경우 기본수요는 이미 충족되었기 때문에 소비의 기호화가 급진전되었고, 한국의 경우에도 이러한 현상은 점차 확산[112]되고 있다.[113]

2. 문화산업의 정책과제

정부는 문화산업 육성을 지원하기 위한 연도별 사업추진 계획으로 『문화산업진흥 5개년 계획』을 세웠다. 그러나 향후 세계시장에서 우리 나라의 문화상품이 세계시장에서 경쟁력을 확보하기 위해서는 다음과 같은 정책과제들이 반드시 실현되어야 할 것으로 생각된다.

첫째, 문화산업의 혁신시스템을 구축해 나가야 한다.

어떤 산업이든 진정한 경쟁력을 확보하기 위해서는 효율적인 산업시스템에 근거한 혁신시스템(innovation system)을 구축하는 일이 중요하다. 특히 문화산업과 같은 신산업에서는 경쟁력에 있어서 선진국과 개발도상국 간에 큰 차이를 보이지 않기 때문에 혁신시스템의 가동 여부에 따라 향후 세계시장에서 경쟁력을 확보할 수 있다는 점에서 문화산업의 혁신시스템이 강조되고 있다.[114]

혁신시스템은 혁신의 시스템적 · 상호작용적 성격에 주목하여 산업의 혁신능력을 체계적으로 개선하고자 하는 접근이다. 혁신시스템이란 경제적으로 유용한 새로운 지식의 생산, 확산 및 활용에 있어서 상호작용하는 요소들과 주체들 간의 관계를 나타내는 것으로, 지식창출기관, 지식활용기관,

112) 예를 들어 자동차 판매는 디자인과 직결되어 있음이 드러나고 있는데, 대우의 마티즈는 1998년 한 해 동안 동급 차종인 현대의 아토즈를 3배 이상 능가하는 판매기록을 달성하였다. 두 차의 성능이나 안전성이 거의 비슷하기 때문에 두 차의 디자인 차이가 그러한 결과를 가져온 것으로 분석되고 있다. 그리고 미국 헐리우드 영화 고질라와 결합한 마티즈의 광고도 판매증진에 효과적이었던 것으로 평가된다.

113) 권오혁, 김흥석, 앞의 책, pp.38~40.

114) 페레즈(Perez)는 기술경제패러다임론의 입장에서 새로운 산업의 성장기에는 개발도상국들이 혁신시스템의 구축을 통한 발빠른 추격전략(catching-up strategy)을 성공시킬 때, 비로소 선진국의 문지방에 오를 수 있는 기회가 주어진다고 보고 있다.

지식 및 정보의 연계기관, 고객 네트워크 형성 등이 혁신시스템의 요체가 된다. 혁신은 기술혁신뿐만 아니라 조직혁신, 제도혁신도 포함하며, 혁신의 내용은 시장에서 새로운 것일 수도 있다. 시스템은 여러 구성요소가 얽혀 상호작용하는 것이며 이런 상호작용의 양과 질이 체제(system)의 성과를 결정한다. 그래서 혁신시스템의 경쟁력을 결정하는 요소는 ① 혁신주체들의 자체적 능력이다. 여기에는 기업, 정부, 협회, 대학, 그리고 연구기관과 같은 혁신주체들이 인력개발, 정책적 지원 등이 이루어진다. 이를 위해서는 창의력 강화를 위한 교육체계를 확립하고, 예술과 인문학에 대한 지원을 강화해야 한다. ② 혁신주체 간의 상호작용 및 혁신시스템 산물의 활용 · 확산 기능의 강화이다. 대학 및 연구소와의 산 · 학 · 연 연계의 강화, 각종 협회 간의 정보와 기술에 대한 공유 등이 필요하다. 또한 혁신체제에서 학습에 영향을 주는 관행, 신뢰 등의 제도적 요소, 업계와 연구소, 대학 등 R&D지원기관과 같은 조직적 요소가 중요하다.[115)]

그러나 문화산업의 혁신시스템을 작동시키는 요소들 중에서 문화기술의 혁신이 중요하다. 이를 위해서 각국은 문화산업에 대한 기술투자나 CT지원 정책을 강화해 나가고 있다. 우리 나라에서도 문화기술 중 22개 기술을 최우선적인 개발대상기술로 발표한 바가 있다.

둘째, 문화컨텐츠 개발역량을 강화해 나가야 한다.

문화컨텐츠산업은 지식과 아이디어, 문화적 창의력과 첨단기술이 집약된 대표적인 지식기반산업이다. 주요 선진국들은 일찍이 컨텐츠산업을 국가전략산업으로 육성해 왔으며, 싱가폴은 Info-Com21, 말레이시아는 Super-Corridor 등 신흥산업국가들도 컨텐츠산업 육성에 박차를 가해왔다.

우리나라는 문화컨텐츠에 대한 개발 잠재력이 큰 국가이다. 『구슬이 서말이라도 꿰어야 보배』라는 말도 있듯이, 『한국문화컨텐츠진흥원』이 중심이 되어 국가경쟁력을 가진 양질의 문화컨텐츠를 만들 수 있는 기반을 조성하고, 상대적으로 취약한 컨텐츠 제작 · 유통업계에 대한 투자 및 기술지도를 통한 문화컨텐츠 개발역량을 강화해 나가야 한다.

115) 문화관광부, 앞의 책, p.569~570.

특히 우리나라가 가지고 있는 유·무형의 문화자산을 문화산업에 활용할 수 있도록 체계적·종합적인 디지털 컨텐츠화 작업이 이루어져야 하며, 게임, 애니메이션, e-book, 등 문화컨텐츠산업 분야별 범용기술 개발과 미디어산업의 핵심기술 등 문화컨텐츠 R&D 활동을 지원하고 CT의 개발에 적극적인 지원이 필요하다.[116]

셋째, 창의적인 컨텐츠 기획력을 갖춘 전문적인 인재를 양성해 나가야 한다.

영화 및 애니메이션, 게임, 디지털방송영상 등 분야별 새로운 문화컨텐츠의 창작을 담당하는 전문기획자와 기술인력을 양성하기 위한 교육프로그램을 체계적으로 개발·운영해 나갈 필요가 있다.

창작·기획·기술을 겸비한 인재를 양성하기 위해 정부에서는 CT산업의 인재양성계획을 이미 발표한 바 있다. 이 계획에 따르면, 무한한 성장 잠재력을 가지고 있는 분야의 인재를 집중 양성하고 기술력과 창작·기획력이 유기적으로 결합되어 경쟁력 있는 CT개발이 가능하도록 지원할 계획이다. 아울러 산업현장의 필요인력을 공급한다는 차원에서 산업계 주도의 인재양성 대책기구를 설치하고 산·학·연 연계를 강화할 계획이며, 외국의 연구기관 및 관련단체와의 인력양성 교류도 확대하고 『문화컨텐츠 프로듀서·마케터』를 2002년부터 연간 100명씩 양성할 계획이다.

넷째, 세계화·개방화·정보화에 대해 적극적으로 대응해 나간다.

사회의 전반에 걸쳐 세계화·개방화·정보화의 물결이 지배하고 있으며, 이러한 흐름은 문화산업 부문에서도 어김없이 나타나는 현상이다. WTO 제4차 각료회의(2001월 11월)에서 공식 출범한 『도하개발아젠더』의 협상내용에 따르면, 2002년부터 3년간 협상을 진행하여 2005년 1월 1일까지 협상을 완료하기로 합의를 하였으며, 문화산업부문의 경우 시청각서비스시장의 개방문제와 전자상거래의 과세문제가 관련되어 있다. 특히 『도하개발아젠더』 협상은 WTO회원국들이 합의를 통해 공정한 무역질서를 구

116) 문화광광부, 앞의 책, p.573.

축하자는 의도가 전제되어 있다. 그러나 공정한 무역질서라는 것이 국제무역협정에서는 시장에 대한 차별없는 접근을 보장한다는 원리가 철저하게 적용되는 한, 문화산업의 특수성을 고려한 예외론은 설 자리가 없어지게 된다. 따라서 이에 대한 대책으로서 국제무역 내에서도 시장접근 제한과 최혜국대우 및 내국민대우에 대한 예외적 조항이 존재하기 때문에 이를 적극적으로 활용하여 문화상품의 특수한 위치와 성격을 적극적으로 반영할 필요가 있다.

이를 위해서 『문화산업진흥위원회』를 적극 활용할 필요가 있으며, 아울러 문화서비스와 상품의 세계시장에서 한 나라가 소비자 또는 생산자로서의 위치를 차지하기 위해서는 정부의 강력한 정치적 의지가 요구된다. 가령 협상과정에서 우리와 이해관계가 비슷한 나라들과 긴밀한 협조관계를 유지하면서 우리의 입장을 최대한 반영하는 전략도 필요하다.

중·장기적으로는 지역무역협정과 같은 지역블럭화를 통해 국제무역협정의 직접적인 적용을 피해가는 전략도 고려할 수 있다. 이처럼 문화적 예외론과 지역무역협정이 절묘한 결합을 이룬다면 그 가능성은 더욱 높아질 수 있을 것이다.

한편 정보통신기술의 발달로 정보화 사회가 빠르게 진행되고 있다. 최근 디지털기술의 발달로 인해 컨텐츠의 저작권 보호가 주요한 관심사로 부각되고 있다. 따라서 창작활동을 촉진하고 문화산업의 활성화를 도모하기 위해 유통 상의 디지털화에 따른 저작권 보호 문제가 해결되어야 한다. 현재의 저작권 보호제도는 저작권자별 및 저작물의 종류별로 산재되어 관리되고 있기 때문에 이미지, 영상, 음악 등 각종 저작물이 종합적으로 사용되는 멀티미디어 및 인터넷 환경에서 디지털 컨텐츠를 합법적으로 유통시키는데 걸림돌이 되고 있다. 음반을 출시하는 경우, 이와 관련된 권리 당사자는 작곡가, 작사자, 가수, 연주자, 음반제작자, 음반판매회사 등이 관련된다. 이 중 작곡자와 작사자의 권리만이 저작권으로 보호되고 나머지 관계자들의 권리는 저작인접권으로 보호된다. 그래서 만약 MP3파일을 유통시키려는 사업자는 저작권협약을 위해서는 작곡가와 작사자의 위임을 받은 한국음악저작권협회를 상대해야 하고 이밖에 저작인접권에 대해서는 실연자 권리단체인 연예제작자협회, 한국예술실연자단체협회 및 한국영상음반협회를 상대해야 한다. 하지만 음반제작자들이 권리단체에 저작인접권을 신탁양도하고 있지 않기 때문에 합법적으로 MP3 파일 유통을 하기 위해서는 개별적으로 저작인접권의 허락을 일일이 받아야 하는 실정이다.[117]

다섯째, 해외시장에서 한류열풍을 지속적으로 확산시켜 나간다.

문화산업은 수확체증산업이기 때문에 시장규모가 클수록 수익은 늘어난다. 따라서 문화산업의 경우 세계시장을 겨냥해서 경쟁력을 확보해 나가야 한다.[118] 해외시장 진출전략은 우선 한류의 열풍을 활용하여 동아시아시장을 세계시장 진출을 위한 교두보로 활용할 필요가 있다. 특히 우리 고유의 전통적 소재를 잘 개발하여 차별화된 문화상품들을 만들어나가는 제품차별화 전략도 필요하지만, 해외시장진출을 위한 중 · 장기적인 마케팅전략으로서 수출대상국에 대한 문화환경 및 시장조사, 소비자 취향 등을 전문적으로 연구하여 세계시장을 여러 개의 표적시장으로 세분화하여 표적시장별 차별화된 마케팅 전략을 전개해 나가야 할 것이다. 이를 위해서는 세계시장에 대한 우리 문화상품의 진출을 위한 해외거점을 확대하여 우리 문화상품의 현지화를 실현해 나가야 한다. 이러한 해외거점을 통해 그 지역 소비자들의 니즈(needs)를 재빨리 파악하고 마케팅 지원, 인적 · 물적 네트워크 구축을 실현해 나간다. 우선 지역별로 단계적으로 거점을 확보해 나가되, 궁극적으로는 미국 및 유럽지역까지 확대되어 세계시장을 대상으로 한 문화컨텐츠 마케팅 지원체계가 확립되어야 할 것이다.

여섯째, 기금의 효율적인 운영을 통해 기금지원효과를 극대화해 나가야 한다.

문화산업을 지원하는 기금에는 정부출현금인 문화산업진흥기금[119]과 순수 민간재원인 영화진흥기금[120], 방송진흥기금[121], 출판금고[122] 등이 있다. 그

117) 문화관광부, 앞의 책, pp.578~579.

118) 문화산업의 발전을 위해서는 경쟁력 있는 생산방식, 새로운 소비자의 창출, 배급능력의 확보 등이 요구된다.

119) 이 기금은 주로 게임, 방송프로그램, 음반, 비디오 등 주요 문화산업분야의 상품개발, 창업지원, 시설현대화, 유통구조개선, 국가간 공동제작 · 합작투자 지원 등의 사업에 저리융자 및 투자지원을 위해 사용된다.

러나 이들 기금들은 서로 중복지원 문제라든지 비효율적인 지원 방법을 개선하기 위해서는 각종 기금을 통합적으로 운영하거나 연계운영을 통해 기금 지원효과를 극대화해 나가야 할 것이다. 특히 문화산업진흥기금의 배분방식은 분산형 지원방식보다는 집중형 지원방식이 요구된다고 하겠다. 즉 고부가가치를 기대할 수 있고 세계시장에 진출할 가능성이 높은 분야에 우선적으로 집중 지원하여 자립기반을 확립하는 전략이 바람직하다고 하겠다.

문화산업기금은 게임, 방송용 애니메이션 등 수출전략문화상품 개발 및 문화컨텐츠산업 지원 등 첨단문화산업육성에 중점적으로 지원되어야 할 것이다. 특히 이 분야는 기술뿐만 아니라 창의적인 아이디어와 기획력이 산업의 성공여부에 크게 작용하므로 창의적이고 기획력 있는 인력의 공급이 요구되는 분야이다. 기획 및 창작과 관련된 인력양성에 대한 지원과 국제경쟁력을 갖추고 있지만 담보능력이 부족한 업체들의 지원을 위한 투자조합결성 지원 등도 추진되어야 할 것이다.[123)]

일곱째, 중 · 장기적인 지방 문화산업 육성 계획을 마련해 나가야 한다.

중앙정부는 2001년 대전, 청주, 부천, 춘천, 경주, 광주, 전주 등 7개 도시를 특화된 첨단문화산업단지로 지정하여 추진 중에 있다. 이 도시들은 첨단문화산업단지 조성 정책의 추진을 통해 지방산업구조를 개편하고 지역경제를 활성화하는 계기로 삼기 위해 많은 관심을 쏟고 있다. 단지조성의 초기단계에서 시설이나 기자재 지원은 필수적이나 전문인력양성을 위한 지원이나 외국의 우수전문가와의 교류 확대, 국내 및 해외시장 등에 대한 정보제공 등에 대한 지원도 필요하다. 아울러 국가적 차원에서 첨단문화산업도시 간의 차별화된 개발전략의 수립하여 추진하는 작업도 필요하다고 본다.

---

120) 이 기금은 주로 영화의 제작 및 배급 등에 소요되는 경비조달을 위해 물권담보 또는 판권담보의 형태로 융자지원되며 영화관 시설의 개선에 이용된다.

121) 이 기금은 케이블TV 프로그램 및 방송용 애니메이션 제작비로 융자지원되고 방송전문인력 양성에도 사용된다.

122) 이 기금은 출판사에 대한 양서출판자금 지원 융자, 출판문화 발전을 위한 조사연구사업 지원, 우수도서 구입 · 보급사업, 국제도서전시회 참가지원사업, 종합서평지 발행사업, 출판문화 발전을 위한 환경개선사업 지원 등에 이용된다.

123) 문화관광부, 앞의 책, p.583.

제 7 장

문화산업의 이데올로기 논쟁

이 장에서는 서로 다른 국제사회환경 속에서 문화를 인식하는 자세와 세계화 과정에서 문화의 종(種) 다양성 문제와 정체성에 대해서 다양한 관점으로 다룬다. 그리고 최근 불거져 왔던 스크린쿼터제와 관련된 논쟁과 시사점에 대해서도 소개한다.

제1절 문화의 종(種)다양성과 정체성 논의

문화는 바라보는 관점에 따라 완전히 다른 인식의 세계를 경험하게 된다. 최근 문화산업에 있어서 문화의 정체성과 문화적 종다양성 문제가 국제무역협상 과정에서 『문화적 예외론』의 문제로 집약되어 나타나고 있다. 다시 말해서 문화상품을 일반상품과 동일하게 취급할 것인가 아니면 예외적으로 취급할 것인가를 놓고 첨예하게 대립하고 있다.

원래 문화적 다양성에 관한 문제는 1995년 UNESCO에서 발간한 『우리의 창조적 다양성』(Our Creative Diversity)이라는 보고서에서 비롯되었다. 1998년도 스톡홀름에서 『Intergovernmental Conference on Cultural Policies for Development』라는 주제로 개최된 국제심포지엄에서 문화는 일반상품과는 다르다는 것을 천명한 바 있다. 2001년 7월 세계무역기구(WTO)는 33개국 대표들과 WTO 관계자들이 참석한 가운데 문화의 다양성과 정체성을 어떻게 지켜나갈 것인가에 대한 세미나를 개최하였다. 그리고 52개국의 문화관련 비정부기구(NGO)모임인 『문화적 종다양성을 위한 국제 네트워크』(INCD : International Network for Cultural Diversity)는 총회에서 "문화상품은 일반 상품과 다르므로 국제무역논리에 지배되어서는 안 된다"고 선언하였다.

한편 UNESCO는 2001년 10월 31일에 문화적 다양성에 관한 선언문을 채택하기에 이르렀으며, 세계은행(World Bank)도 문화를 『지속가능한 발전』

(sustainable development)[124]의 본질적 요소로 이해하면서 문화부문에 대해 새롭게 인식하고 있다.

문화산업에 있어서 독점적 구조는 궁극적으로 선 · 후진국간 문화상품 교역의 불균형적 구조를 초래하고 이로 인해 문화적 정체성과 다양성이 위협을 받게 된다. 따라서 문화의 세계화와 문화산업의 독과점에 따른 문화상품의 획일화와 문화 정체성의 약화 현상을 극복하기 위해서는 『문화적 종다양성』이 국제적으로 보장받을 수 있는 원칙과 제도가 마련되어야 한다는데 국제사회는 대체로 동의하고 있다.

아지자 베나니 모로코 유네스코 대사는 "세계화에는 분명 획일화의 위험이 도사리고 있다. 그렇기 때문에 문화 다양성을 시급히 보호해야 할 필요성이 있다."라고 말했으며, 프랑스 대사 쟝 무시뗄리도 "문화 다양성은 우리 모두가 인식하고, 존중해야 하며, 반드시 강화해야 할 새로운 사고이다."라고 피력하였다.

이 주장은, 유네스코와 회원국이 주목해야할 중요한 과제가 무엇인지를 말해 주고 있다. 유네스코 총회에서 채택한 『문화 다양성 선언문』은 앞에서 제기한 물음에 대한 대답이 될 수 있다.

이 선언문은 향후 몇 년 동안 유네스코 주요 행동 계획의 바탕이 될 가장 기본적인 문서인 동시에, 세계적 기준과 윤리를 규정하는 유네스코의 역할인 '규범화 행동' 의 중요성을 강조한 예이다.

인류에게 이 선언문은 1948년에 채택한 세계인권선언과 같은 중요성을 지닌다.

특히, 당시 서구의 식민지 상황을 겪으면서 세계인권선언 준비 작업에 참여할 수 없었던 아프리카나 아시아 국가 그리고 그 국민들에게는 더욱 그러

124) 이 개념은 국제연합의 환경과 개발에 관한 세계위원회(WECD)가 1987년에 저술한 "Our Common Future"(우리 모두가 공유하는 미래)라는 연구보고서에서 널리 알려지게 되었다. 많은 식자가 그동안 개발과 환경을 대립적으로 다루어 왔는데 이 「지속가능한 개발」이라는 말은 이들에게 신선한 충격으로 받아들여졌다. 그 내용의 골격을 다음의 네 가지로 요약할 수 있다. ① 인간이 날이 갈수록 증대하는 물질적 · 문화적 수요 및 그를 위한 경제개발 그 자체를 부정하는 것은 아니다. ② 단지 경제개발은 재생 불가능한 자원의 파괴에 의해서가 아니라, 새로운 과학기술의 확립과 새로운 사회조직 구축을 통해 달성한다. ③ 인간과 자연의 공생을 중시하고 경제활동 및 사회발전이 자연자원을 고갈시키거나 생태계를 파괴하지 않도록 어느 정도 제한을 가해 감시한다. ④ 성장이익은 다른 세대 간(inter-generation) 및 같은 세대 내(intra-generation)에서 공평히 분배되도록 한다.

하다. 10여 년 전부터 서구가 정의한 『인류적 가치』에 대응하는 『아시아적·아프리카적 가치』가 형성되기 시작했는데, 개인주의가 서구의 가치인 반면, 지역 공동체는 아프리카에서 더욱 중요한 개념이 되는 것이 그 예이다.

이 선언문은 『사회적 합의, 시민 사회의 활력과 평화』를 보장하기 위해 『모든 이들을 참여시키고 포괄하는 정책』을 권하고 있다는 것이다. 무엇보다도, 모국어를 사용할 권리와 개별 문화의 정체성이 존중받아야 할 권리를 포함하고 있으며, 『문화권이 인권의 중요한 요소』임을 강조한다. 또 이 선언문은 『어느 누구도 인권과 인간의 기본 자유를 침범한다면 문화 다양성을 이용하지 못하도록』 제한하고 있다.

또 이 선언문은 문화 상품과 서비스는 『특별한 종류의 상품』으로 정의하며, 『작가와 예술가의 권리를 인정하는 것을 포함해 발전도상국가들이 유동적이고 경쟁적인 문화 산업을 일으킬 수 있도록』 국제 협력을 강화할 것을 권고하고 있다.

결국 인류가 『공유하고 있는 유산』과 충돌을 일으키지 않으면서 무수한 문화의 특수성을 존중하고, 보존하는 것은 모든 사회가 해결해야 하는 과제인 것이다.[125]

그러나 최근에는 특히 시청각 서비스에 관한 GATS 협상의 맥락에서, "이것 아니면, 저것(all-or-nothing)"이라는 접근법으로 문제를 해결하는 것은 더 이상 바람직하지 않다는 의견이 제시되었다.[126]

---

125) 유네스코 한국위원회, 월간 소식지, 12월호/통권 제547호.

126) Ivan Bernier, 2002. 5. "International Trade Law and Cultural Diversity", *Yonse Graduate School of International Studies*, p.4.

제2절 문화산업 개방에 대한 논쟁

문화산업의 개방을 둘러싸고 두 개의 견해가 첨예하게 대립 상태를 보이고 있다. 문화산업의 개방을 반대하는 입장에 있는 사람들은 문화의 다양성과 정체성을 확보하기 위하여 문화산업의 개방을 일정 범위 내에서 제한을 가해야 한다고 주장한다. 이들은 한 나라 혹은 한 지역의 문화산업을 보호하지 않고 무조건 경쟁의 논리에 맡길 경우 마치 생물의 멸종 현상처럼 문화도 멸종 현상이 초래될 수 있음을 우려하고 있다. 경쟁에서 철저하게 우위에 있는 나라의 문화와 상대적으로 열위에 있는 문화가 동등한 조건으로 경쟁을 하게 되면, 비교우위에 있는 문화로부터 비교열위에 있는 문화가 지배당하거나 잠식당하게 되어 문화산업에 있어서 독과점적 구조가 나타나게 된다는 것이다. 이는 결국 문화적 다양성의 파괴로 이어져 궁극적으로는 전통적인 문화의 씨앗이 멸종위기를 맞게 될 지도 모른다는 우려를 반영하고 있다.

이와는 반대로 경제개방에 있어서 문화산업도 예외일 수는 없다는 주장도 있다. 이들은 문화적 예외론자들을 상업적인 보호무역주의자라고 비판하고 있다. 문화산업은 그 나라의 정서를 담고 있는 특수한 분야로 파악하여 개방 자체를 제한하는 것은 특정 문화산업의 종사자 또는 관련자를 보호하기 위한 명분에 불과하고, 문화 자체를 보호하거나 문화의 다양성을 보존하는 것은 아니라는 것이다. 즉 문화적 예외론자들의 보호대상은 고유한 문화가 아니라 상업적인 수단에 지나지 않는다는 주장이다.

경제개방과 관련된 협상이 진행되는 경우, 거의 예외 없이 이러한 두 가지 상반되는 주장이 대립해 왔다. 협상 당사자의 협상력에 의하여 협상의 결과가 좌우되기는 하지만, 문화산업을 여타분야와는 다르게 취급하는 경우가 상당수 있다. GATT와 GATS에서 영화산업에 대한 보호를 예외적으로 인정해 주고 있고, NAFTA에서도 문화산업을 예외적으로 취급하고 있다. 다자주의적인 협상, 지역주의적인 접근, 양자간의 합의 등에서 문화산업은 비교적 수월하게 민감한 분야로 인정을 받고 있는 셈이다.[127)]

1. 스크린쿼터제 논쟁

위에서 언급한 문화산업 개방 논리를 스크린쿼터제 문제로 국한해서 살펴보기로 하자. 스크린쿼터제는 헐리우드 영화의 시장 독과점을 견제하는 최소한의 장치이다. 2001년 한국영화점유율이 처음으로 40%대에 들어섰다고 해서 우리 시장을 압박하는 헐리우드 영화의 독과점 행태가 해소된 것은 아니다. 지난해의 눈부신 실적은 '친구' 등 몇 편의 영화에 의존한 바 크다는 점을 간과하고 있는 것이다.

이러한 주장은 영화산업에서 타의 추종을 불허할 만큼 우월적 지위를 가진 헐리우드를 의식하는 측면이 다분하다. 즉 헐리우드의 영화가 다른 모든 나라의 영화산업을 위축시키고 종국에는 멸종시킬 것이라는 우려에 바탕을 두고 있다.

한·미간의 투자협정의 협상 과정에서 불거진 스크린쿼터 논쟁은 한국 내에서 첨예하게 의견이 대립되고 있다. 협상을 추진하는 정부 부처와 시장원리를 신봉하는 학자들은 스크린쿼터제가 시장 기능을 왜곡시킬 뿐만 아니라 소비자의 선택권마저 제한한다는 입장에서 스크린쿼터제의 축소 또는 폐지를 주장하는 반면, 대다수의 한국 영화인들은 우리 문화의 보호 차원에서 스크린쿼터제는 반드시 유지해야 한다고 주장하고 있다. 특히 스크린쿼터제 찬성론자들은 최근 한국 영화가 거둔 성공은 스크린쿼터제의 승리이며, 스크린쿼터제가 없는 다른 나라에서는 이러한 성공사례를 찾아볼 수 없다고 말하고 있다.

127) 노재봉, 2002. 5, "문화산업개방의 필요성", 연세대학교 국제학대학원 세미나

반면에 스크린쿼터제 반대론자들은 그 동안 한국영화의 성장으로 인해 스크린쿼터제는 더 이상 유지해 나갈 명분이 없어졌기 때문에 이를 축소 내지 폐지해야 한다고 주장하고 있다. 이미 급성장하여 일정 궤도에 오른 한국의 영화산업을 더 이상 보호할 경우 오히려 경쟁력만 약화된다는 주장이다. 이러한 취지에서 정부에서는 그 동안 한국영화의 의무상영일수가 146일(40%)이던 것을 대통령시행령을 고쳐 73일(20%)로 축소하여 2006년 7월부터 시행해 오고 있다. 이에 대해 많은 영화인들은 반대시위를 계속해 왔다.

그러면 첨예하게 대립하고 있는 스크린쿼터제에 대한 찬반 양론에 대해 좀더 자세히 살펴보기로 하자.

1.1. 스크린쿼터제의 반대 논리

스크린쿼터제에 대한 반대론자들은 몇 가지 측면에서 다음과 같은 주장을 제시하고 있다.[128]

첫째, 영화인들의 주장대로 한국영화의 보호가 문화 보호와 직접적인 연관이 있는지에 대해 의문을 제기하고 있다. 영화산업에는 분명히 문화적인 측면이 존재하고 있지만 영화라는 매체는 상업적인 성격도 강하게 가지고 있다는 것이다. 사실 우리나라의 경우 스크린쿼터제를 통해 보호하려는 것은 영화의 상업적인 측면이지, 문화적인 측면이 아니라는 주장이다.

만일 스크린쿼터제가 영화의 문화적인 측면을 보호하는 제도라면 비록 외국의 제작자가 제작을 한다 해도 한국적인 소재를 바탕으로 한국배우가 출연하여 한국어로 연기를 하는 영화를 만든다면 그 영화를 한국영화로 인정하여 보호해야 하는데 현실은 그렇지 않다는 것이다. 외국의 제작자가 만든다면 그 영화는 내용에 상관없이 무조건 외국영화로 분류된다는 것이다. 반면에 한국의 제작자가 세계시장을 겨냥하여 외국인을 출연배우로 기용하고 외국어로 연기를 하도록 하며 시나리오도 외국작가의 것을 사용한다 해도, 이 영화는 한국영화로 분류되어 보호받는다는 것이다. 따라서 스크린쿼

128) 노재봉, “앞의 자료”.

터제를 통해 보호받는 한국영화는 한국의 영화제작자가 만든 영화, 즉 한국의 영화제작자에게 돈을 벌게 하는 영화일 뿐, 한국문화와는 아무 상관이 없다는 논리이다.

둘째, 어떤 영화의 국적을 판단하기는 점점 어려워지고 있다는 것이다. 다국적 기업의 활동이 증가하듯이 다국적인 제작진과 배우에 의한 영화제작이 성행하고 있고 영화의 제작 자본도 국제적인 성격을 가지는 경우가 많으며, 촬영과정에서 다른 나라의 기술진이 참여하기도 하고 특수효과나 녹음 등을 외국의 스튜디오에 위탁하는 경우도 늘어나고 있다는 데서 그 원인을 찾고 있다. 결국 세계화의 시대에 영화의 국적을 따져서 의무적인 상영일수를 부과하는 것은 대단히 무의미하다고 주장하고 있다.

셋째, 스크린쿼터가 한국영화산업을 성장시켰다는 주장도 받아들이기 어렵다는 입장이다. 최근 한국영화의 놀라운 발전은 관객들에게 보다 가까이 다가갈 수 있는 소재를 개발하고 발전된 제작기법을 적절히 활용한 영화 제작자들의 노력과 감동적이고 좋은 연기를 보여준 배우들의 역량이 결합된 결과이지, 한국영화의 의무상영일수 덕분이라는 생각은 잘못이라는 주장이다.

넷째, 스크린쿼터제에 안존하는 온실 속의 화초 같은 자세로는 결코 영화산업을 세계수준으로 도약시킬 수 없다는 것이다. 영화를 수출한다면 외국시장에서 경쟁을 함으로써 경쟁력을 기르는 것이고 영화를 수입한다면 국내 시장에서 경쟁을 하는 것이 되는데, 국내시장에서 경쟁을 제한하는 스크린쿼터제를 유지한다면 영화산업의 진정한 발전을 위한 경쟁의 폭이 지나치게 축소된다는 입장이다.

다섯째, 스크린쿼터제는 영화인들이 주장하는 대로 전 국민을 위한 제도가 아니라 소비자의 선택 폭을 제한하는 시장왜곡적인 수단에 불과하다는 것이다. 더욱 다양한 기회를 갖기를 원하는 국민의 입장에서 스크린쿼터제는 사실상 전 국민을 위한 제도라기보다는 일부 현실에 안주하고자 하는 영화인, 특히 영화제작자를 위한 제도라고 반박하고 있다.

결국 스크린쿼터제 반대론자들의 입장에서 보면, 스크린쿼터제가 영화의 문화적 측면이 아닌 상업적 측면을 보호하려는 속성을 내포하고 있다는 점에서, 문화 수호라는 대의명분에 발목이 잡혀 영화산업에도 도움이 안 되고 소비자에게도 이득이 안 되는 스크린쿼터제는 반드시 축소 또는 폐지되어야 마땅하다는 주장이다.

1.2. 스크린쿼터제의 찬성 논리

스크린쿼터제에 대한 찬성론자들의 주장을 요약하면 다음과 같다.[129)]

첫째, 한국영화시장의 성장에 대한 미국의 견제와 스크린쿼터제가 한·미투자협정 체결의 걸림돌로 생각해온 한국의 경제관료들의 인식이 문제라는 주장이다.

다중적인 파급효과를 내장한 영상산업을 엔진으로 장착한 21세기의 경제를 '이미지 경제'라고 부르기도 하는데 바로 이런 영상산업의 세계적 독점국가인 미국과 유일하게 성공적인 맞대결을 하고 있는 곳이 바로 한국이라는 점에서[130)], 스크린쿼터제에 대해 미국이 한국에 대해 곱지 않은 시선을 보내고 있다는 것이다. 또 스크린쿼터제는 2001년 말에 합의된 『도하개발의제』에 따라 서비스 분야의 추가 개방 요구와 관련하여 유럽 측이 계속 제기해온 '문화적 예외' 조항의 현실적 필요성을 요구해 왔으며, 최근 유럽의회나 프랑스의회가 한국의 성공사례를 본받아 쿼터제의 재도입 가능성을 적극 검토하고 있다는 점에서도 미국 측으로서는 스크린쿼터제에 대해 민감한 반응을 보일 수밖에 없다. 그동안 한·미투자협정 체결의 『걸림돌』로 스크린쿼터제를 인식해온 한국의 경제관료들은 이런 점에서 보면 산업사회의 낡은 패러다임에 매달려 새로운 『이미지 경제』의 중요성을 간과했거나, 아니면 세간의 의혹대로 한국의 국익을 생각하기보다는 친미 사대주의의

---

129) 심광현, 2002. 5. "신자유주의적인 문화산업개방론의 왜곡된 이분법 논리", 연세대학교 국제학대학원 세미나.

130) 미국은 개방된 세계영화시장의 85%를 점유하고 있으며 2001년 미국영화의 한국영화시장 점유율 47%, 한국영화의 한국영화시장 점유율 46.1%를 차지하고 있다.

관행에 따라 행동했다고 볼 수밖에 없다고 말하고 있다.

둘째, 스크린쿼터제 반대론자들은 한국영화의 시장점유율에 대해 왜곡된 해석을 하고 있다는 주장이다.

재정경제부가 2001년 한국영화 시장점유율이 40% 선을 넘었으므로 이제는 쿼터제 현행유지가 불필요해졌다고 주장하는 것은 다음과 같은 사항을 곡해하고 있다는 것이다. 즉 '97년 대선 당시 김대중 후보가 "시장점유율 40%가 될 때까지 스크린쿼터제를 유지하겠다"고 발표했던 공약을 근거로 40%라는 수치를 한국영화산업의 안정성을 가늠하는 지표로 보려는 것인데, 이는 40%라는 수치가 스크린쿼터제의 문화적 · 경제적 의미를 충분히 인식하지 못한 상태에서 상징적 수치로 제시된 정치적 구호일 뿐이라는 점을 간과해서는 안 된다는 것이다. 우리 영화의 시장점유율은 스크린쿼터제 덕분에 그나마 몇 편의 『블럭버스터』(blockbuster)로 40% 선을 넘었지만, 매년 그런 결과가 반복된다는 보장이 없다는 것이다.

셋째, 스크린쿼터제는 온실 속의 화초를 재배하는 것과 같기 때문에 한국영화의 경쟁력을 약화시킨다는 주장에 대한 반박이다.

스크린쿼터제 반대론자들은 최근 한국영화의 급성장이 단지 제작자와 배우들의 기량이 높아졌기 때문이라고 강변하고 있지만 그동안 동일한 제작자와 배우들의 기량이 하루 아침에 갑자기 좋아질 수는 없는 일이며, 또한 『스크린쿼터제 옹호론자들은 오직 스크린쿼터제 덕분에 한국영화가 급성장했다고 주장한다』는 점을 부각시키는 것은 사실을 왜곡시키고 있다고 비판하고 있다. 최근 한국영화의 급성장은 분명히 투자시스템, 제작시스템, 배급시스템, 상영시스템의 개선, 영화진흥위원회의 설립과 영화정책의 발전, 젊은 영화인들의 대거 등장 등 복합적인 요인들의 상호작용의 결과이며, 그 중에서 스크린쿼터제의 철저한 유지[131]는 배급조건의 급속한 개선을 의미하며, 관객들의 한국영화에 대한 관심 증대 역시 쿼터제 논란의 영향이라고 보아야 한다는 것이다.

---

131) 감시단 활동에 의한 고발 등으로 위반일수의 지속적 감소로 1994년에 연평균 60여 일에 달하던 것이 2001년에는 2~3일로 줄어들었다.

넷째, 스크린쿼터제 반대론자들은 스크린쿼터제에 대한 국제적 지지를 일방적으로 무시하고 있다고 주장하고 있다.

경제관료들은 쿼터제를 채택하는 나라가 소수에 불과하기 때문에 보편성이 없고, 구시대의 유물이라고 주장하고 있으나 이는 과거의 제도는 무조건 나쁜 것이라는 편견의 산물일 뿐이라고 말하고 있다. 오히려 미국을 제외한 대다수의 선진국을 포함한 46개국 문화부문 장관들이 참여하는 『문화정책에 관한 국제네트워크』(INCP)와 52개국의 300여 개 문화단체들이 참여하는 『문화다양성을 위한 국제네트워크』(INCD)에서도 한국의 스크린쿼터제는 본받아야 할 모범 사례로 칭송받고 있다는 것이다. 나아가 2001년 말 유네스코 총회에서 채택된 『세계문화 다양성 선언문』에서는 문화다양성의 보호는 윤리적 의무이자 인간존엄성과 분리할 수 없는 것이며, 문화를 일반 경제상품이나 소비품으로 간주해서는 안되며(7조), 세계 각국은 문화정체성 보호를 위해 현실에 맞는 다양한 규제나 제도를 채택해야 한다(8조)고 천명함으로써 한국의 스크린쿼터제에 대한 국제사회의 지지를 목격하였음에도 불구하고 한국의 경제관료들은 애써 이런 사실을 외면하고 있다고 반박하고 있다.

다섯째, 스크린쿼터제가 문화적 보호장치가 아니라 국내제작자 보호장치라는 주장에 대해 반박하고 있다.

경제관료들은 스크린쿼터제가 보호하려는 것은 영화의 상업적 측면이지 문화적 측면은 아니라고 주장하는 근거로, 세계화 시대에 영화제작의 국적 문제를 거론하는 일이 애매모호해지고 있다는 점을 들고 있다.

우선 『한국영화』 정의에 외국제작자나 스탭들이 혼성으로 참여하는 공동제작영화가 포함되어 있으므로 무조건 한국제작자가 만든 영화에만 한정되는 것이 아니라는 것이다. 물론 현재의 공동제작영화 규정에는 제작자본만 100% 외국자본이고 한국인 스탭을 이용하여 한국적 소재를 다루는 영화는 포함되어 있지 않으나 이는 극단적인 경우로서 아직까지 사례가 없으나 만일 사례가 발생할 경우 공동제작영화의 규정을 조정할 수 있다는 입장이다. 반대로 한국제작자가 100% 외국인 스탭을 이용하여 외국진출용 영화를 만들 경우 역시 논리적으로 극단적 경우인데, 아직 이런 사례는 없으며 이런 사례가 발생한다면(수출용이 주목적이므로) 쿼터제에 포함할 필요가 없다는 것이다. 이렇게 세부규정을 조정하면 될 일을 가지고 세계화 시대에 국적을 따지는 일이 불가능하다고 주장하는 것은 논리적 비약이라고 반박하고 있다.

현재 몇몇 선진국과 중국이나 인도와 같이 비개방국가를 제외하고는 대부분의 나라들에서 영화문화가 거의 존재하지 않는 이유는 독립적인 영화산업 시스템이 작동하지 못하는 데서 기인하고 있다는 것이다.

여섯째, 쇄국 대 개방이라는 흑백논리식의 이분법적 잣대를 적용하는 것은 매우 위험한 발상이라는 주장이다.

경제관료들이 영화인들의 입장을 『신쇄국정책』으로 매도하는 것 역시 이들이 쇄국 대 개방이라는 이분법의 잣대를 들이대고 있기 때문이라는 주장이다. 영화인들은 개방과 경쟁, 세계화 지체를 반대한 적이 없으며, 영화인들이 반대하는 것은 『불평등한 일방적 개방』과 『자유롭지만 불공정한 경쟁』임을 강조하고 있다. 영화인들은 『호혜적인 개방』과 『자유롭고도 공정한 경쟁』, 『상호발전과 문화다양성을 촉진하는 세계화』를 요구하고 있다는 점을 들고 있다. 스크린쿼터제 반대론자들의 논리대로 세계영화시장의 85%를 독점하고 있는 골리앗과 같은 헐리우드 영화와 스크린쿼터제 없이 자유롭게 경쟁하라는 것은 사실상 『자유롭지만 불공정한 경쟁』을 강요하는 것과 다를 바가 없다는 것이다.

『신자유주의적 경쟁원리』를 우상처럼 신봉하는 사람들의 문제점은 바로 이와 같은 『경쟁의 여리 유형』을 고의로 무시한 채, 약육강식의 무한경쟁만을 자유경쟁이라고 강변한다는 데에 있다는 점이다.

2. 한국영화산업의 발전방향

21세기는 흔히 『지식 · 정보사회』 또는 『문화의 세기』라고 한다. 이는 곧 지식 · 정보와 문화가 경제 · 사회활동 전반에 걸쳐 선도적 역할을 하는 사회라는 뜻이다. 이러한 이유로 현대 자본주의는 단순한 산업자본주의가 아니라 『지식자본주의』, 『정보자본주의』, 『문화자본주의』라고도 일컬어진다.

이는 자본의 성격이 산업자본에서 금융자본을 거쳐 지식자본 · 문화자본이라는 새로운 형태로 변화되고 있음을 말해주고 있다. 그런데 이와 같이 지식자본과 정보자본, 문화자본이 총결집되어 새로운 부를 창출하는 대표적인 영역이 바로 영상산업이며, 영상산업은 『윈도우 효과』를 통해 자체적으로 창출하는 부가가치 이외에도 국가이미지 · 지역이미지 제고라는 측면에서 효과가 매우 큰 21세기 최대 전략산업 중의 하나인 관광산업과도 직결될 뿐 아니라, 다양한 사전 홍보효과를 내장하고 있어 경제활동 전반에 대한 그 총체적인 파급효과가 매우 크다.

따라서 21세기의 황금산업인 영화산업의 발전을 위하여 정부의 법적 · 제도적인 지원시책이 요구된다. 특히 지원시책 내용은 산업 경쟁력을 높일 수 있는 합리적이고 실질적인 것이어야 한다. 예컨대 한국 영화산업의 취약점으로 지적되고 있는 시나리오 작가를 육성하기 위한 『인재양성기관』이나 『소재개발연구센터』를 설립하거나 신진 작가들의 등용문을 확대하고 작가나 영화제작진들의 국내외 연수교육기회를 확대한다면 실질적으로 한국영화의 경쟁력을 높일 수 있을 것이다.

이외에 영화 기자재의 구입 및 개발을 지원하는 것도 영화산업의 발전에 이바지할 것이다. 한편 대중성은 상대적으로 떨어지지만 예술적인 가치가 높은 영화의 제작 지원을 통해 영화계의 부익부(富益富) 빈익빈(貧益貧) 현상을 타파하고 조폭류의 인기영합적인 영화의 지나친 발호(跋扈)를 막아야 한다.[132]

한국의 영화인들이 보다 자신감을 가지고 영화 산업의 발전에 임할 경우 최근 한국영화의 놀라운 성공은 지속되리라고 확신한다. 스크린쿼터제라는 최소한의 보호막에만 의존하여 안주하면 한국 영화산업의 미래는 보장되지 않는다. 스크린쿼터제라는 보호장치를 통해 헐리우드보다 상대적으로 경쟁력이 약한 한국 영화들이 상영기회를 보장받았기 때문에 최근 한국영화산업이 눈부신 발전을 하게 된 계기가 된 것은 사실이다. 그러나 한국 영화산업은 실제로는 영화제작자의 치열한 창작 정신과 배우들의 헌신적인 노력, 영화산업 종사자들의 자기 희생적인 장인 정신이 어우러져 오늘날의 비약적인 발전이 가능하게 되었다고 본다.

132) 심광현, "앞의 자료".

제3절 새로운 국제기구 설립 추진

이러한 논쟁을 둘러싸고 국내외 각종 문화단체들이 합의도출을 위해 노력하고 있으며, 이러한 흐름 속에서 새로운 국제기구의 설립이 추진 중에 있다.

신자유주의와 세계화로 인한 문화적 획일화에 대항하는 움직임이 국내 문화단체들을 중심으로 본격화되고 있다. 한국민족예술인총연합, 한국출판인회, 한국연극협회, 스크린쿼터문화연대, 한국방송프로듀서연합 등 16개 문화단체는 『세계문화기구를 위한 연대회의』 발족에 동참하기로 하였다. 이들 단체 대표들은 "신자유주의와 세계화로 인해 문화가 상품으로 관리되고 있으며 대중문화의 획일화로 문화의 진정한 가치가 왜곡되고 있다"라고 우려를 나타냈다.

그리고 이들은 ① 문화의 세계적 획일화를 추구하는 무역협정 반대 ② 문화적 정체성을 지키기 위한 정부의 제도적 장치 마련 ③ 문화정체성 확립과 발전을 위한 실질적인 지원정책 수립 ④ 문화적 다양성을 위한 국제사회의 노력 등 몇 가지 사안에 대한 우리 정부의 적극적 동참 등을 촉구하였다.

이번에 발족된 『세계문화기구를 위한 연대회의』는 캐나다의 저명한 국제법 학자 이반 베르니어 라발대 명예교수[133]를 중심으로 추진되고 있는 『문화다양성을 위한 새 국제기구』(NIICD)의 조속한 설립을 목표로 하고 있다.

---

133) 베르니어 교수는 캐나다 외교통상부 문화 산업부문 전문자문위원, 46개국 문화부장관 모임인 '국제 문화정책 네트워크'의 고문으로 활동 중이며 현재 NIICD 창설을 위한 법조문 작업을 이끌고 있다.

NIICD 설립을 위한 움직임에는 우리 나라 외에 프랑스, 오스트레일리아, 아르헨티나, 칠레 등 52개국의 300개 단체가 동참을 선언한 상태이다.

특히 캐나다 문화단체와 정부의 적극적인 참여가 돋보인다. 캐나다에서는 이미 지난 '98년 출판, 영화, 방송, 음악 등 각 분야 30여 개 단체가 『문화의 다양성을 위한 연대회의』를 결성해 활동해 오고 있다.

캐나다 극장에 걸리는 영화의 95%가 미국영화이다. 캐나다 자체 제작 영화가 차지하는 비중은 3~4%에 불과한 실정이다. 캐나다와 미국을 제외한 제3국 영화는 현실적으로 상영될 기회조차 갖기 어렵다. 문화적 다양성에 대한 위협은 개발도상국뿐만 아니라 전세계적인 현상이다.

NIICD 설립목적으로 ① 자국내 문화시장에서 다양한 표현기회 보장 ② 국가간의 문화 교류 활성화 ③ 국가간 문화분쟁 해결 등을 제시하였다. 그러나 NIICD 설립까지 아직 가야할 길은 멀고도 험하다. NIICD의 필요성은 인정하지만 유엔 산하기구인 유네스코조차 많은 법적 한계를 갖고 있는 상황에서 과연 새로운 문화기구가 구체적인 성과를 이끌어낼 수 있는지, 경제자유화 및 상업화의 도도한 물결을 견제한다는 것이 과연 현실적으로 가능한 일인지 등에 관해 국내 문화계에서조차 시각이 엇갈리고 있는 형편이다.

제8장

시장논리로 풀어보는 문화

이 장에서는 문화상품의 중요성을 언급한 뒤, 문화를 상품과 같은 경제객체로 보고, 미시적 분석 방법을 통해 문화생산자와 문화소비자의 입장에서 문화상품에 대한 소비와 생산 및 그 수급관계를 자세히 다루고 있다. 또한 시장형태별로 문화상품의 거래관계를 분석하고 문화상품의 경쟁력 제고를 위한 문화상품의 시장세분화 전략에 대해서도 소개한다.

제1절 문화상품 분석

1. 문화도 상품이다.

지금까지 우리 사회에서는 문화와 경제를 별개의 문제로 취급하려는 경향이 있었다. 심지어 문화와 경제를 대립관계로 보는 시각도 있었다. 그러나 21세기로 접어들면서 문화가 경제에 매우 중요한 역할을 하고 있다는 인식이 확산되고 있다. 문화는 생산요소로서 중요한 역할을 하고 있으며, 문화자체가 하나의 상품으로서 생산되기도 한다. 문화와 경제의 밀착관계는 소비자들의 구매패턴을 보아도 분명해진다. 오늘날 많은 사람들은 브랜드를 통하여 그 품질을 확인한다. 즉 상품을 사고 파는 행위의 대부분은 브랜드의 이미지를 사고 파는 것이기도 하다. 문화상품의 경우 소비자들은 상품 그 자체보다는 자신이 동경하고 있는 파리나 이태리의 이미지나 문화를 선택하는 경향이 있다. 이는 결국 훌륭한 문화상품은 질높은 문화 속에서 나온다는 것을 의미한다.

"가장 지역적인 것이 가장 한국적이며, 가장 한국적인 것이 가장 세계적인 것이다"라는 말이 있듯이, 글로벌 시대에는 문화상품이 단순히 전통문화를 재현하는 기술이 아니라 전통과 현대의 감각이 어우러진 독특한 문화상품이어야 한다는 점이다. 21세기에는 세계화라는 보편적 가치기준에 기초를 두면서 국가나 지역의 이미지를 대표할 수 있는 디자인력이 경쟁력 있는 고부가가치 문화상품으로 연결되는 지식중심의 문화사회가 될 것이다.

이제 21세기의 산업구조는 공업이 아닌 지식 · 정보 · 문화산업이 중심 산업구조가 될 것이라는 데에 더 이상 아무도 이의를 제기하지 않는다. 또한 지식산업과 정보산업이 넓은 의미에서 문화산업에 포함된다고 한다면 앞으로 21세기의 산업구조는 문화산업을 중심으로 하는 산업구조가 된다고 해도 과언이 아니다. 공업이 자연자원을 가공하여 물질적인 상품을 제조하는 『하드웨어』 산업이라면 지식산업과 정보산업 그리고 문화산업은 다같이 인간의 정신적 노동에 의해 문화상품을 생산하고 소비하는 『소프트웨어』산업인 것이다.[134)]

한국 고유의 정서나 전통을 바탕으로 하는 문화상품은 한국의 국가이미지를 창출하는 데에 결정적인 역할을 수행한다고 할 수 있다. 예컨대 프랑스의 패션, 일본의 칠기, 중국 · 영국의 도자기 등은 생산국의 문화이미지를 상징하는 대표적 문화상품으로, 『japan』, 『china』와 같은 단어는 『일본』, 『중국』을 뜻함과 동시에 각각 『칠기』(漆器), 『도자기』를 의미하는 보통명사로도 쓰이고 있다. 우리도 인삼, 김치, 태권도 등은 우리 나라를 대표하는 상징적 문화상품으로서 개발 잠재력이 매우 크다고 할 수 있다.[135)]

20세기는 소품종 대량생산의 하드웨어 중심의 시대였다면, 21세기는 인간의 정서와 감정이 중요시되는 다품종 소량생산의 소프트웨어 중심의 사회로서, 감성 등 문화적 요인이 강조되는 시대가 될 것으로 전망된다.[136)]

우선 가장 이해가 가능한 영화 산업을 통해 어떤 것이 문화정책적 접근이 될 것인가를 설명해 보자. 스티븐 스필버그(Steven Spielberg)의 『쥬라기 공원』은 6천만 달러(4백 80억원)를 들여 제작했다. 그리고 8억 6천만 달러(6천 8백 80억원)를 벌어들였다. 이것 말고도 『쥬라기 공원』의 공룡 캐릭터로 만든 장난감, 의류, 만화 등 팬시 장사로만 또 10억 달러(8천억 원)의 수입을 올렸다. 이 공룡은 알다시피 컴퓨터 시뮬레이션으로 만든 것으로 이 시뮬레이션 팀은 제작비 6천만 달러 중 4분의 1에 해당하는 1천 5백만 달러를 받았다. 피터 드리커가 말하듯이 '지식생산성' 의 표본인 것이다. 왜냐하

134) 임희섭, 1999, "21세기 문화산업의 전망과 도시문화산업 활성화 방안", 도시문제, 통권 34권, pp.46~47.

135) 한국상징 10대 CI(Cultural Identity) : 한복, 한글, 김치와 불고기, 불국사와 석굴암, 태권도, 고려인삼, 탈춤, 종묘제례악, 설악산, 세계적 예술인(백남준, 정명훈 등)

136) 문화관광부, 앞의 책, pp.7~8.

면 1천 5백만 달러를 벌어들인 원자재라는 것이 매일 쓰던 컴퓨터 박스뿐이고 실제의 자본은 상상력의 두뇌일 뿐이기 때문이다.

따라서 우리는 우리 고유의 정서와 전통을 바탕으로 한 문화상품의 개발과 보급으로 긍정적인 국가이미지를 창출하여, 이러한 호의적인 국가이미지 형성이 우리의 공산품 전반의 국가경쟁력을 높여주는 막대한 경제적 효과를 가져온다는 것을 인식해야만 한다.

2. 문화상품의 개념과 특성

2.1. 문화상품의 개념

문화산업진흥기본법[법률 제5927호 신규제정 1999.02.08.]에 의하면 문화상품이라 함은 문화적 요소가 체화(體化)되어 경제적 부가가치를 창출하는 유·무형의 재화와 서비스 및 이들의 복합체를 의미한다.

문화상품에는 관광상품, 특산품, 공예품 등이 이에 속한다. 일반적 의미로는 문화의 영역이 경제적 영역과 결합함으로써 산업적 생산 및 소비의 대상물로 나타나게 되는 모든 분야를 의미한다. 넓은 의미로 개념을 정의한다면 『문화산업』의 모든 결과물을 뜻하기도 한다. 따라서 문화상품은 문화의 영역이 경제적 영역과 결합하여 나타나는 모든 유·무형의 상품으로 포괄하고 있어 범위가 가장 넓은 개념이다.[137]

관광상품(관광기념품)에는 공예품과 일상용품, 사진 등 관광객이 여행을 기념하기 위해 방문지에서 구입 또는 취득하는 모든 상품을 뜻하며 기념품이라는 심리적 특성을 포함하고 있으므로 특정 지역이라는 한정성을 가지는 특산품보다는 넓은 개념이다. 주로 외래관광객의 쇼핑의 대상이므로 생활용품과 같은 일반 공산품도 포함되는 등 그 범위가 매우 넓다고 하겠다.

특산품(토산품)에는 어느 지방 또는 나라에서 생산되는 독특한 고유 상품이나 각종 공예품 및 식품, 의류 등의 상품을 포함한다. 이와 같이 특산품은 특성 지역의 고유한 식품, 공예품 등 지역적 고유성이 강조되므로 민예품이

137) UNESCO에서는 10대 문화상품을 도서, 신문, 잡지, 음반, 라디오, 텔레비전, 영화, 새로운 시청각 제품과 서비스, 사진, 미술품 복제, 광고(기타 공연, 공예 등도 추가)등으로 분류하고 있다.

나 전통공예품의 상위개념이라 하겠다. 일상생활용품의 경우는 지역특산물은 아니지만 관광상품의 범주에는 포함 가능하므로 특산품은 관광상품의 하위범주에 속한다.

공예품에는 현대공예품과 민속공예품(민예품), 전통공예품이 있는데, 현대공예품에는 공예품 중 현대적 디자인 혹은 표현기법, 소재 등을 활용한 제품을 말하며, 전통적 요소를 현대적으로 응용한 작품도 이에 속한다. 민속공예품이나 전통공예품은 한국의 전통적인 공예기술, 소재 등을 이용하여 생산되는 제품(민속공예품)으로 특히, 민예품 중 무형문화재, 명장 등의 전통공예기술을 응용한 작품을 전통공예품으로 명명한다.

기능(craft)의 성격이 강한 전통공예품 또는 민속공예품은 대표적인 특산품이며, 현대공예품의 일부(현대성을 가미한 수공유리제품)도 특산품으로 분류가 가능하다. 그러나 스탠드와 같은 일상용품의 성격이 강한 공예품은 지역고유 특산품으로 보기에는 다소 어려운 점이 있다.[138)]

앞에서 살펴본 바와 같이 관련 개념들 간의 엄밀한 분리는 불가능하지만 포괄범위에 따라 문화상품, 관광상품, 특산품, 민예품 순으로 분류가 가능하다.[139)]

문화상품의 개념적 범주로서 넓은 의미로는 영화, 도서, 음반, 신문 · 잡지, 애니메이션, 출판, 텔레비전 프로그램 등이 이에 속하며, 좁은 의미로는 한국적인 소재, 표현기법, 제작기술 등을 차용한 공예품, 생활문화상품, 미술품 복제, 캐릭터 상품 등이 여기에 속한다.

2.2. 문화상품의 특성 분석

2.2.1. 요소적 특성 분석

문화상품은 부분적으로 다음과 같은 요소적 특성을 지니고 있기 때문에 일반 공산품이나 기존의 예술품과는 다른 차별적 가치를 지니고 있다.[140)]

---

138) 문화관광부, 2000, 자료로 보는 문화상품, pp.5~6.

139) 문화상품 〉 대부분의 관광상품 〉 특산품(토산품) 〉 대부분의 공예품

140) 한국문화정책개발원, 1999, 전통공예 문화상품판매 및 유통활성화방안 연구, pp.20~26.

첫째, 문화상품은 대체로 전통성, 지역성, 심미성 등과 같은 문화적 이미지가 내재되어 있다.

우선 문화상품에는 한 집단의 역사성이나 전통성이 있다. 그리고 세계화 · 정보화로 인한 커뮤니케이션의 확대로 인해 세계적 보편성이 강조되고 있으며, 이러한 가치기준 하에서는 상대적으로 지역적 특성이 문화자본으로서 잠재력을 발휘함으로써 문화적 부가가치를 높일 수 있는 지역성이 있다. 아울러 문화상품 속에는 형상, 재료, 이미지와 같은 조형적 특징으로서 미적 감흥, 정서적 감흥 등과 같은 심미성이 있다.

둘째, 문화상품에는 창의성과 차별성을 갖추고 있는 창의적인 아이디어 상품이 많다.

문화상품이 지니고 있는 창의적 아이디어상품은 일반상품과는 차별화된 새로운 기능이나 이미지가 담겨져 있다. 따라서 창의성과 차별성이 뚜렷이 부각되어야 세계시장에서 일등품으로서의 경쟁력을 확보할 수가 있으며, 이러한 상품의 이미지는 곧 국가의 이미지와 직결된다.

셋째, 문화상품은 지성 · 감성 · 덕성이 어우러진 인간적 정서가 담지되어 있다.

현대인들은 일반 공산품이 제공하는 효용가치를 최대한 누리면서도, 이들이 제공할 수 없는 사물의 개별적 특징, 개성, 그리고 인간적 정서가 담지된 정서적 상품을 소비하기를 바란다. 따라서 미래의 문화 소비자들은 더욱 개별적 취향, 혹은 패션 취향을 반영할 수 있는 차별화된 상품을 선호할 것이다. 그래서 포디즘적 대량생산시스템과 같은 산업사회경제에서의 상품의 몰개성화로부터 탈피하여 21세기 문화적 생산시스템에서는 상품 자체를 인격화하거나 개별화함으로써 상품의 개성과 희소성을 지향하고 있다.[141]

넷째, 문화상품은 주로 수공적(手工的) 제작방식에 의존하는 경우가 많아 수공성 · 즉물성 · 종합성이라는 특성을 지니고 있다.

141 '양배추인형'과 같이 제품자체를 인격화하거나 개별화하는 것도 제품개성화의 다른 예라고 할 수 있다.

손에 의한 사물의 직접적인 제작은 기계적 생산방식으로는 불가능한 표현의 섬세함과 다양성, 미세한 질감의 표현, 즉흥성 등을 가능하게 하는 수공성을 지닌다.

이것은 제작자와 소비자 사이의 인간적인 유대감을 조성하는 문화적 특질이 된다. 그리고 수공방식으로 제작된 문화상품은 재료의 특성과 재질감이 깊이 있게 드러나는 즉물성이 있다. 특히 천연재료를 주로 다루는 공예상품은 이러한 특성을 강조하게 된다.

한편 수공기술(손기술)에 의한 사물의 제작은 제작의 전 과정 동안 인간의 사고와 감성과 노동이 유기적으로 집적되는 종합적인 창작행위로서 종합성을 띠고 있다. 따라서 이런 방식으로 제작되는 문화상품은 제작자의 인성과 기술이 종합적으로 표현되어 공산품과는 다른 감수성을 느끼게 해 준다.

다섯째, 문화상품은 일반적인 예술품과는 구별되는 효용적 가치로서의 특성인 기능성 · 도구성 · 현대성을 지니고 있다.

문화상품은 대체로 의식주 생활의 구체적인 행위와 관련되거나 다른 사물과 결합되어 물리적인 쓰임새를 갖는 기능성을 갖추고 있다. 기능성 중에서 특히 생활의 편리를 제공하는 도구적 역할을 담당하는 도구성이 있다. 도구적 성격이 강할수록 인간과 의식주 생활에 구체적으로 관련을 갖게 되므로 상품가치로서의 효용성이 높아진다고 할 수 있다. 그리고 문화상품은 또한 현대성을 갖추고 있다. 우리 시대의 생활공간이나 미감과 잘 어우러질 때 비로소 상품의 효용적 가치가 창출될 수 있다.

<표 8-1> 문화상품의 요소적 특성

요 소 구 분	특 성
상징적 요소	전통성, 지역성, 심미성
창의적 요소	창의성, 차별성
인간적 요소	개성, 희소성
수공적 요소	수공성, 즉물성, 종합성
실용적 요소	기능성, 도구성, 현대성
장식적 요소	장식성, 조화성
경제적 요소	생산성, 부가가치

여섯째, 문화상품은 그것이 위치하고 있는 공간을 시각적으로 꾸미거나 돋보이게 하는 특성으로서 장식적 가치 즉 장식성과 조화성을 지니고 있다.

장식성은 인간의 표현 본능의 일종이다. 그것은 시각적인 꾸밈뿐만 아니라 무수한 상징 행위와 관련을 갖는다. 장식은 인간과 사물 사이에 친근감을 제공하며 사물을 인간화한다. 또한 장식의 많은 모티브는 인간의 정신을 운반하는 텍스트 기능을 한다. 한편 어떤 물품도 그것이 주변 환경과 시각적이고 물리적인 조화를 이루지 못한다면 가치를 잃게 되며 상품으로서도 구매력이 떨어진다. 조화성은 우선 시각적인 어울림이다. 색상과 재질감의 크기, 형태감 등에서 현대적인 생활공간과 어울려야 하며 친환경적이어야 한다.

마지막으로 문화상품은 궁극적으로 상품으로서의 생산성과 경제적 부가가치를 창출할 수 있어야 한다.

문화상품은 『상품』이어야 한다. 문화적 순수성만 강조하면 상품성이 떨어져 경제적 부가가치로 연결되지 않는다. 문화상품은 상품으로서의 가치를 지니기 위해서는 합리적인 생산 방식을 통한 생산성이 요구되며 또한 이를 통한 경제적 부가가치를 창출할 수 있어야 한다. 문화상품의 개발에는 대부분의 경우 복제생산 가능성이 고려되어야 한다.

특히 부가가치 극대화를 위해서는 경영과 마케팅 전략이 제품개발과 함께 수립되어야 한다. 또한 상품의 개발만큼 중요한 것이 효율적인 유통망 구축작업이다. 새로운 기술혁신(innovation)을 통한 아이디어의 창출이 제작의 전 과정에서 이루어져 생산원가의 절감과 품질향상을 통한 부가가치를 높여나가야 할 것이다.

2.2.2. 수요탄력성에 의한 특성 분석

문화상품은 생존의 기본적인 조건이 충족된 이후에 그 구매가 발생하는 일종의 여유적 상품의 성격을 지닌다. 없어서는 안될 필수품이라기보다 경제적인 여유에서 구매가 가능해지는 고부가가치의 상품이라는 점이 일반적인 인식이다. 그러나 현대사회에서 문화생활이 일반화되고 있는 추세인 만큼, 문화상품은 질(質) 위주의 고급상품, 즉 일등품으로서의 문화상품과 필수품으로서의 문화상품으로 분류되고 있다.[142)]

첫째, 일등품으로서의 문화상품의 수요는 가격탄력적인 특성을 지닌다.

소득수준향상에 따른 경제적 여유에서 구매가 창출되는 소비자는 가격보다는 질을 중요시하게 된다. 이 경우 최고의 품질과 이에 부응하는 인지도가 절대 조건인 세계적 명성을 지닌 브랜드 제품이 소비자에게 중요한 구매의 전제조건이 된다. 여기에는 국가 이미지가 중요한 역할을 한다. 이는 일반 상품은 물론, 문화상품의 구입에 있어서 국가 이미지는 결정적인 요인으로 작용한다. 일류국가의 상품이 아니면 아무리 품질과 디자인이 뛰어나다 하더라도 일류제품으로 인정받지 못하는 경우가 있다. 이러한 문화상품에 대한 수요는 가격에 민감하게 반응하기 때문에, 가격탄력적인 특성을 지니고 있다.

둘째, 필수품으로서의 문화상품의 수요는 가격비탄력적인 특성을 갖는다.

청바지, 워크맨, 나이키 운동화 등은 일등품으로서의 문화상품인 동시에 필수품으로서의 문화상품의 성격을 지닌다. 이 경우에는 『브랜드』가 절대적인 구매요소로 작용하지만 대중문화로서의 기능을 하고 있다. 이는 문화상품은 국가 이미지도 중요하지만 시대의 흐름과 소비자의 심리를 정확히 읽을 수 있는 마케팅 역량에 의해 승패가 결정된다고 할 수 있다. 이 시장은 얼마든지 확대 재생산이 가능하며 새로운 트랜드를 창조할 수 있는데(trend-setting), 이는 소비자가 이미 소유하고 있는 동일 품목을 반복 구매하도록 패션화시키는 능력에 의해 좌우된다.[143)] 따라서 이러한 문화상품은 가격이 오르더라도 수요가 꾸준히 발생하는 특징을 가지고 있어서 가격에 대해서는 비탄력적인 상품에 해당한다.

---

142) 박종수, 1998, "문화의 상품화를 통한 수출기업의 경쟁우위 확보방안", 국제상학, 사단법인 한국국제상학회, 제13권, p.79.

143) 박종수, 1999, "우리 문화의 세계화와 수출상품화 방안", 관세, 제341호, 한국관세연구원, pp.56~57.

제2절 문화수요와 문화소비

1. 문화수요

1.1. 문화수요의 결정요인

문화상품에 대한 수요는 문화소비자가 일정한 기간동안 문화상품을 구입하기를 원하면서 그것을 구입할 수 있는 수량을 의미한다. 예컨대 석굴암 관람에 대한 수요는 일년 동안 몇 번 관람하는가로 측정할 수 있다. 이 때 일년 동안 불국사 관람 총인원이 불국사 입장권의 시장수요라고 한다. 이러한 문화상품에 대한 수요는 일반적으로 다음과 같은 요인에 의해 영향을 받게 된다.

1.1.1. 문화상품의 가격

우선 문화상품의 가격변화가 그 문화상품의 수요에 어떤 영향을 주는 지를 살펴보자. 문화상품의 가격이 저렴해지면 사람들은 그 상품을 더 많이 구입하려고 할 것이며, 반대로 가격이 오르면 수요를 줄일 것이다. 예컨대 다른 조건이 일정하다면 불국사의 입장료가 1,500원일 때 관람객이 월 2만명이라면 입장료가 2,500원으로 오르면 월 관람객 수가 2만명보다 줄어들 것은 분명하다. 물론 그 반대의 경우도 성립한다. 따라서 문화상품의 가격이 문화상품의 수요에 직접적으로 영향을 미치게 된다. 이는 가격이 오르면 수요량이 줄어들고 가격이 하락하면 수요량이 증가한다는 수요법칙을 반영하고 있다. 이 때 문화상품에 대한 수요곡선은 우하향의 형태를 취하게 된다.

1.1.2. 소득수준

대부분의 경우 문화상품에 대한 소비자의 수요는 소득수준에 영향을 받게 된다. 우선 횡단면분석(cross-sectional analysis)에 따르면 동일한 시점에서 소득계층을 고소득층과 중간소득층 및 저소득층으로 구분해 볼 때 고소득층은 상대적으로 중간소득층보다 더 많은 문화상품을 소비할 것이며, 중간소득층은 마찬가지로 저소득층보다 문화상품을 더 많이 소비하게 된다. 한편 시계열분석(time-serial analysis)은 어떤 특정 소득가구의 소비를 시간에 걸쳐 살펴봄으로써 경제성장에 따라 특정 가구의 소득수준이 향상되면서 문화상품에 대한 수요가 늘어나는 경우를 분석하는 방법이다. 어떤 분석 방법이든 간에 소득은 소비자의 행동에 영향을 주고 있다는 것은 분명하다. 따라서 고소득층이 많을수록, 그리고 1인당 국민소득이 증가할수록 문화상품에 대한 수요는 늘어날 것이다.

1.1.3. 관련 문화상품의 가격

일반 소비재와 마찬가지로 문화상품도 그 자신의 가격은 물론 대체재나 보완재의 가격에 의해서도 영향을 받는다. 일반적으로 자판기의 커피의 수요량은 율무차의 가격에 부분적으로 영향을 받는다. 예컨대 자판기에는 커피와 율무차가 각각 150원이라고 하자. 그런데 어느 날 율무차의 가격이 갑자기 50원 올라 200원 한다면 사람들은 율무차에 대한 수요를 줄이는 대신 커피의 수요를 상대적으로 늘이려고 할 것이다. 이는 커피의 대체재인 율무차의 가격이 커피의 수요에 영향을 주고 있음을 의미한다. 이와 마찬가지로 앙드레 가뇽과 유키 구라모토(Yuhki Kuramoto)의 피아노 연주회가 같은 기간에 서로 다른 가까운 연주홀에서 개최되고 있다고 하자. 이 경우 앙드레 가뇽 피아노연주회의 입장권에 대한 수요는 대체재인 유키 구라모토의 연주회의 입장권의 가격에 영향을 받는다. 즉 후자의 입장권의 가격이 올라가면 전자의 입장권 수요가 늘어나게 된다. 이처럼 한 재화의 가격이 다른 재화의 수요와 같은 방향으로 변화한다면 두 재화는 일반적으로 대체재 관계에 있다. 그 반대로 한 재화의 가격이 다른 재화의 수요와 반대 방향으로 움직인다면 두 재화는 보완재 관계에 있다. 앙드레 가뇽의 피아노연주회는 주로 서울이나 부산에서 열리는데 대구에 있는 사람들의 경우 앙드레 가뇽의 피아노연주회 입장권에 대한 수요는 피아노연주회 관람과 관계되는 비용들(교통비 · 주차비 · 음식 · 커피값 등)과 중요한 보완적인 관계가 있다. 만약 입장권의 가격은 그대로이지만 교통비나 음식비 등 부대비용이 상승한다면 앙드레 가뇽의 피아노연주회 입장권에 대한 수요는 감소할 것으로 예상된다.

1.1.4. 문화상품에 대한 기호

문화상품에 대한 기호(taste) 또는 선호는 그 상품에 대한 수요에 영향을 미친다. 어떤 사람은 피아노연주회를 관람하는 것은 좋아하면서 라이브콘서트를 관람하는 것은 별로 좋아하지 않는다든지, 또 어떤 사람은 극장에 가서 영화구경을 하는 것을 귀찮게 여겨 집에 누워서 비디오를 보는 것을 더 선호한다. 이처럼 문화의 영역에서도 어떤 소비자들의 선호체계에 따라 문화상품에 대한 수요에 강하게 영향을 미치고 있음을 알 수 있다.

많은 경제학자들은 소비자의 기호가 자유방임적인 자본주의 철학의 기본원리를 반영하고 있다고 생각하고 있다. 만약 사람들이 라이브콘서트를 좋아하게 되면 라이브콘서트 기획회사에서는 이러한 수요에 부응하는 라이브콘서트 문화상품을 많이 기획 · 생산하게 될 것이며, 반대로 그들의 선호가 바뀌어 라이브콘서트를 원하는 팬들이 적어지면, 이러한 문화상품을 더 적게 생산하는 것이 바람직하다. 따라서 소비자는 그들이 원하는 것이면 무엇이든 간에 그것을 구입할 수 있기 때문에 이로 인한 경제문제는 발생하지 않는다고 보고 경제학자들은 통상적으로 소비자의 기호나 선호에 대한 연구를 중시하지 않고, 단순히 주어진 것으로 간주하여 왔다.

그러나 문화예술의 경우는 사정이 조금 다르다. 즉 문화예술은 후천적으로 가꾸어지는 것이므로 이에 대한 기호는 주어진 여건으로 볼 수만은 없다는 것이다. 이러한 취향을 개발하고 가꾸기 위해서는 문화예술을 소비하는 경험이 장기간 지속되어야 한다. 따라서 문화예술작품에 대한 수요를 증진시키기 위해서는 소비자들에게 문화예술작품에 접할 수 있는 기회를 확대시켜 주어야 한다. 21세기는 문화의 세기라고 많은 사람들은 이야기를 하고 있다. 그리고 문화의 세기에 걸맞은 경제 · 사회시스템이 갖추어지기 위해서는 많은 사람들이 문화향수 기회를 가져야 하며, 이를 위해 정부에서는 문화인프라 구축을 확대하고 기업은 다양한 문화상품을 많이 생산 · 공급할 필요가 있다.

1.2. 문화상품의 탄력성

문화상품의 탄력성(elasticity)은 가격과 소득 같은 독립변수의 변화에 대한 종속변수, 즉 수요량의 변화로 나타난다. 『문화가격이 어느 정도 변화했을 때 문화수요가 어느 정도 영향을 받는가』, 『경제성장이나 소득수준의 변화가 문화수요에 어떻게 반영되는가』라는 것은 문화산업계나 문화관련 행정당국의 주요 관심사이다. 문화수요의 탄력성은 그러한 변수 중의 하나가 변화했을 때 문화수요에 얼마 만큼의 변화를 가져올 수 있는가, 좀더 정확히 말하면, 설명변수가 1% 증가할 경우에 문화수요가 몇 % 증감하는가를 나타내는 지표이다. 문화상품 수요에 가장 크게 영향을 미치는 변수는 가격과 소득이기 때문에 여기에는 문화상품의 가격탄력성과 문화상품의 소득탄력성에 대해서 살펴보기로 한다.

1.2.1. 문화상품의 가격탄력성

문화상품수요의 가격탄력성은 문화상품가격의 변화에 대해 소비자의 수요가 얼마나 민감하게 반응하는가의 정도를 나타내며, 수요의 소득탄력성은 소비자의 소득수준의 변화에 대해 소비자의 수요가 얼마나 민감하게 반응하는가의 정도를 나타내주는 개념이다. 문화상품수요의 가격탄력성은 가격변화가 시작되기 전 즉 기초(期初)의 문화상품수요를 q_1, 가격이 변화한 일정 기간 후 즉 기말(期末)의 문화상품수요를 q_2로 하고, 또한 기초(期初)의 문화상품가격을 p_1, 기말(期末)의 문화상품가격을 p_2로 한다면, 문화상품수요의 가격탄력성는 다음과 같이 나타낼 수 있다.

$$E_p{}^d = \left| \frac{q_2 - q_1}{q_1} \div \frac{p_2 - p_1}{p_1} \right|$$

일반적으로 문화상품가격의 상승은 수요를 감소시키므로 $E_p{}^d$는 부(負)의 값을 취한다. 따라서 마이너스(–) 기호를 붙여야 옳지만 일반적으로는 절대치로 표시한다. 이렇게 구해진 탄력성을 점탄력성이라고도 한다. 그런데 이 계산방식은 그 변화율이 클 때에 문제가 발생한다. 가령 문화상품가격이 15만원에서 10만원으로 하락하고, 문화상품수요가 5개에서 7개로 증가했다고 하자. 각각을 계산식에 대입하면 탄력성은 1.2가 된다. 그러나 기초와 기말 각각의 수치를 바꿔 넣어 계산하면, 탄력성은 0.5가 된다. 가격과 수요의 변화의 폭이 동일한데도, 탄력성이 다르게 나타난다. 따라서 변화율이 커지면 실제 계산에서는 점탄력성 대신에 호탄력성으로 불리는 다음 공식을 이용하게 된다.

$$E_p{}^d = \frac{q_2 - q_1}{(q_2 + q_1)/2} \div \frac{p_2 - p_1}{(p_2 + p_1)/2}$$

문화상품수요의 가격탄력성 $E_p{}^d$는 $E_p{}^d$〉1(탄력적), $E_p{}^d=1$(단위탄력적), $E_p{}^d$〈1(비탄력적)인 세 가지 경우로 구분할 수 있다.

$E_p{}^d$〉1은 문화상품수요의 변화가 문화상품가격의 변화보다도 크기 때문에 문화상품가격의 변화가 문화상품수요에 큰 변화를 가져온다는 것을 의미한다. 문화상품수요는 문화상품 공급업자의 입장에서는 판매수입 또는 매상고가 된다. 이 경우 문화상품 공급업자는 문화상품의 가격을 인하함으로써 문화상품수입을 증대시키려고 할 것이다.

$E_p{}^d=1$은 문화상품수요의 변화와 문화상품가격의 변화의 정도가 동일하기 때문에 기업의 입장에서는 총수입에 변화가 없다.

그러나 $E_p{}^d$〈1은 문화상품수요의 변화가 문화상품가격의 변화보다도 작아서, 문화상품가격의 변화가 문화상품수요에는 크게 영향을 미치지 않는다는 것을 의미한다. 이 경우 공급업자는 문화상품의 가격을 인하하더라도 문화상품수입의 증대에는 연결되지 않기 때문에 반대로 가격을 올려서 문화상품수입을 증대시키려고 한다.

일반적으로 문화상품수요의 가격탄력성은 1보다도 크다($E_p{}^d$〉1). 즉 문화상품 소비자는 문화산업이 결정하는 문화상품가격의 변화에 민감하다. 그 이유는 문화상품이 일반적인 생활필수품이나 내구소비재와는 달리 ① 가격이 하락했을 때 구입하면 좋은 일종의 사치품이고, ② 문화상품 소비자에 있어서는 값이 비싼 상품이기도 하며, ③ 많은 문화산업이 치열한 판매경쟁

을 넓혀 가격변동이 격해지기 때문이다.[144)]

그러나 동일한 문화상품이라도 소득계층에 따라 가격차별을 통해 구분 판매하는 경우에는 소득계층별로 차별가격에 따른 반응의 정도가 달라질 수 있다. 예컨대 앙드레가뇽의 피아노연주회의 수요자층을 소득계층에 따라 고소득층, 중간 소득층, 저소득층으로 나누고 고소득층은 A석, 중간 소득층은 B석, 저소득층은 C석을 수요한다고 가정하자. 이 경우 앙드레가뇽의 피아노 연주라는 동일한 문화상품에 대해 3가지 유형으로 가격차별을 함으로써 총수입을 극대화할 수 있을 것이다. 이는 소득계층에 따라 가격변화에 대한 감도가 각각 다르다는 점이 반영되어 있다. 즉 좌석배치에 따라 서비스의 질이 약간 차이가 있으나 피아노 연주를 감상하는 데 관객들의 만족에는 큰 차이를 보이지 않는다. 그렇지만 경제적으로 여유가 있는 팬들은 기꺼이 10만원을 지불하고도 A석을 구입하려할 것이고, 경제적인 부담을 느끼는 팬들은 용기를 내어 4만원짜리 C석을 구입하려고 할 것이다. 이 때 입장료가 모두 반값으로 떨어지면 A, B, C석 모두 수요량이 증가할 것으로 예상되지만 증

<표 8-2>

앙드레가뇽의 피아노연주회 입장권의 가격과 수요의 관계

	A석	B석	C석
원래의 가격	10만원	6만원	4만원
관람객 수	20명	30명	50명
총수입	200만원	180만원	200만원
변화된 가격	5만원	3만원	2만원
관람객 수	30명	60명	150명
총수입	150만원	180만원	300만원
수요의 가격탄력성*	0.6(비탄력적)	1.0(단위탄력적)	1.5(탄력적)

＊ : 가격과 수요량의 변화율이 크기 때문에 여기서는 호탄력성에 의해 구해진 탄력성을 적용

144) 문화상품 중 특히 공연예술의 경우 기호는 후천적으로 개발되는 경향성을 가지고 있기 때문에 그것을 접할 기회가 많을수록 기호가 커지게 된다. 따라서 공연예술에 심취해 갈수록 가격에 대해 둔감해질 가능성이 크다. 반대로 공연예술에 조예가 없거나 무관심한 사람들은 가격이 싸다고 해서 공연예술에 대한 수요가 획기적으로 증가하는 것은 아니다. 이런 경우에는 공연예술의 가격타력성이 비탄력적이 되기 때문에 입장료를 인하하면 입장료 판매수입이 오히려 줄어든다. 그러나 공연예술을 공급할 수 있는 인프라가 확대되고 시민들의 문화향수 기회가 늘어나 공연예술에 대한 수요자층이 두터워지고 있다. 이러한 경우에는 공연예술의 소비자들은 가격변화에 대해 민감하게 반응할 가능성이 높아지고 있다. 따라서 최근에는 공연예술이 사치품으로서 가격탄력적인 상품으로 취급되고 있다.

가폭은 각각 달리 나타날 수 있다. 왜냐하면 경제적으로 여유가 있는 팬들은 A석의 입장료 변화에 덜 민감하게 반응하고, 경제적으로 부담을 느끼는 팬들은 C석의 입장료 변화에 매우 민감하게 반응할 것이기 때문이다.

그러나 문화상품수요의 가격탄력성과 문화상품수입의 관계를 일반화하여 정리하면 〈표 8-3〉이 된다.

구 분	$E_p^d > 1$	$E_p^d = 1$	$E_p^d < 1$
문화상품가격의 상승	문화상품수입의 감소	문화상품수입은 기본적으로 불변	문화상품수입의 증가
문화상품가격의 하락	문화상품수입의 증가	문화상품수입은 기본적으로 불변	문화상품수입의 감소

<표 8-3>
문화상품수요의 가격탄력성과 문화상품 수입과의 관계

1.2.2. 문화상품의 소득탄력성

문화상품수요의 소득탄력성 E_y는 문화상품 소비자의 소득 변화에 대해 소비자가 얼마나 민감하게 반응하는가의 정도를 나타낸다.

$$E_y = \left| \frac{q_2 - q_1}{q_1} \div \frac{y_2 - y_1}{y_1} \right|$$

이것은 문화상품수요의 가격탄력성 공식과 마찬가지 형태이기 때문에 E_y도 $E_y > 1$, $E_y = 1$, $E_y < 1$의 세 가지 경우로 분류할 수 있다. 일반적으로 E_y도 E_p와 같이 1보다 크다($E_y > 1$). 즉 문화상품수요는 소득의 변화에 민감하다. 문화상품은 의식주의 최저생활수준 이상의 욕구를 만족시키므로 일종의 사치품이라고 말할 수 있다.

생활필수품은 소득이 배가 되더라도 수요량을 배로 늘리지 않는다면, 역으로 소득이 절반이 되어버린다고 해서, 그 수요량을 반감시킬 수는 없다. 그에 반해 문화상품은 비일상적인 상품, 즉 일상생활에서는 절실하게 필요로 하지 않는 상품이며, 소득이 증가하면 그 수요량은 급증하고, 반대로 소득이 감소하면 급감하게 된다. 관광수요의 소득탄력성과 문화상품수입의 관계를 나타낸 것이 〈표 8-4〉이 된다.

<표 8-4>
문화상품수요의 소득탄력성과 문화상품수입과의 관계

구 분	E_y 〉1	E_y = 1	E_y 〈 1
소득의 증가	문화상품수입의 증가	문화상품수입은 기본적으로 불변	문화상품수입의 감소
소득의 감소	문화상품수입의 감소	문화상품수입은 기본적으로불변	문화상품수입의 증가

2. 문화소비

문화소비는 소비의 한 형태이지만 일반적인 소비 즉 날마다 사람들이 생활하는데 필요한 생활필수품이나 내구소비재의 소비 등과는 차이가 있다. 이것은 최저생활이나 일상의 생활을 초월한 개개인의 육체적 · 정신적인 충전이나 발전은 물론 좀더 나은 삶의 질을 추구하기 위한 목적으로 이루어지는 소비이기 때문에 수요의 탄력성은 크다.

소비자들은 문화예술을 향유하기 위해 제한된 시간과 돈을 기꺼이 지불한다. 이들이 바로 문화예술 부문의 관객이다. 그러나 어떤 사람들은 예술소비자라고 불릴 만큼 충분히 예술을 소비하지는 않는다.

이러한 소비자 행동에 차이를 야기시키는 원인을 알기 위해서 여기서는 소비자 선택 이론을 다루기로 한다.

사람들은 다양한 욕망을 가지고 있으며, 어떤 문화상품을 소비했을 때 느끼는 주관적인 만족도 서로 다를 수 있다. 이와 같이 어떤 문화상품을 소비함으로써 주관적으로 느끼는 만족을 효용(utility)이라고 한다. 이러한 효용은 본래 문화소비자의 주관적 · 심리적인 평가일 뿐, 수량적으로 측정하는 것(기수적 측정)은 불가능하지만, 각종 문화상품에 대한 선택순위로 그 효용의 크고 작음을 간접적으로 측정(서수적 측정)할 수 있다.[145)]

145) 전자에 의한 접근방법은 C. Menger, W. S. Jevons, L. Walras 등 한계효용학파의 창시자들이 1860년대에 발전시킨 한계효용이론(theory of marginal utility)이라 하고 후자의 접근방법은 V. Pareto, E. Slutsky, J. R. Hicks 등이 1920년대에 발전시킨 무차별곡선이론(theory of indifference curve)이라고 부른다.

여기서는 효용이란 주관적이기 때문에 기수적으로 측정하는 것보다 서수적으로 측정하는 것이 더 현실적이라고 보고 서수적 측정을 전제로 전개되는 무차별곡선이론에 입각해서 설명하기로 한다.

문화상품의 가격과 문화소비자의 소득이 주어진 상태에서 문화소비자들은 대체로 합리적으로 소비계획을 수립하여, 문화예술의 효용을 극대화하려고 한다.

예컨대 두 개의 문화상품 X, Y가 있으며, 횡축에 문화상품 X의 수량, 종축에 문화상품 Y의 수량을 나타내면, 이들의 선택적 조합에 의해 설정된 좌표는 문화상품 X와 문화상품 Y의 수량과 함께 문화상품에 대한 효용의 서수적 크기를 반영하게 된다. 이러한 수많은 조합 중에서 효용이 같은 조합점들의 궤적이 무차별곡선이다.

무차별곡선에는 문화상품 X와 문화상품 Y의 교환이 가능하며, 이러한 무차별곡선은 일반적으로 ① 우하향의 곡선이며, 원점에 대해 볼록형(凸型)이다. ② 원점에서 멀수록 효용수준은 높다. ③ 수많은 곡선이 상호 교차하지 않는다는 특징을 가지고 있다.

무차별곡선 중 원점에서 멀수록 효용수준은 높게 되는데, 문화소비자의 소득이 일정하다면, 그 소비액은 소득을 초과할 수는 없다. 즉 문화소비의 효용극대화라고 하더라도 그것은 예산의 범위 내에서 가능한 일이다. 따라서 예산액을 M, 문화상품 X와 문화상품 Y, 각각의 가격을 P_x, P_y라고 한다면, 예산제약조건식은 $M = P_x \cdot X + P_y \cdot Y$로 나타낼 수 있다. 이것이 바로 문화상품 소비에 대한 예산선(budget line)이 된다.

〈그림 8-1〉은 무차별곡선 I와 예산선 M을 같은 공간에 표시한 것이다. M의 기울기는 문화상품 X와 문화상품 Y의 가격비에 마이너스(-) 부호를 붙인 값이다. 이것은 두 상품 간의 상대가격을 나타내는데 X축 상의 점 A는 주어진 예산으로 모두 문화상품 X만을 구입한 경우이고, Y축 상의 점 B는 문화상품 Y만을 모두 구입한 경우를 나타내고, 삼각형 AOB 범위 내가 문화상품을 선택할 수 있는 상품공간이 된다. 무차별곡선의 특성 상 원점에 대해 멀수록 효용수준이 높기 때문에 무차별곡선 중 I_3이 효용수준이 가장 높은 조합이 되지만, 예산선 M의 범위 밖에 있으므로 현실적으로 상품구매가 불가능한 계획이 된다. 문화소비자가 현실적으로 극대효용을 얻을 수 있는

소비계획은 무차별곡선과 예산선이 접하는 점 E이다. 즉 I_1과 M의 교점 C는 I_2상의 교점 E와 같은 예산이지만, I_1은 I_2보다 효용수준이 낮기 때문에 점 C는 예산의 범위 내에 있더라도 합리적인 소비선택점이 될 수 없다.

예컨대 문화상품 소비를 위한 예산한도액이 96만원이라고 하고, 문화상품 X의 가격은 2만원, 문화상품 Y의 가격은 4만원이라고 하자. 그리고 문화상품 소비자의 선택기회가 다음과 같이 여섯 가지 조합으로 나타난다고 하자.

<그림 8-1>
문화상품소비의 무차별곡선과 예산선

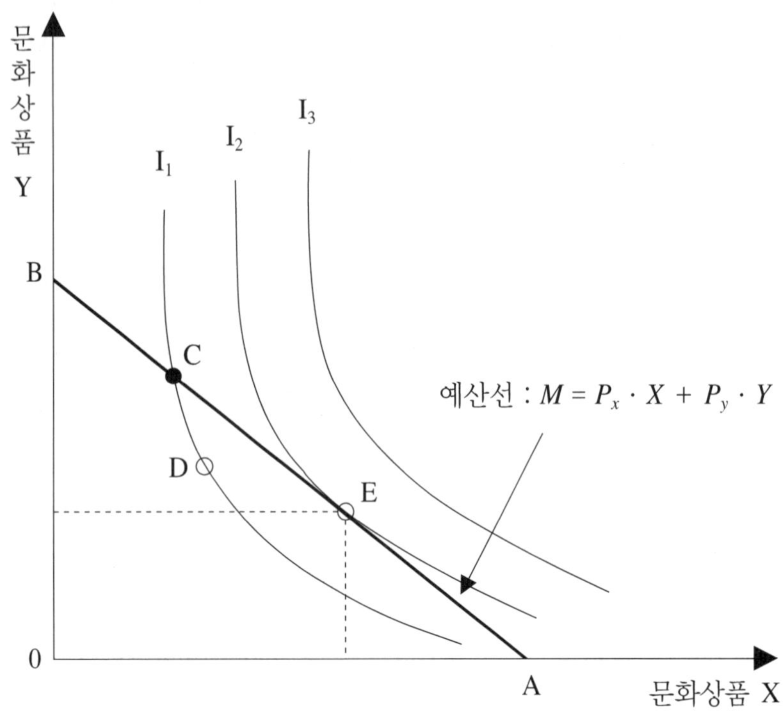

<표 8-5>
문화상품소비 조합표

조 합	A	B	C	D	E	F
문화상품 X의 소비량	48	0	36	16	24	12
문화상품 Y의 소비량	0	24	6	14	12	24
문화상품 소비총액	96만원	96만원	96만원	88만원	96만원	120만원

이상의 가정을 기초로 예산선과 무차별곡선을 다음 〈그림 8-2〉와 같이 나타내 보자. 즉 X축을 문화상품 X의 소비량, Y축을 문화상품 Y의 소비량으로 하고, 예산액을 전부 문화상품 X만 소비할 경우 96÷2 즉 48개(점 A), 문화상품 Y만 소비할 경우는 96÷4 즉 24개(점 B)이므로 점 A와 점 B를 연결한 것이 예산선이다. 조합 A~F 중 예산선 상에 있는 것은 A, B, C, E이다. 무차별곡선이 점 E와 접한다면, 조합 E가 주어진 예산 범위 내에서 효용극대화를 가져온다. 점 F는 예산범위를 넘어서기 때문에 실현 불가능한 점이 되며, D점은 예산선 안쪽에 위치하기 때문에 『주어진 예산을 모두 소비할 때』라는 예산제약조건식에 위배되어 합리적인 소비점이 될 수 없다. 특히 D점은 E점을 통과하는 무차별곡선 아래쪽에 위치하기 때문에 E점과 비교했을 때 효용수준이 낮다. 한편 점 A, B, C는 예산제약조건식에는 만족하지만 E점을 통과하는 무차별곡선 아래쪽에 위치하기 때문에 역시 E점보다 효용수준이 낮다.

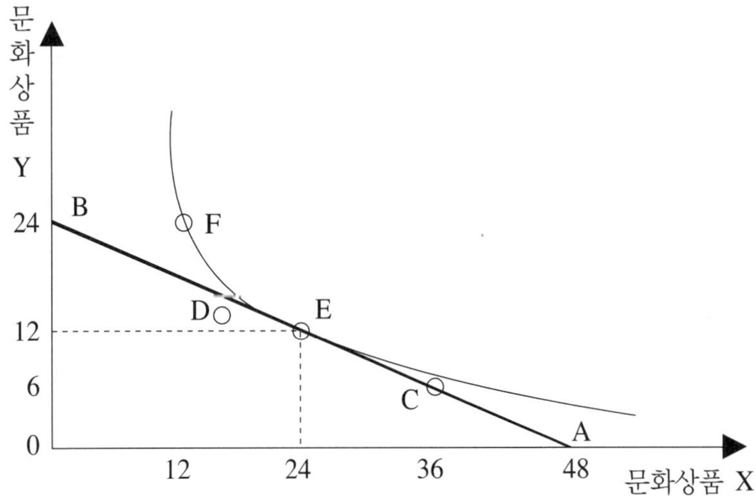

<그림 8-2>
문화상품 무차별곡선과 예산선의 구체적 응용

제3절 문화공급과 문화생산

1. 문화공급

1.1. 문화공급의 결정요인

문화상품에 대한 공급은 문화생산자가 일정한 기간동안 문화상품을 생산하기를 원하면서 그것을 공급할 수 있는 수량을 의미한다. 문화상품에 있어서 생산의 주체는 창작예술인, 공연기획회사, 문화예술단체 등이 있다. 문화상품의 공급에 영향을 주는 요인들은 대체로 다음과 같다.

1.1.1. 문화상품의 가격

우선 문화상품의 가격변화가 그 문화상품의 공급에 어떤 영향을 주는지를 살펴보자. 문화상품의 가격이 상승하면 문화상품을 생산하는 기업의 입장에서는 그 상품을 더 많이 공급하려고 할 것이며, 반대로 가격이 하락하면 공급을 줄이려고 할 것이다.

예컨대 다른 조건이 일정하다면 공연기획회사는 입장권의 가격이 수입과 직결되기 때문에 가격이 오르면 입장권 수입이 늘어날 것으로 판단하여 공연횟수를 더 늘리려고 할 것이다.

반대로 비슷한 공연이 동시에 개최되면서 입장권에 대한 가격경쟁으로 입장권의 가격이 하락하면 입장권 수입이 줄어들어 공연횟수를 더 줄이려고 할 것이다.[146] 따라서 문화상품의 가격이 문화상품의 공급에 직접적으로 영향을 미치게 된다. 이는 가격이 오르면 공급량이 늘어나고 가격이 하락하면 공급량이 감소한다는 공급법칙을 반영하고 있다. 이 때 문화상품에 대한 공급곡선은 일반적으로 우상향의 형태를 취하게 된다.

1.1.2. 기술수준

생산기술의 변화가 문화상품의 공급에 영향을 미친다. 여기서 기술이란 문화상품 공급자가 문화상품을 어떻게 효율적으로 생산하느냐에 따라 생산성이 향상된다. 이는 생산기술이 향상되면 공급자 입장에서는 문화상품 단위당 생산비용이 절감되기 때문에 생산증가로 직결될 수 있다. 최근 지식기반 경제가 강조되고 있는 시점에서 지식이나 정보기술의 발달이 생산성 증가로 연결되고 있다.

1.1.3. 관련 문화상품의 가격

소비와 마찬가지로 생산에 있어서도 한 상품은 다른 여러 상품과 대체재 관계나 보완재 관계에 있다. 따라서 한 문화상품의 공급은 관련된 문화상품의 가격에 영향을 받는다. 최근 스크린쿼터제 축소 또는 폐지문제로 국제적인 논란거리가 되고 있다. 할리우드 영화가 세계 영화시장의 85%를 장악하고 있는 현실에서, 스크린쿼터제도는 문화의 종다양성과 문화의 정체성 확보 차원에서 당분간 필요한 제도적 장치이다. 스크린쿼터제의 허용범위 내에서는 국산영화와 외국영화는 확실히 대체재 관계에 있다. 다시 말해서 유명극장에서는 외국영화나 국산영화 중 어느 것이든지 수익률이 높은 쪽을 더 많이 상영할 가능성이 높다. 외국영화의 입장권 가격이 변하지 않더라도 최근 국산영화가 인기가 있어 국산영화 입장권의 가격이 상승하면 외국영화 상영으로 인한 수입보다 국산영화 상영에 따른 수입이 상대적으로 좋아지기 때문에 외국영화 상영을 줄이는 대신에 국산영화 상영을 늘리게 된다.

---

146) 그러나 실제로는 공연기획회사가 공연을 시작하기 전에 공연일수를 미리 결정하기 때문에, 가격에 관계없이 좌석의 공급은 주어진 것으로 본다. 이 경우 공연의 공급곡선은 수직의 형태를 지니게 된다.

1.1.4. 문화상품의 생산요소 가격

문화상품 생산요소 가격의 변화가 문화상품 공급에 영향을 준다. 가령 공연예술의 생산요소의 가격(예컨대 임금이나 무대장치 등 각종 제작비)이 상승하면 공연예술기획회사 입장에서는 생산비(제작비) 부담 때문에 공연예술의 공급이 감소하게 된다.

반대로 생산요소의 가격이 하락하면 상대적으로 제작비가 싸게 들기 때문에 공연예술의 공급을 늘리려고 할 것이다.

1.1.5. 문화상품에 대한 조세와 정부보조금

문화상품 생산에 대한 조세와 정부보조금은 문화상품 공급에 영향을 준다. 만약 문화상품 생산에 대해 세금을 감면해 주거나 정부보조금을 확대하면 문화상품 공급기업은 생산비 부담이 줄어들어 해당 상품의 공급을 늘리려고 할 것이다. 따라서 정부에서는 문화상품 생산을 확대하기 위해서는 조세감면이나 정부보조금 정책을 실시하면 된다.

1.2. 문화공급의 탄력성

문화상품공급의 가격탄력성은 문화상품가격의 변화에 대해 생산자의 공급이 얼마나 민감하게 반응하는가의 정도를 나타낸다. 문화상품공급의 가격탄력성은 가격변화가 시작되기 전 즉 기초(期初)의 문화상품공급을 q_1, 가격이 변화한 일정 기간 후 즉 기말(期末)의 문화상품공급을 q_2로 하고, 또한 기초(期初)의 문화상품가격을 p_1, 기말(期末)의 문화상품가격을 p_2로 한다면, 문화상품수요의 가격탄력성는 다음과 같이 나타낼 수 있다.

$$E_p^s = \frac{q_2 - q_1}{q_1} \div \frac{p_2 - p_1}{p_1}$$

일반적으로 문화상품가격이 상승하면 공급이 증가되므로 E_p는 정(正)의 값을 취하게 된다. 이렇게 구해진 점탄력성은 수요의 가격탄력성에서 나타난 문제점과 동일한 문제가 발생하기 때문에 다음과 같은 호탄력성을 이용하기도 한다.

$$E_p^s = \frac{q_2 - q_1}{(q_2 + q_1)/2} \div \frac{p_2 - p_1}{(p_2 + p_1)/2}$$

2. 문화생산

앞에서는 문화소비자의 합리적인 행동원리에 관한 분석을 다루었다. 여기에서는 문화예술 공급부문에 관한 분석이 이루어질 수 있을 것이다. 또한 공연예술에서 생산의 기술적 과정도 여기에서 분석될 것이다.

2.1. 공연예술의 산출물 측정

이에 대해 쓰로스비와 위더스(C. D. Throsby and G. A. Withers)는 공연예술기업의 산출물에 관한 측정방법을 다음과 같이 제시하였다.[147)]

2.1.1. 공연횟수

비용 또는 공급의 관점에서 볼 때 이것은 매우 바람직한 산출물 측정방법이라 할 수 있다. 왜냐하면 생산비용의 상당 부분이 임금 · 임대료 · 전기요금 등의 형태로 공연이 있을 때마다 발생하기 때문이다.

2.1.2. 개별 작품 수

미적인 관점에서 볼 때 이것은 산출물의 중요한 측정수단이 될 수 있다. 『햄릿』, 『세 자매』, 『욕망이라는 이름의 전차』라는 연극 각각을 30회씩 공연한 극단은 어떤 면에서는 『햄릿』 한 가지만 중점적으로 90회나 공연한 극단보다 더 다양한 미적 경험을 소비자에게 제공하는 것이라 할 수 있다. 비용 역시 연극 공연횟수는 물론 작품수에 따라서 직접적으로 변화하게 된다.

공연횟수 또는 개별 작품의 수가 비용 또는 공급에 관한 유용한 산출물 측정방법이 되는 반면 이들은 두 가지 측면에서 단점이 있다.

---

147) Throsby, D. and G. A. Withers, 1979, *The Economics of the Performing Arts*, NewYork : St. Martin's, p.11.

첫째, 공연횟수, 올려지는 작품의 수는 산출물에 대한 수요로서 분석 대상이 될 수 있는 단위가 아니라는 점이다. 왜냐하면 수요자들은 대개 그 작품 전체를 사는 것이 아니라 한 공연의 좌석표를 구입하는 것이기 때문이다. 둘째, 공연횟수와 공연되는 작품의 수는 공연과 관련하여 실제로 발생하는『예술적 체험』의 수를 측정하는 것이 아니다. 다시 말해서 실제로는 공연을 관람한 사람들의 수를 반영하지 못하는 문제가 발생한다. 따라서 다음과 같은 두 가지 다른 대안을 고려해 볼 수 있다.

2.1.3. 판매 가능한 입장권 수

이것은 (공연횟수) × (극장 좌석수)로 측정된다. 이러한 측정방법은 좌석수로 나타낸 것이므로 생산과 비용에서와 같은 동일한 분석방법으로 수요를 분석할 수 있다. 이것 역시 위에서 언급한 첫 번째 단점은 극복할 수 있지만, 입장권은 항상 매진되는 것이 아니므로 두 번째 단점을 극복하지 못한다.

2.1.4. 판매된 입장권 수

이것은 그 공연을 선호하여 실제로 돈을 지불하고 들어온 유료 입장객을 나타내는 것으로, (공연횟수) × (극장 좌석수) × (입장률)로 나타난다. 이러한 개념은 주어진 공연이 제공하는 실제적인『예술적 체험』의 수를 측정하는 것으로서, 위에서 언급한 두 가지 단점을 극복할 수 있다.

그러나 일반적으로 공연예술기업의 경제적 모형을 구축할 때는 수요와 공급 양자를 분석하는 동일 측정단위로서 실제 판매된 입장권의 수를 사용하기보다는 세 번째 방법인 판매 가능한 입장권의 수를 사용하는 경우가 많다.

2.2. 공연예술의 비용 측정

공연예술기업에 관한 경제적 모형을 구축하려면 공연예술의 산출물과 비용이 적정하게 측정되어야 한다.

먼저 공연예술에 대한 기본적인 비용측정 방법 중『기회비용』(opportunity cost)이라는 개념을 적용해 볼 수 있다.

예컨대 자선공연을 위해 만들어진 지역 관현악단을 생각해 보자. 이 단체는 지역 주민들에게 무료로 연주회를 개최하기 때문에 많은 사람들은 이러한 문화행사가 아무런 대가 없이 제공한다는 사실에 감사하게 된다. 그러나 이와 같은 공연이 과연 무료로 제공되고 있는 것인가?

연주가는 물론 행정 · 기획을 맡은 사람들 모두가 관현악단 활동에 그들의 시간을 무보수로 소비하고 있다고 하더라도 우리는 그와 같은 시간과 창의적 에너지가 희소자원이라는 점을 잊어서는 안 된다. 이러한 희소자원이 지역 공연을 위해 사용될 경우 잠재적으로 다른 가치 있는 활동을 포기해야만 한다. 따라서 비록 자선공연을 위해 회계처리상 직접적인 돈의 지출은 없어도 결국 이러한 활동을 위해 많은 자원이 사용되었음을 알 수 있다.[148)]

2.2.1. 생산비

기업의 목표인 이윤극대화이론을 분석할 때 사용되어온 생산비의 개념을 공연예술에 적용해 보자.

먼저 생산비에는 고정비용과 가변비용이 있다. 고정비용은 단기적으로 생산수준에 따라 변하지 않는 비용을 의미한다. 그러한 비용에는 기계 및 장비 설치비용, 장기 임금계약, 보험, 임대료 등의 비용이 포함된다. 고정비용은 장기적으로는 기업 규모에 따라 차이가 나타나지만, 단기적으로는 시설규모가 고정되어 있기 때문에 산출량에 영향을 받지 않는다. 그러나 가변비용은 주어진 시설규모 안에서 단기에도 산출량이 변화할 때마다 변화하는 비용이다. 그러한 비용에는 임금, 원자재값, 전화 · 전기요금 등이 포함된다.

총고정비용(TFC)과 총가변비용(TVC)은 총비용(TC)을 동일한 기간의 산출량(Q)으로 나누면 다음과 같은 평균비용이 구해진다.

$$AC = \frac{TC}{Q} = \frac{TFC}{Q} + \frac{TVC}{Q} = AFC + AVC$$

즉 평균비용(AC)은 평균고정비용(AFC)과 평균가변비용(AVC)의 합계로 구성되어 있음을 알 수 있다.

---

148) 기회비용이란 동일한 시간대에서 여러 개의 선택대안 중 어느 한 개의 대안이 선택되었을 때 포기한 다른 선택대안의 가치를 의미한다.

한편 한계비용(MC)의 개념은 기업의 독점력이나 경쟁의 정도를 알아보는데 매우 유용한 분석도구이다. 한계비용은 생산량을 추가적으로 한 단위 더 생산할 때 발생하는 추가적인 비용을 의미한다. 단기간에 생산이 늘어난다고 고용비용이 올라가지는 않으므로 결국 한계비용은 산출량이 한 단위 증가할 때 총가변 비용의 증가와 동일해진다. 이를 수식으로 나타내면 다음과 같다.

$$MC = \frac{\Delta TC}{\Delta Q} = \frac{\Delta TFC}{\Delta Q} + \frac{\Delta TVC}{\Delta Q} = \frac{\Delta TVC}{\Delta Q}$$

예컨대 공연예술 생산을 모형화하기 위해서 가상적인 브로드웨이 극단을 분석 대상으로 사용해 보자.

극단에서는 고정비용과 가변비용 사이의 차이가 다소 애매한 측면이 있다. 고정 비용은 한 작품을 무대에 올릴 때까지의 지출을 의미[149)]하는데 이들 비용은 연극이 시작되기 전까지 발생하며, 그 연극의 연속적인 상연기간에는 영향을 받지 않는다. 그와 같은 고정비용에는 무대배경, 의상, 배역들의 임금, 감독비, 스탭 인건비, 광고비, 대관 및 사무실 임차비, 기타 비용들이 포함된다.

〈표 8-6〉에서 1960~1961년 중 브로드웨이에서 공연된 15개 연극 생산의 평균비용은 11만 1,422달러가 든 것으로 나타났다. 그와 같은 비용은 자본을 투자하여 연극 개막에 앞서 지불되는 비용이다.

극단의 가변비용은 연극의 운영비용이라 할 수 있는데, 이 비용은 개막날부터 발생하며, 각 공연마다 비슷하게 나타나게 된다.

극단의 비용 중 가장 중요한 부분은 배우 · 스탭의 급여와 임금 그리고 홍보 지출이다. 브로드웨이에서는 극단주에게 떨어지는 지분과 원작자에게 지불되는 로열티가 총입장권 판매수입에 포함되는 것으로 계산된다. 이것은 앞에서 설명한 가변비용과는 다소 차이가 있다. 즉 정의한 가변비용의 경우에는 이러한 수입이 포함되지 않는다. 그러나 분석의 편의상 그것들도 운영경비로 간주할 수 있다. 무어(T. G. Moore)의 1960~1961년 표본조사

149) 쓰로스비와 위더스는 이를 '준비비용'이라 부른다.

<표 8-6>
브로드웨이 연극의 평균생산 및 운영비용 (1960~61)[1]

	생산비용(달러)	주간 운영비용(달러)
미술 · 무대장치 · 의상 등	45,135	–
광고 및 홍보	14,906	3,050
배우의 급료	6,661	7,297
무대보수	5,865	1,268
전기 · 음향	5,661	–
감독료	5,172	573
제작 관리	4,587	974
법률 및 회계	3,481	NA
사무실 운영	1,844	NA
극장 대여	2,206	7,639[2]
저작권료	–	2,334[2]
총 계	111,422[3]	27,309[3]

자료 : Thomas Gale Moore, 1968, *The Economics of the American Theater*, Duke Univ. Press.

주 : 1) 15개 연극과 뮤지컬 표본
2) 매표소 총수입액에서 비율로 계산
3) 표에서 제시된 항목 이외의 비용도 포함한 합계

에서 작가와 극단주에게 귀착되는 부분까지 포함한 브로드웨이 극단들의 운영비용은 주당 평균 2만 7,309달러가 소요되는 것으로 나타났다. 제작자들은 당연히 연극 공연에 따른 투자비용 이상의 입장권 판매수입을 통해 일정 금액의 이윤이 발생되기를 기대할 것이다.

2.2.2. 산출량에 따른 단위비용

산출량과 공연예술기업의 가격 결정을 분석하려면 이들의 단위비용이 산출량에 따라 어떻게 변화하는가를 살펴볼 필요가 있다. 〈그림 8-3〉은 단위비용(달러)을 종축, 산출량(공연횟수)을 횡축으로 하는 비용곡선을 나타낸 그림이다.

평균고정비용곡선(AFC)은 최초 산출량 수준에서는 상대적으로 높게 나타나지만 공연횟수가 늘어나면서 급격히 감소하게 되며, 공연횟수(공연기간)가 거의 막바지 단계에서는 매우 낮은 수준으로 하락하게 된다. 즉 평균고정비용곡선은 총고정비용(TFC)이 상수이기 때문에 수학적으로 (단위비용×공연횟수)의 값이 항상 일정한 값을 유지하는 직각쌍곡선의 특징을 갖게 된다.[150]

공연의 평균가변비용곡선(AVC)은 〈그림 8-3〉에서처럼 수평선이 된다. 이는 공연횟수의 증가에 관계없이 요구되는 노동과 자원 투입이 모든 공연에 대해 동일하기 때문이다.

따라서 한계비용이 산출물 한 단위 추가 생산에 필요한 가변비용의 추가분이라는 점을 고려해 본다면, 상술한 바와 같이 평균가변비용이 산출물이 증가함에 따라 일정하다면, 한계비용(MC)도 평균가변비용(AVC)과 같이 상수로서 동일한 값을 취하게 된다.

평균비용은 평균고정비용과 평균가변비용의 합과 같다. 즉 〈그림 8-3〉에서 나타나듯이 평균비용곡선(AC)은 평균고정비용(AFC)과 평균가변비용(AVC)의 수직 합계로 도출된다.

<그림 8-3> 공연예술의 비용과 산출물

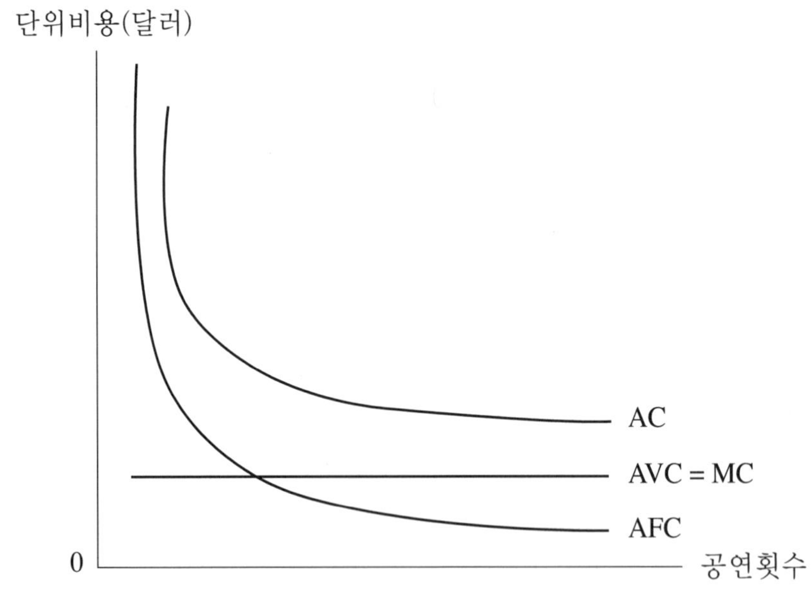

150) 예컨대 총고정비용이 600만원(AFC=600)이라고 가정하자. 이때 공연횟수가 1, 2, 3회(Q=1,2,3)…처럼 점점 늘어남에 따라 평균고정비용은 600, 300, 200만원(AFC=600, 300, 200)…으로 급격하게 떨어지지만 만약 공연횟수가 많아질수록(Q의 값이 클 경우) 평균고정비용(AFC)의 감소폭은 미미한 수준에 그친다. 가령 공연횟수(Q)가 40회로 늘어난다면, 평균고정비용(AFC)은 15만원 수준으로 떨어지게 된다.

2.2.3. 공연예술 생산성의 한계

일반적으로 공연예술기업이 오직 이윤추구만을 목적으로 하지는 않는다고 하더라도 궁극적으로는 기업의 유지 · 관리에 필요한 최소한의 수익이 보장되지 않으면 양질의 공연예술 서비스를 제공하기 어렵게 된다. 사실 우리의 경우 많은 공연단체들이 입장료 수입만으로는 운영비조차 감당하기 힘든 것이 현실이다. 그래서 대부분 정부나 외부로부터 지원을 받아 운영되고 있는 실정이다.

통상적으로 일반 제조업에서는 시간이 지남에 따라 기술발전에 의해 생산성이 향상되고, 그에 따라 생산비도 감소하게 된다. 그러나 공연예술의 경우에는 근본적으로 생산성 향상을 기대하기 어렵다. 왜냐하면 적어도 한 공연작품을 발표하기 위해서는 이미 연기자나 공연기획 책임자, 무대조명 연출 담당자 등이 혼연일체가 되어 공연작품의 완성도를 최고의 수준으로 높인 뒤, 공연예술작품을 공급하기 때문에 한번 공연된 작품이 다음 번 공연에서 획기적으로 공연수준을 높인다는 것은 거의 불가능하기 때문이다. 물론 공연예술의 생산과정에서 새로운 무대장치나 조명 기술이 개발될 경우 공연을 위한 부대환경 조건은 다소 개선되겠지만 공연의 핵심적인 사항은 역시 연기자들의 연출과 작품성이다. 즉 공연자의 노동(작업)이라는 것은 다른 상품을 생산하기 위한 수단이 아니라 그 자체가 목적인 것이다. 따라서 공연예술에서는 공연자의 노동이 바로 산출물이기 때문에 시간당 산출량(생산성)을 증가시킬 수 있는 방법을 기대하기가 어렵다.[151]

이러한 이유 때문에 공연예술의 입장권이 다른 상품에 비해 상대적으로 가격이 비싸지게 되고, 따라서 비싼 입장료 부담 때문에 저소득계층에서는 공연예술을 감상할 수 있는 기회가 줄어들게 된다.

한편 공연예술의 생산비 증가로 인한 공연예술기업들의 재정압박도 문제점으로 대두되고 있다. 공연예술기업들의 재정압박은 레퍼토리의 선정이나 작품의 생산과정에서 수익을 남기기 위해 궁여지책으로 비용을 줄이려고

---

151) 베토벤의 현악 4중주를 연주하는데 네 사람의 연주자와 일정한 시간이 필요하다는 것은 100년 전이나 지금이나 마찬가지이다.
http://cc.kangwon.ac.kr/~kimoon/papers/arts-eco.htm 참조

할 것이다. 예컨대 연극극단들은 가능하면 비용이 적게 드는 연극이나 출연자의 수가 적은 작품만 공연하려고 할 것이다. 더욱 심각한 문제는 창의적이거나 실험적 성격이 강한 작품들을 기피하는 경향이 나타난다는 점이다. 예술의 발전은 실험정신에 크게 의존하는 경향이 있는데, 재정적 이유로 인해 실험적 작품을 기피하게 된다면 예술의 발전은 기대할 수 없게 된다. 결국 공연예술 단체의 재정적 문제가 해결되지 않으면 우리는 단지 출연자를 너무 많이 필요로 한다는 이유로 『햄릿』을 더 이상 감상할 수 없게 되고, 피아노 연주자에게 지불해야 할 돈이 너무 비싸다는 이유로 피아노 협주곡을 들을 수 있는 기회가 줄어들지도 모른다. 따라서 각국 정부는 문화예술단체에 대한 지원을 늘리고 시민들의 문화향수 기회를 늘이기 위해 각종 문화예술 인프라 구축 사업을 확대해 나가고 있는 실정이다.

제4절 문화시장의 형태와 경쟁전략

1. 문화시장의 형태

전통적인 경제이론에서는 공급자의 수와 크기, 상품의 동질성 여부 그리고 시장정보의 공개여부 등에 따라 독점의 정도와 경쟁의 정도를 상대적으로 평가할 수 있는 4가지 형태의 시장을 상정하고 있다.

특히 상품의 동질성은 소비자들이 같은 종류의 상품에 대해 별로 차별성을 못느끼는 경우이다. 가령 철, 양파, 석유 등은 평가하기 쉽고 제품이 표준화되어 있어서, 어떤 주어진 등급에 대해서는 그들이 어느 공급자에게 구입해야 하는지 신경쓸 필요가 없는 상품들이다. 그러나 만약 판매자가 공급하는 스타일 · 품질 · 디자인 또는 브랜드의 차이를 소비자들이 인식하고 있나면 이러한 상품들은 차별화되고 있다고 말한다. 차별화된 상품의 예로는 자동차 · 김치냉장고 · 잡지 및 공연작품 등을 들 수 있다.

일반적으로 생산물시장의 형태는 완전경쟁시장, 독점적 경쟁시장, 과점시장, 독점시장으로 구분된다. 이러한 시장의 형태와 특징을 요약 정리하면 〈표 8-7〉과 같다.

최근 문화시장은 문화산업 간의 경쟁이 세계적으로 점점 격화되어, 세계 각국의 문화시장과 긴밀하게 관련을 맺음으로써 세계적 시장으로 변모하고 있다.

이러한 문화시장은 문화소비자와 문화생산자의 수, 문화상품 간의 차이, 문화시장에 대한 진입조건 등에 따라 그 형태와 특성이 달라진다. 즉 생산물시장의 형태와 마찬가지로 문화시장의 형태도 경쟁 정도와 시장의 완전성의 정도에 따라 완전경쟁, 독점적 경쟁(불완전경쟁), 과점, 독점시장 등 네 가지로 분류할 수 있다.

<표 8-7> 생산물시장의 형태와 특징

시장 형태	기업 수	상품의 동질성	가격 통제 정도	주요 판매 방식	예 시
완전 경쟁	다수	동질적	없음	경매	채소, 곡물
독점적경쟁	다수	이질적	약간 정도	가격 경쟁 비가격경쟁	이발, 약국, 식당, 극장
과점	2~5개	ⓐ 동질적 ⓑ 이질적	상당 정도	비가격경쟁	ⓐ 설탕, 시멘트, 철근 ⓑ 승용차, 냉장고, 선풍기
독점	1개	동질적	매우 강함	광고 · 홍보	담배, 전기, 수도, 철도

1.1. 완전경쟁시장

완전경쟁시장은 동질적인 재화를 판매하는 다수의 공급자가 존재하며 어떤 한 공급자만으로는 시장가격에 영향을 미칠 수 없을 때 존재한다. 이들 조건이 만족될 때 공급자들은 시장가격을 주어진 것으로 받아들이며, 이 주어진 가격으로 얼마만큼 생산할 것인지 결정하게 된다. 따라서 완전경쟁기업은 가격 순응자(price taker)의 입장에서 기업행동을 하게 된다.

그러나 공연예술에서는 어떤 시장도 완전경쟁이 성립되기 어렵다. 무엇보다도 공급자의 수가 이론적으로 논의되는 것만큼 충분히 많지 않다. 그리고 같은 종류의 예술작품이 공연될 경우라 하더라도 공연작품들은 동질적이기보다는 차별화되어 있다. 고전음악 애호가들은 한 교향악단의 베토벤 교향곡 연주가 다른 것과 동일하다는 데 이의를 제기할 뿐만 아니라, 베토벤의 교향악이 다른 음악가의 교향악과 서로 대체될 수 없다는 데 한결같이 동의하고 있다.

이와 같이 완전경쟁의 문화시장은 적어도 이론적으로는 동질적인 문화상품의 생산과 다수의 소규모 문화기업을 조건으로 하는 순수경쟁시장과, 개개의 문화소비자와 문화기업이 경제적 합리성을 추구하는 행동에 아무런 장애도 없고, 문화시장 상황에 완전한 정보를 가지고 있으며, 문화소비자가 문화기업에 대해 사전에 특수한 선호체계를 가지고 있지 않는다는 것을 조건으로 하는 완전경쟁시장으로 이루어지지만, 현실 세계에서는 그러한 조건을 갖춘 문화시장은 존재하기 힘들다.

1.2. 순수독점시장

완전경쟁시장과는 정반대의 시장형태가 순수독점이다. 이 시장에는 한 재화에 대해 단지 하나의 공급자만 존재하게 된다. 이러한 독점적인 시장상황에서 만약 정부의 시장 개입이 없다면 기업은 생산량을 마음대로 조정하면서 독점이윤을 확보할 수 있게 된다. 즉 독점기업은 가격결정자(price maker)의 입장에서 기업활동을 할 수 있게 된다.

이와 마찬가지로 순수독점 문화시장은 하나의 문화기업이 문화상품의 공급을 독점하는 시장형태이다. 이러한 시장에서는 그 독점 상품에 대한 대체재가 존재하지 않기 때문에 문화산업은 독자적인 문화자원개발 차원을 넘어 문화상품의 가격이나 수량을 인위적으로 조절하거나, 문화시장에 대한 진입장벽을 형성하기도 한다.[152]

공연예술기업들은 때때로 특정 지역시장 안에서 독점자들이다. 하지만 그들이 영리단체이냐 비영리단체이냐에 따라 생산목표는 달라지게 된다.

1.3. 과점시장

과점시장의 가장 큰 특징은 대규모 기업이 소수(2~5개) 존재하며 이들이 시장을 지배한다는 것이다. 물론 이 시장에는 더 많은 수의 매우 작은 중소기업이 존재하기도 한다. 과점 산업의 상품은 동질적이거나 이질적일 수 있다.

과점의 특징은 기업의 수가 적기 때문에 경쟁기업의 가격 결정에 민감하게 반응할 것이라고 가정하기 때문에 이를 고려하여 기업행동을 결정하게 된다.

152) 뉴욕의 엠파이어스테이트 빌딩의 전망실을 몽땅 빌려 서기 2000년의 해를 보려는 밀레니엄 투어는 이에 해당한다.

일부 한정된 지역에서의 공연예술시장은 과점의 특성을 가지게 되지만, 대형 교향악단 · 오페라단 등에는 적용되지 않는다. 왜냐하면 브로드웨이 극단과 같은 대형기업 이외의 다른 공연예술기업들은 대개 비영리 기관으로 운영되고 전체 시장에서 과점의 전형적인 경쟁적 가격 책정전략을 취하지 않기 때문이다.

2~5개의 문화기업으로 구성된 문화과점시장이 문화상품의 공급점유율의 대부분을 차지해, 문화상품의 가격과 수량을 조정하는 시장이다. 이 때 특히 2개의 기업만 경쟁관계에 있을 때를 복점시장이라고 한다. 동일한 문화시장에서 서로 경쟁관계에 있는 다른 경쟁사의 행동을 예측하면서 자사의 이윤을 극대화해 나가야 한다. 현실적으로 과점 형태의 문화시장은 독점 형태의 문화시장보다도 일반적이다.

1.4. 독점적 경쟁시장

독점적 경쟁은 경쟁적인 요소와 독점적인 요소가 섞여 있는 시장구조의 형태이다. 전형적으로 산업에는 상당한 수의 판매자가 존재하며, 이들이 생산하는 제품들은 동질적이기보다는 차별화되어 있다. 도서 출판, 신발 · 의료 제조 등이 여기에 속한다. 그러나 각각의 기업은 자신의 상표 · 형태 · 질 · 디자인에 대해 독점력을 갖고 있으므로 어느 정도 독점적인 요소도 존재한다. 이 시장에는 많은 공급자가 존재하며 그들은 자신의 가격결정이 다른 경쟁업체에 거의 영향을 미치지 않을 것이라고 가정하고 있다. 따라서 독점적 경쟁기업들은 가격 결정자(price maker)의 입장에서 행동할 수 있게 된다.

공연예술산업의 개별 부문 중에서는 브로드웨이 연극은 독점적 경쟁에 가깝다. 같은 시간대에 30여 개 이상의 연극과 뮤지컬이 공연되며, 이들은 한정된 관객을 놓고 서로 경쟁할 것이다. 그러나 이 중 몇 개의 극단은 자신의 공연물에 대해 독점력을 지니고 있으며 그 자신의 가격정책이 다른 경쟁자들의 반응을 초래하지 않을 것이라는 가정 하에서 가격결정을 한다.

만약 좀더 넓은 의미로 정의한다면 모든 공연예술은 단일 산업을 구성하게 되며 이때 대도시에서는 이와 같은 산업이 독점적 경쟁 산업이 된다. 즉 오페라단 · 교향악단 · 무용단 · 극단들은 각각 차별적이지만 소비자의 예술적인 여가활동의 형태로서 대체 가능한 밀접한 재화들을 제공하여 서로 경쟁한다.

따라서 독점적 경쟁시장은 다수의 문화기업이 이질적인 문화상품의 판매자로서 존재해도, 문화시장이 불완전하므로 개개의 문화기업이 경쟁기업의 대항적 행동을 고려하지 않고 독점력을 발휘할 수 있는 시장이다.

이 경우는 같은 종류의 문화상품을 생산하는 많은 중소 문화기업 중 어느 한 기업이 다른 경쟁기업과는 차별화된 문화상품을 생산하여 문화소비자들이 특별히 그 기업의 문화상품을 선호함으로써 그 기업 상품의 시장점유율이 상대적으로 높아져서 독점력을 행사할 수 있게 된다.

독점적 경쟁의 문화시장은 문화상품가격이 완전경쟁 하에서의 가격보다는 높지만, 독점 하에서의 독점이윤 이상의 초과이윤은 존재하지 않는다.

2. 문화시장의 경쟁전략

2.1. 문화상품의 시장경쟁전략

첫째, 브랜드화 · 캐릭터화를 통한 문화상품의 세계경쟁력을 강화한다.

지식기반산업에 기초한 상품기획력과 디자인 및 기술력에 의한 자기브랜드 문화상품 생산을 확산시켜 고경쟁력 · 고부가가치를 지향하는 『브랜드』 문화상품 개발이 요구된다.

한편 문화상품을 캐릭터[153] 산업과 연계하여 개발하는 방안이 요구된다. 캐릭터 산업 매니저는 애니메이션 · 게임 · 영화를 캐릭터 상품 또는 팬시상품으로 응용 · 개발하는데 중요한 역할을 하게 될 것이다. 애니메이션, 게임, 영화 등에 출현한 인물, 동물, 자연물이 캐릭터로 응용되어 문화상품화 함으로써 틈새시장을 공략할 수 있을 것이다.

이를 위해서는 우선 캐릭터 산업 영역을 보다 확대하고 문화 전통에 입각

153) 캐릭터의 원형은 1928년 미키마우스가 탄생한 지 1년 후 월트디즈니가 뉴욕의 한 문구업체에 미키마우스 사용료로 300달러를 받은 것이 그 효시가 되고 있다.

한 뿌리 있는 문화산업으로 정착하기 위하여 우리의 토착 정서를 기반으로 한 고유한 캐릭터를 먼저 개발하여 이를 문화상품과 연계하는 전략이 필요하다. 특히 우리 문화 중심의 캐릭터를 육성 · 장려하는 경우 우리의 정신문화를 기반으로 한 상징자본을 형성할 수 있다는 점에서 설득력이 있다. 또한 캐릭터는 다양한 상품으로 응용하여 활용할 수 있으며 하나의 캐릭터로 1,000가지 이상의 상품을 개발할 수도 있을 뿐만 아니라 일반 상품에 비해 브랜드 네임가치가 높아 문화상품과 연계할 경우 문화상품을 고부가가치화할 수 있을 것이다.

<그림 8-4>
문화상품 개발단계[154]

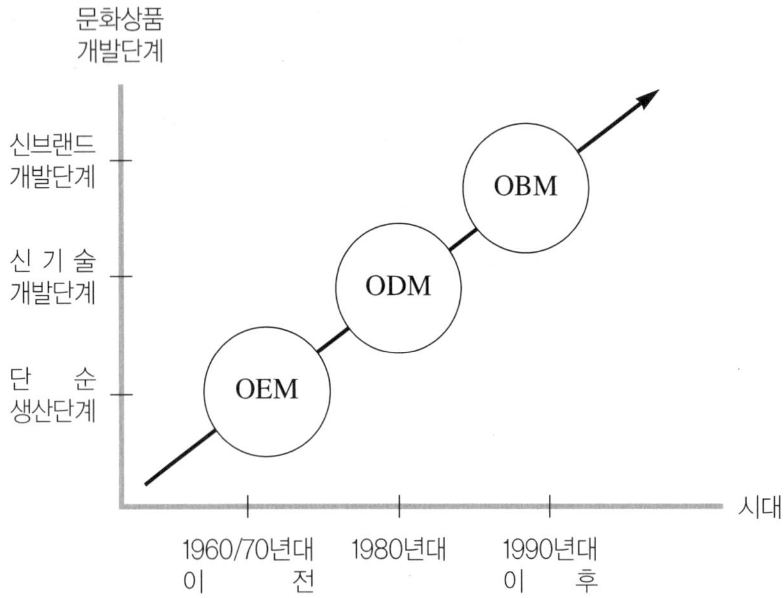

우리의 전통문화 속에는 자연 형상이나 인간 사유에 근거한 조형물에 길흉화복의 상징적 의미를 부여하고 부귀와 복덕을 기원하는 전통이 유지되어 왔다. 비록 전통적 의미를 그대로 전수하지는 않는다 하더라도 우리의 삶 속에 내재하는 내면 의식과 결합할 때 미적 상징성을 함축할 수 있고 이

154) 여기서 OEM(original equipment manufacture)은 단순화 · 표준화된 상품을 주문 생산, ODM(own-design and manufacture)은 자체 설계 디자인에 의한 상품생산, OBM(own brand manufacture)은 자체 기술개발에 의한 자기브랜드 상품생산을 의미한다. Hobday, M., 1995, Innovation in East Asia: the Challenge to Japan, Edward Elgar, Aldershot, England. p. 192. 내용을 일부 차용하여 도식화하였다.

<표 8-8> 캐릭터 개발용 전통문화 소재 사례

분 류	소 재 종 류
짐승류	용, 거북, 기린, 사슴, 원숭이, 토끼, 박쥐, 호랑이, 사자, 백호, 청룡, 황룡, 해치(해태), 고양이, 코끼리
조류	봉황, 현무, 주작, 공작, 닭, 까치, 학, 기러기, 삼족오(三足烏), 오리, 백로, 원앙, 금계, 가릉빈가(柯陵頻伽)
어패류	잉어, 물고기, 메기, 대합, 새우, 조개
곤충	매미, 나비
양서류	개구리, 두꺼비, 도마뱀
식물	모란, 연꽃, 소나무, 대나무, 매화, 난초, 국화, 석류, 복숭아, 영지, 불수감, 호박, 땅콩, 인동, 당초, 보상화, 파초, 참외, 가지, 오이, 포도, 버드나무, 느티나무
광물	바위, 산, 호박
기물	여의, 보병, 기와, 청동기, 악기, 범종
문양	만자문, 수복나문, 아자문, 쌍자문, 연환문, 귀면, 산호, 팔보

자료 : 허균, 1995, 전통문양, 대원사

를 캐릭터 개발에 활용할 수 있다. 역사적 인물로 광개토대왕, 무열왕, 문무왕, 최치원, 김유신 등 왕이나 저명 인사로부터 서동, 온달, 처용 등 서민 · 전설의 인물까지 캐릭터로 개발이 가능하며 이외에도 태극 · 팔괘, 일월상(日月象)무늬, 십이지상, 괴면와, 십장생 무늬 등이 소재로 차용될 수 있다.[155)]

캐릭터의 디자인은 컨셉 설정단계, 디자인 전개단계, 상품화 단계로 진행되며, 컨셉 설정단계란 캐릭터 최종 사용자를 추정하고 수집한 자료와 아이디어를 중심으로 의미를 이끌어내는 과정을 말한다. 디자인 설정단계는 설문조사자료를 분석한 뒤, 스케치 작업이 시작되고 응용형까지 스케치가 되어 매뉴얼까지 완성하는 단계이다. 그리고 상품화 단계는 실제로 활용하여 제품화하고 마케팅을 하는 단계를 의미한다. 이러한 단계별 디자인 과정에 따라 문화상품을 캐릭터화하여 보급할 경우 문화상품의 홍보효과는 클 것으로 생각된다.

155) 경상북도, 1999, 경상북도 문화산업 육성방안. pp.160~161.

<그림 8-5>
캐릭터 디자인 과정표

자료 : 김영우, 1999, 캐릭터가 뭐다요, 캐릭터

둘째, 시장세분화를 통한 다양한 마케팅 믹스 전략을 수립한다.

현재의 문화상품 마케팅 방식은 생산자 중심의 단순하고 간헐적 판매 방식을 벗어나지 못하고 체계적이지도 전문적이지도 못하다. 문화상품 판매를 위한 전문적 · 과학적인 마케팅 방법의 개선이 필요하다. 즉 제품차별화는 물론 4-P'S[156]를 통한 시장세분화 전략을 채택하여 성별, 연령별, 지역별, 학력별 등 표적시장을 세분화하여 문화상품을 마케팅하는 새로운 마케팅 믹스(marketing mix)가 요구된다.

셋째, 문화상품이 국내 · 외에 진출할 수 있는 지원체계를 구축한다.

우선 한국문화의 독창성과 우수성을 홍보하고 한국문화상품의 해외진출을 위하여 세계 주요도시의 무역관에 한국문화상품관을 별실로 설치하여 해외진출을 위한 교두보를 확보하여야 한다.[157] 그리고 각종 해외 문화페스티벌에 적극 참여하여 한국 문화상품을 널리 홍보할 수 있는 기회를 확대해

156) 여기서 4-P란 product, price, place, promotion을 말한다.

157) 영국 런던에 있는 대영박물관 내에 한국관 부스가 설치되어 있는 것은 바람직한 사례라고 할 수 있다.

야 한다. 아울러 지역 개발 문화상품의 해외전시관 전시 · 판매 및 박람회, 견본시 참가 등을 지원해야 한다. 또한 공예상품의 유통을 활성화하고 참신한 신진 공예작가 발굴 및 공예업체의 우수문화상품 개발을 유도하며 대 국민 인식제고를 위하여 공예관련 주요 공모전 및 전시회 개최를 지원하여야 한다. 특히 공예품경진대회 등과 같은 행사를 전국적인 관광공예 대축제로 승화시키는 것이 필요하다. 우선 외국인의 기호에 맞는 상품위주로 선정하여 정부가 품질을 보증하는 동시에 우수상품에 대한 지속적인 사후관리를 철저히 실시하고 종합카탈로그를 제작하는 등 체계적인 홍보전략을 세워 판로를 지원해야 한다.

넷째, 지역특화상품을 개발하는 프로그램을 마련하고 문화상품 마을도 조성한다.

지역 공예조합을 운영주체로 하여 공예특산품을 발굴 · 개발하도록 유도하고 한국공예문화진흥원, 한국공예디자인연구소 등과 연계하여 지역 특화 공예상품을 개발하는 프로그램을 마련하는 방안을 연구하여야 한다. 한편 지역별 공예상품 상설전시판매장에 대한 지방자치단체의 예산 지원확대는 물론 미설치 도시 및 유명관광지 등에 1개소씩 설치하여 전국적으로 공예상품 전시판매장을 공예상품 종합전시관과 네트워크화하여 종합관리될 수 있는 방안을 연구하여야 한다.

독일의 오버가머아우 목공예 마을과 같은 세계적인 전통 민속공방촌을 조성하여 관광상품과 연계시켜 마케팅에 적극적으로 활용하여야 한다. 현장실습 등으로 전통문화 교육의 체험 및 실현장소로도 이용하고 외국관광객이 쉽게 찾을 수 있도록 공예산지별 관광지도 등 안내서를 발간하여 호텔, 여행사 등에 배포하여 마케팅활동과 연계시켜야 한다.

다섯째, 박물관 · 미술관을 통한 문화상품의 생산 · 판매 기능을 활성화한다.

국립 박물관과 미술관이 생산 · 판매하는 문화상품은 외국인 관광객들이 우리 문화를 접할 수 있는 중요한 수단(tool)으로, 문화상품의 판매를 통해 우리 문화의 우수성을 국외에 널리 홍보할 수 있는 중요한 매체(media)이다. 따라서 박물관과 미술관의 문화상품을 진흥시키기 위해서는 진흥정책의 방향설정이 필요하다. 지금까지 박물관이나 미술관은 보존과 소유에만 역점을 두었을 뿐 문화상품을 진흥시킬 수가 없으므로, 정책당국과 일반인들이 갖고 있는 보존(保存)과 소유(所有)하겠다는 인식을 활용(活用)과 향유(享有)하려는 인식으로 전환하는 진흥정책의 방향설정이 이루어져야 하겠다.[158]

또한 국립박물관 · 미술관이 기획 · 제작한 문화상품에 대한 판매를 촉진하기 위해서는 단순하고 단기적이며 수익사업으로 사업을 추진해서는 안되며, 장기적으로 국립박물관과 미술관의 소중함에 대한 일반인들의 인식전환과 적극적인 참여를 유도하기 위한 연계사업의 일환으로 문화상품의 판촉사업을 추진해야 할 것이다.[159]

2.2. 문화기업의 시장세분화전략

이상과 같은 문화시장에 있어서 문화기업의 시장경쟁전략은 다양하다. 그 주요한 전략으로서는 ① 문화상품의 생산 및 판매에 따른 경영비용의 삭감을 통해 문화상품가격을 인하함으로써 경쟁에서 우위에 서게 된다는 경비삭감전략, ② 경쟁기업의 문화상품보다도 차별화된 내용, 서비스 판매루트, 애프터서비스 등을 문화수요자에게 제시하는 제품차별화전략, ③ 수요의 가격탄력성이 큰 문화상품의 특징에 주목한 가격전략, ④ 다른 문화소비자의 수요를 기준으로 문화시장을 세분화하고 그 세분화된 시장 구분의 모두 혹은 일부를 표적시장으로 하여, 그에 대응해서 마케팅 제 요소를 조합하는 시장세분화 전략 등 네 가지를 들 수 있다.

그러나 현재의 문화상품 마케팅 방식은 생산자 중심의 단순하고 간헐적 판매 방식을 벗어나지 못하고 체계적이지도 전문적이지도 못하다. 따라서 문화상품 판매를 위한 전문적 · 과학적인 마케팅 방법의 개선이 필요하다.

---

158) 문화관광부, 앞의 책, pp.222~225.

159) 다음과 같은 추진방안 마련이 요구된다. ① 전시 · 판매장의 개설 ② 문화상품 품질인증제 도입 ③ 문화상품 회원제도의 도입 ④ 문화상품 관련 강좌개설 ⑤ 문화상품 관련 내부 전시회 개최 ⑥ 문화상품 관련 국내외 순회전시회 개최 ⑦ 우수고객 사은행사 개최 ⑧ 문화상품 소식지 발간 ⑨ 문화상품 안내서 발행 ⑩ 국내외 인터넷 주문 · 판매제도 도입 등

즉 제품차별화는 물론 4-P'S를 통한 시장세분화 전략을 채택하여 성별, 연령별, 지역별, 학력별 등 표적시장을 세분화하여 문화상품을 마케팅하는 새로운 마케팅 믹스가 요구된다.

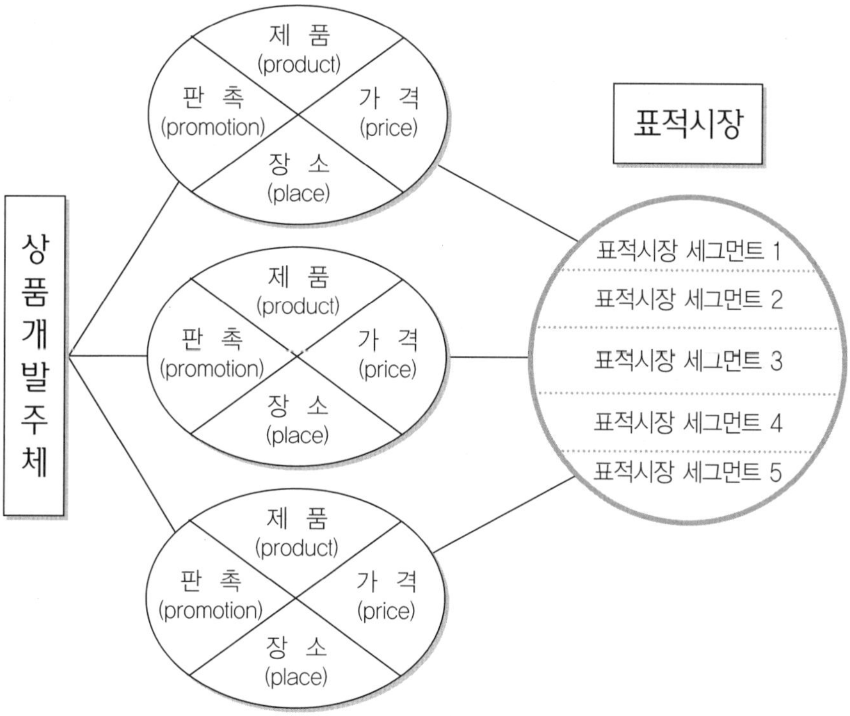

<그림 8-6> 시장세분화를 통한 마케팅 믹스 전략

일반상품의 마케팅에서 들 수 있는 시장세분화 변수로는 ① 연령별, 성별, 소득별, 가족수별, 직업별, 사회계층별 등의 사회 · 경제적 변수 ② 국내의 각 지역, 도시지역과 농촌지역, 중앙과 지방, 해외의 각 지역 등의 지리적 변수 ③ 경제성, 품질, 안전성, 편의성 등의 구매동기변수 ④ 자기과시욕, 기호 등의 심리적 욕구변수가 있다.

그에 대해 문화상품시장의 세분화의 기준(변수)으로서는 ① 문화상품소비의 수준별(소득 · 계층) 변수 ② 세계지리(지역)구분별 변수 ③ 국경(국내 · 국외의 국민경제)별 변수 ④ 계절별 변수 ⑤ 문화관광, 컨벤션, 비즈니스, 종교, 공무 등 문화상품 소비자행동의 소비목적별 변수 ⑥ 단체나 개인

의 조직별 변수 등을 들 수 있다.[160)]

이상과 같은 문화상품시장의 세분화 전략의 포인트는 문화상품시장을 어떻게 세분화하면 잠재적으로 큰 시장 세그먼트(segment)에 연결되는가 라는 그 변수를 찾아내는 데 있다. 사회 · 경제적 변수, 지리적 변수, 그리고 구매동기변수보다도 파악하기 곤란한 심리적 욕구변수는 사회가 풍요롭게 되고 경제 · 산업구조가 고도화하면 할수록 중요성을 가지게 된다. 아울러 다양한 브로셔를 개발하여 소비자가 다양한 정보를 접할 수 있게 하며, 저렴하게 구입할 수 있는 방법, 전자상거래, 우편 주문 방법, 하자 발생시 교환 방법, 대금 결재 방법 등 서비스 개선도 필요하다.

160) 서정교 역, 2000, 관광경제학입문, 한울출판사, pp.169~172.

제9장

문화자본은 경제적 가치로 측정이 가능한가?

이 장에서는 문화유산을 경제적 가치로 환산이 가능한 지를 검토하고자 한다. 순수미학이나 문화학을 연구하는 사람의 입장에서는 왜 경제학은 문화의 순결성이나 정절성을 훼손시켜 가면서까지 굳이 문화를 상품화시키고 시장가치로 계량화시키려고 하는지 도무지 이해가 안 된다는 입장을 보일 수도 있다. 그러나 문화가 이미 현실경제에서 시장거래가 이루어지고 있는 이상, 현실적으로 분석의 한계는 존재하지만 실사구시의 학문이라고 할 수 있는 경제학으로서 이를 외면할 수는 없는 노릇이다. 따라서 여기서는 문화의 정체성이나 순결성을 존중한다는 전제 하에서 문화유산의 문화적 가치를 경제적 가치로 전환할 수 있는 기술적인 방법론을 소개하고자 한다.

제1절 문화자본의 경제학적 재해석

쓰로스비는 문화자본을 '그 자체가 지니고 있는 경제적 가치에 더하여, 문화적 가치를 구체화하고, 축적 또는 공급하는 자산' 이라고 정의하였다. 그는 경제학적 입장에서 문화자본을 유형문화자본과 무형문화자본으로 구분하고 이들의 가치를 설명하기 위해 문화적 가치와 경제적 가치 간의 관계를 분석하였으며 특히 문화자본을 생산요소로 인식하고 이를 통한 경제성장의 분석 가능성을 제시하였을 뿐만 아니라 문화자본에 대한 투자확대를 통한 지속가능한 발전을 언급하였다.

문화자본은 자산(assets)에 체화된 문화가치의 스톡(stock)이다. 문화자산은 유형적 · 무형적 형태로 존재한다. 유형적 문화자본(tangible cultural capital)은 문화적 의미를 담지하고 있는 빌딩, 구조물, 장소 및 그림이나 조각 등과 같은 사적재로서 존재하는 예술작품이나 공예품 등이다. 이러한 자산은 직접적인 최종소비재로서 사적재나 공공재처럼 소비될 수 있는 일련의 서비스를 초래하거나 새로운 문화자본을 포함하는 미래의 재화와 서비스 생산에 기여하게 된다. 한편 무형적인 문화자본(intangible cultural capital)은 어떤 일정한 단체의 정체성(identity)을 부각시키고 결속시키는데 도움을 주는 사고, 관습, 믿음, 전통 및 가치의 집합을 의미한다. 이러한 무형적인 문화자산 역시 사적인 최종 소비의 일부분을 형성하는 일련의 서비스(a flow of services)를 야기시키거나 미래의 문화적 재화 생산에 기여하게 된다.[161]

161) Throsby, D.(1999), "Cultural Capital", *Journal of Cultural Economics* 23.

1. 문화유산의 문화적 가치

우리는 문화적 가치가 문화유산에 어떻게 내재되며, 그러한 특성으로부터 개인과 지역사회가 어떻게 편익을 도출해 내는가를 생각할 수 있다.[162)] 즉 문화유산에 내재된 문화적 가치의 구성요소는 다음과 같다.

① 미학적 가치(aesthetic value) : 문화유산은 근본적인 의미에 있어서 미를 소유하거나 사람들에게 자신의 가치를 나타내게 된다.

② 정신적 가치(spiritual value) : 문화유산으로부터 발생된 정신적 가치는 지역사회와 지역사회 내의 개인들의 정체성(identity)에 기여하게 된다. 문화유산은 그들에게 문화적 신뢰감과 지방과 세계 간의 연계를 통한 동질감을 제공하게 된다.

③ 사회적 가치(social value) : 집단을 결속시키는 공유가치와 신념으로서 문화를 해석하는 것은 문화유산의 존재가 사회유지와 지역사회의 결속에 기여한다는 점에서 문화유산의 사회적 가치가 반영되어 있다는 것을 의미한다.

④ 역사적 가치(historical value) : 이 가치는 문화유산에 대한 논증할 수 없는 본질적 가치이며, 문화적 가치의 모든 구성요소 중 객관적인 의미에서 가장 확실한 가치라고 판단된다.

⑤ 상징적 가치(symbolic value) : 문화유산은 의미와 정보를 전달하는 역할을 하며, 그것은 지역사회에 대한 정체성을 파악하게 하고 문화적 특성을 나타내도록 한다.

⑥ 진품적 가치(authenticity value) : 문화유산은 진품일 때 가치가 돋보이며 그 작품 하나밖에 없기 때문에 그 자체로서 가치가 평가된다.

---

162) Throsby, D.(2001), Economics and Culture, Cambridge Univercity Press, pp.84~85.

2. 문화적 가치와 경제적 가치의 관계

1990년대 초에는 박물관(미술관)에 관한 연구가 문화경제학자들의 관심의 대상이 되기 시작하였고, 1990년대 중반에는 문화유산(cultural heritage)에 대한 경제학적 접근이 활발하게 시도되었다. 이는 문화유산이 지니고 있는 경제적 가치와 함께 문화적 가치를 어떻게 측정할 것인가가 주된 관심사였다. 프레이(B, S. Frey)[163]는 환경경제학에서 활용되고 있는 여러 가지 기법들을 응용하여 문화유산의 경제적 가치를 측정하였다.

특히 쓰로스비는 문화자본의 경제적 가치전환 문제를 다음과 같이 네 가지 측면에서 언급하였다.

첫째, 경제현상으로서 문화자본을 설명하기 위해서는 문화적 가치와 경제적 가치 간의 관계를 명확히 분석해야 한다는 것이다. 그는 문화유산과 같은 유형문화자산은 순수한 문화적 가치가 체화되어 있을 뿐만 아니라 물질적 · 문화적 내용에서 비롯되는 자산으로서의 경제적 가치도 지니고 있다고 보고 있다.[164] 한편 무형문화자본은 문화적 가치와 경제적 가치 사이에 서로 다른 관계를 내포하고 있다. 예컨대 음악이나 문학 혹은 문화적 풍속 · 믿음과 같은 스톡, 언어 스톡 등은 자산으로서 거래될 수 없기 때문에 경제적 가치는 작지만 엄청난 문화적 가치를 지니고 있으며, 이러한 스톡들로부터 야기되는 일련의 서비스는 문화적 가치뿐만 아니라 경제적 가치도 만들어 낸다는 것이다.[165] 결국 쓰로스비는 문화적 가치와 경제적 가치가 독립적으로 결정되지만 전자가 후자에 영향을 주는 인과관계를 적시하고 있다.

둘째, 문화자본이 경제 성장에 미치는 영향에 대한 분석 가능성과 그 유용성에 대해서 언급하고 있다. 즉 그는 정통적인 신고전파 경제성장 모델에

---

163) Frey.B.S., "The Evaluation of Cultural Heritage : Some Critical Issues" Michael Hutter and Ilde Rizzo, ed., Economic Perspectives on Cultural Heritage, London : Macmillan Press, 1997, pp.31~49.

164) 그 요소의 의미는 다르지만 다른 형태의 유형문화자산에 대해서도 비슷한 해석이 가능하다. 예컨대 그림과 같은 예술품은 그림의 순수한 물질적 가치는 무시해도 좋을 정도로 문화적 가치로부터 많은 경제적 가치를 이끌어 낸다.

165) 예컨대 언어나 호텔로비나 엘리베이터의 배경음악의 이용에 대한 효용함수 – 그러나 이러한 문화자산으로부터 나오는 일련의 서비스의 경제적 가치는 대부분이 문화적 가치의 결과로서 증가된다.

문화자본을 독립변수로서 취급 가능성을 제시하고 있다. 이와 같이 만약 구체적인 가치로 평가된 문화자본이 생산함수에 포함될 수 있다면, 서로 다른 자본 형태 간의 대체가 가능하게 된다. 그러한 함수는 경제적인 의미와 문화적인 의미에서 각각 평가된 산출량에 대한 기여도로 표현될 수 있다. 게다가 그러한 모델의 동학적 특성(dynamic properties)을 통해 경제성장에 대한 문화의 기여도를 측정하려는 연구가 활성화될 것으로 보고 있다.[166)]

셋째, 문화자본은 자연자본과 마찬가지로 장기적으로 지속가능성(sustainability)에 기여한다고 분석하고 있다. 자연자본이 자연환경시스템(natural ecosystems)의 지속가능성에 기여하는 경우[167)]와 마찬가지로 문화자본의 경우에도 동일한 가정이 성립하게 된다. 문화유산을 훼손시키거나 사람들에게 정체감(a sense of identity)을 주는 문화적 가치를 유지시키는데 실패한다든지 무형문화자본스톡을 유지 · 증가시키는데 필요한 투자를 게을리 할 경우 문화적인 시스템은 파괴되어 마침내 후생손실이나 경제성장을 저해하게 된다는 것이다.

마지막으로, 더욱 전통적인 자본 형태의 부수적인 특징을 어느 정도 지닌 채 문화자본이라고 일컬어질 수 있는 명백한 현상이 존재한다면 그것을 자본예산 수립과 비용편익분석(CBA)과 같은 다른 평가분야에도 이용되는 투자평가기법의 적용 가능성을 제시하고 있다.

---

166) 가령 어떤 경제가 t기의 문화유산 자본스톡 K_t^c를 소유하고 있다고 가정하자. 이 스톡은 현상유지를 위한 투자 I_{mt}^c에 필요한 감가상각 d_t 되는 경향이 있다. 그리고 이 자본 스톡은 신규투자 I_{nt}^c에 의해 더욱 증가된다. 따라서 우리는 다음과 같은 식을 얻을 수 있다.

$$K_{t+1}^c = K_t^c + (I_{mt}^c - d_t K_t^c) + I_{nt}^c$$

이 자본변수는 확장된 문화적 · 경제적 산출량 결정모델로 통합되어질 수 있다. 이 모델에서 문화자본은 생산함수에서 완전히 독립적인 새로운 자본 형태로서 역할을 할 수 있으며 문화자본스톡을 유지하고 증대시키는데 필요한 투자자원은 다른 자본 변수와 경쟁 관계에 있다.

167) 자연적 환경시스템(natural ecosystems)은 실물 경제를 지탱하는데 매우 중요한 역할을 하며 소모적인 자원의 남용을 통해 자연자본을 홀대하거나 재생가능한 자본스톡을 회복이 불가능할 정도로 남용을 하게 되면 그러한 시스템은 파괴되어 마침내 후생손실이나 경제 성장을 저해하게 된다. 문화자본의 경우에도 동일한 가정이 성립하게 된다.

제2절 문화자본의 경제적 가치측정 가능성

1. 경제적 객단가 측정

객단가는 어떤 문화유산에 대해 관람객 1인이 지출하는 총금액을 의미한다. 관람객 1인이 실제 지출하는 금액에 한정하는 경우 재무적 객단가라고 하며, 입장료 이외에 특별전시실 관람료, 식음료 구입비, 기념품 구입비 등의 모든 경비를 포함하는 경우의 객단가를 경제적 객단가라고 한다. 경제적 객단가는 문화유산 관람객 1인이 그 문화유산이 제공하는 서비스로부터 얻는 효용의 크기와 관련된다. 이론적 측면에서 문화유산이 제공하는 서비스에 대한 효용의 크기는 지불의사금액(WTP : willingness to pay)에 의해 측정되어야 하지만, 시장에서 평가되지 않는 문화유산 서비스에 대한 지불의사금액을 측정하기란 쉬운 일이 아니다.

그러므로 현실적으로 어렵지 않게 지불의사와 관련된 정보를 파악하는 방법으로 문화유산 서비스와 관련하여 발생한 수입을 관람객 수로 나누어 얻어지는 경제적 객단가를 이용한다. 왜냐하면 경제적 객단가는 관람객 1인당 문화유산서비스로부터 얻는 최소한의 지불의사금액이라고 볼 수 있기 때문이다. 즉 이 경제적 객단가 이상의 효용을 관람객들이 얻기 때문에 그만한 금액을 문화유산의 서비스에 대해 지불했다고 생각할 수 있기 때문이다.

또한 문화유산 프로젝트의 객단가를 추정하기 위해서는 국내 · 외의 유사

시설을 찾아 그 객단가를 분석하는 방법을 이용할 수도 있다. 이것은 유사한 문화유산을 찾아 입장료와 기타 수입 및 보조금에 대한 분석을 한 뒤 소득수준 차이를 조정해서 이용하는 방법이다. 한편 재무성 객단가에 대한 분석을 위해서는 입장료와 기타 수입이 포함되는데, 입장료에 대해서는 국내 유사시설의 관람객 1인당 평균 입장료를 이용하며 기타 수입 부분에 대해서만 해외 유사 문화유산으로부터 소득 수준 조정을 통해 이전하여 이용한다.

2. 이용편익과 비이용편익의 가치측정

문화유산의 경제적 가치 유형에는 크게 이용가치 또는 사용가치(use value)와 비이용가치 또는 비사용가치(non-use value)가 있다. 이용가치란 문화유산의 직접적인 물리적 이용 및 간접적인 이용으로부터 얻게 되는 편익이다.

여기서는 문화유산에 대한 이용편익과 비이용편익의 경제적 가치가 측정되어질 수 있는 방법을 살펴보기로 한다. 어떤 평가의 첫 번째 단계는 이해당사자(stakeholders) 즉 편익으로부터 이익을 보는 사람이 누구인지를 확인하는 일이다. 이용편익의 경우, 문화유산 프로젝트로부터 직접적인 수혜자는 상대적으로 구별하기가 쉽다. 재개발된 역사유적지를 찾은 관광객은 이미 그 프로젝트에 직접적인 영향을 받은 주요 이익집단 중의 한 구성원이 된다. 그러나 비이용편익의 경우에는 프로젝트 효과를 알아내기가 더욱 어렵다. 국 · 내외적으로 더욱 중요한 문화자산일수록 편익이 더욱 광범위하게 나타난다. 예컨대 이집트 피라미드의 경우 비이용 수혜자가 전세계적으로 존재할 것이다. 사실 역사도시의 경우 거주자와 방문객을 확인할 수 있지만 잠재적 수혜자는 확인이 어렵거나 실제 조사분석이 불가능하다는 한계점이 있다.

직접적인 수혜자 집단이 결정되었다면, 그들의 이용편익의 경제적 가치에 대한 평가는 가능하다. 프로젝트의 산출물이 판매가 될 때, 이미 경제적 가치지수인 가격측정에 대한 한계에도 불구하고 이용가치는 기대된 총판매 순수익으로 측정이 가능하다. 예컨대 입장료는 역사유적지 방문객들에게 부과되는데, 행정 및 다른 운영비용은 유적지의 복구 또는 재개발 프로젝트로부터 야기되는 이용가치의 한 요소로서 취급될 수 있다. 그러나 더 완벽한 평가를 위해서는 소비자잉여의 변화가 계산될 수 있도록 수혜자 수요함수 추정이 요구된다. 가격범위 내에서 실제 소비자수요에 관한 충분한 데이터가 확보된다면, 그러한 추정은 가능하다. 반대로 다른 수단을 이용하여 가상수요곡선을 도출하는 것도 가능하다.

문화유산의 비이용가치는 동 시설의 직·간접적 이용과 관련되지 않는 여러 가지 이유로부터 발생하는 편익을 말한다. 즉, 문화의 개발 및 연구와 관련되는 가치, 관련된 지역·국가 혹은 연관상품의 브랜드 및 이미지가 널리 알려지는 효과와 관련되는 명성가치(prestige value), 자신의 미래 이용가능성 및 후손의 문화예술에 대한 향유기회 확보와 관련되는 선택가치 및 유증가치(option value or bequest value)가 있다. 이 중에서 문화유산은 주로 주이용권역 주민들의 선택가치가 대부분을 차지한다고 생각되며 일부는 지역의 명성가치 부분이 포함될 수 있다고 생각된다.

3. WTP 측정방법의 선정

어떤 문화유산이 일정 기간 동안 제공하는 다양한 서비스에 대해 개인들이 부여하는 가치를 현재가치화한 것이 문화유산의 경제적 가치이다. 이러한 가치는 문화유산의 서비스에 대한 정보를 가진 개인들의 선호로부터 도출된다.

그러므로 문화유산의 경제적 가치는 동 시설이 제공하는 다양한 서비스에 의해 "직접 또는 간접적으로 영향을 받는 모든 개인들이 문화유산이 제공하는 다양한 서비스에 부여하는 화폐가치의 합"으로 정의할 수 있다. 이러한 화폐가치의 합은 주어진 문화유산의 제공 서비스에 대한 총지불의사금액(WTP)과 같다.

한 가지 접근방법은 여행비용방법을 통한 편익평가인데, 그것은 국립공원과 같은 환경적 어메니티(amenity)의 가치를 추정하는데 널리 이용되어져 왔다. 그것은 단지 여행함으로써 이용편익을 얻을 수 있는 관광유적지로서 나타나는 역사유적 프로젝트에 대해 적용이 가능하다. 여행비용방법은 유적지를 방문하는데 드는 여행비용에 대해 그들이 얼마만큼 지불할 의향이 있는지(또는 그들이 실제로 얼마만큼 하는지)로 역사유적지 시설에 대한 소비자의 가치를 평가하는 가설에 기초하고 있다. 소비자 표본집단에 대한 설문을 통해 그들의 지불의사금액(WTP)에 대한 응답결과가 나오면 가상수요곡선을 도출할 수 있다. 그러나 이 접근방법은 다목적 관광에 대한 비용을 포함시키는데 어려움이 따른다는 단점과 시간 및 다른 문제에 대한 가치 측정을 둘러싸고 있는 여러 가지 한계점을 지니고 있다. 간접적인 수혜자 문제를 살펴보면, 그들이 향유하는 편익에 대한 비시장가치를 측정하는 몇 가지 수단을 필요로 한다. 예컨대, 주택가격은 전망, 소음 등과 같은 환경적인 어메니티와 관련된 특징의 범위 내에서 체계적으로 변화하고 있다. 이 접근방법은 고품격선호적 가격결정과정(hedonic pricing)으로 알려져 있다. 그러나 이 방법은 상당히 광범위한 시장데이터가 확보되었을 때 적용이 가능하다는 한계가 있다.[168)]

문화유산과 같은 공공재 공급수준의 변화에 대한 편익은 물론 이들 편익을 추정하는 방법 또한 다양하다. 경제이론에 기반을 두고 공공재 공급수준 증가에 대한 지불의사를 도출하고자 하는 접근방법에는 크게 시장적 방법(market methods), 현시선호방법(revealed preference methods), 진술선호방법(stated preference methods) 등이 있다.

시장적 방법은 평가하고자 하는 대상 재화 또는 서비스의 실제 시장이 존재하는 경우에 이용된다. 대상 재화의 공급량의 변화에 대한 편익은 시장거래 자료의 활용을 통해 추정이 가능하다. 그러나 문화유산 관련 사업들의 경우, 시장 정보를 얻기 힘들기 때문에 이런 경우에는 다른 방법론을 이용하여 대상 재화의 가치를 추정하지 않으면 안 된다.

현시선호법은 관련 시장에서 개인들이 실제로 행한 선택에 대한 자료를 활용하여 평가 대상 재화의 가치를 추론하는 방법이다. 여기에는 레크리에이션 수요모형(recreation demand model), 고품격선호적 임금모형(hedonic

---

168) 가령 문화유산가치가 자산가격에 영향을 준다. 존 무어하우스(J.Moorhouse)와 마가렛 스미스(M.Smith)는 건축양식이 보스톤에 있는 19세기 테라스 주택의 가격에 영향을 준다는 사실에 대해 조사분석하였다. 올리비어 채널(O.Chanel) 등은 예술작품의 경매가격을 분석하기 위해 고품격선호적 방법을 이용하였다.

wage model), 고품격선호적 가격모형(hedonic price model), 회피행위모형(averting behavior model) 등이 있다.

진술선호법은 설문에서의 가상적인 선택 자료에 근거하여 평가 대상 재화의 편익을 추정하는 방법이다. 여기에는 조건부가치측정법(contingent valuation method, CVM) 및 컨조인트 분석(conjoint analysis, CA)이 포함된다. 진술선호법의 장점은 설문에서 가상적인 시나리오를 적절하게만 작성한다면, 평가하고자 하는 재화와 그 재화의 공급상황에 대해 다양한 상태를 쉽게 지정할 수 있다는 점이다. 특히 현재의 제도적 준비 또는 공급수준에 의해 제한되지 않기 때문에 새로운 사업들의 편익을 사전적으로 측정하는데 이용하기에 적합하다. 또한 평가 대상 재화가 이용가치 이외에 비이용가치가 상당 정도 있다고 판단되는 경우에는 대상 재화의 비이용가치 및 총가치를 추정하기 위해서는 진술선호법이 사용될 필요가 있다.

3.1. 조건부가치측정법(CVM)

경제적 분석에 있어서 비시장상품에 대한 수요를 평가하는 주요 수단은 공공문화재에 대한 경제적 가치평가 방법으로 활용되고 있는 조건부가치측정법(CVM)이다. 조건부가치측정법은 묘사된 가상적인 상품에 대해 일정금액의 지불의사 또는 최대지불의사금액을 질문하는 방식이다.[169)]

여기서는 문화유산 프로젝트에 의해 발생된 비이용편익의 측정방법에 대한 CVM의 적용에 대해서 상세히 살펴 보기로 한다.

CVM은 경제적 분석에서 비시장 편익을 측정하는 수단으로 가장 널리 사용된 방법 중의 하나이다. 그것은 받은 편익에 대한 지불의사금액(WTP)이

169) 이 분야에 대한 연구는 다음 논문을 참조하라. Mitchell, R. C. and R.T.Carson(1989), Using Surveys to Value Public Goods : The Contingent Valuation Method, Resources for the Future, Washington, D. C.
Carson, R. T.(2000), Contingent Valuation : A User's Guide, Environmental Science and Technology, 4(8) : 1413~1418. Hanenmann, W. M.(1991), Willingness to Pay and Willingness to Accept : How Much Can They Differ?, American Economic Review 81(3) : 635~647. National Oceanic and Atmospheric Administration(NOAA)(1993), Appendix Ⅰ-Report of the NOAA Panel on Administration(NOAA)(1993), Appendix Ⅰ-Report of the NOAA Panel on Contingent Valuation, Federal Register 58(10) : 4602~4614.

나 손해에 대한 보상을 수용할 의사를 사람들에게 질문하는 방식이다. 가령 지역문화센터나 지역 소재 박물관에 대한 비이용 가치는 그 지역 거주자의 표본집단에 대한 설문조사에 기초하여 평가가 이루어진다. 설문조사는 대개 전화조사, 우편조사 또는 개인면담을 통해서 가능하다. 응답자들은 가상적으로 그들이 문화센터를 지원할 기금을 마련할 최대 기부금액을 나타내도록 질문을 받거나 그들이 일정금액을 그러한 기금에 기부할 것인지 아닌지를 질문을 받게 된다. 어느 방법이든 분석자들은 그 결과를 가지고 센터의 비이용편익에 대한 가상수요함수를 추정할 수 있다. CVM 연구에 있어서 응답에 영향을 주는 여러 가지 편의(biases)문제가 존재한다. 가장 두드러진 문제는 소위 무임승차자문제(free-rider problem)이다. 즉 사람들은 일단 공공재가 공급되어 편익을 향유할 수 있는 상황을 배제할 수 없다는 사실을 알고 있다면, 공공재에 대한 그들의 실제 선호상태를 감출 수 있는 유인동기(incentive)를 가지고 있다. 환언하면 개인들은 그들의 실제 WTP을 감춤으로써 지불 회피를 하면서, 여전히 소비로부터 편익을 즐기게 된다. 다른 편의문제는 질문의 가상적 성격을 통해 야기되거나, 응답이 불충분하고 부정확한 정보에 기초할 가능성 및 각각의 문제에 대한 응답이 각 개인의 전체예산수준과 일관성을 유지하기 어려운 점 등을 들 수 있다. 신중한 실험설계를 통해 편의문제를 회피하거나 최소한 그 효과를 줄이는 방법이 있다. 가령 무임승차자문제는 기존의 지불의사금액의 변경을 통해 그들의 WTP보다 적게 말하거나 많게 말하는데 따른 금액 조정량을 지불의사금액에 반영하는 대가로 응답자들에게 인센티브를 제공함으로써 조정이 가능하다.

3.2. 컨조인트 분석법(CA)[170)]

컨조인트 분석(CA)은 다른 속성(attributes)과 가격을 지닌 유사한 상품들에 대해 응답자들이 2개 이상의 선택 대안들 중에서 응답자들이 선호하는

170) 컨조인트 분석 방법은 경영학, 교통계획 분야 등에서 이용되었지만, 환경자원경제학에서 환경자원의 가치 추정 연구에 이용되면서 이론적 및 방법론적 개선을 통하여 선택실험(choice experiment, CE)방법으로 발전하였다. 이 연구에서 이용한 분석 방법은 정확한 의미에서 선택실험(CE)방법이지만, 일반적인 관례에 따라 컨조인트 분석이라고 한다.

대안을 선택하여, 그로부터 평가 대상 재화의 속성 및 수준별 가치에 대한 한계가치를 도출하는 방식이다. 이 방식은 조건부가치측정법(CVM)에 비해 각 속성 및 수준별 가치를 추정할 수 있다는 점에서 유용한 측면을 가지고 있는 가치측정방법이다.

즉 조건부가치측정법(CVM)의 경우 기본적으로 대상 문화유산의 속성 및 수준을 분할하여 측정하기보다는 총체적으로 가치 평가하도록 하는 형식을 취하는 반면, 컨조인트 분석(CA)은 대상 문화유산의 속성 및 수준에 따른 가치 평가를 목적으로 한다. 한편 컨조인트 분석(CA)은 대상 재화의 속성과 수준 및 선택대안의 수가 많아질 경우 응답자들에게 인지상 과도한 부담을 주는 방식이 되어 신뢰성에 문제를 가져올 수 있다.

4. 조정된 산업연관표를 통한 가치측정

문화자본의 문화적 가치와 경제적 가치가 계량화되어 산업연관표에 실질적으로 반영할 수 있다면 국민경제의 순환구조 속에서 문화자본의 경제적 파급효과를 계산해 내는 데는 어려움이 없다. 또한 문화자본이 경제성장에 기여하는 정도를 계산해 내는 것도 가능하다. 여기서 전시관이나 박물관 등을 포함한 문화유산과 같은 유형의 문화유산은 다양한 방법에 의해 가치를 측정하는 연구성과가 제시되고 있다.[171] 따라서 현재 한국은행에서 5년마다 작성하고 있는 산업연관표 중에서 계량하가 가능한 문화자본 관련 부분을 새롭게 반영하여 재작성하는 작업이 요구된다. 특히 문화유산의 경우에는 비이용편익의 가치측정이 현실적으로 간단한 문제가 아니지만 조건부가치측정법(CVM)이나 컨조인트 분석(CA) 등에 의해 간접적으로 가치측정이 가능한 것으로 알려져 있다. 한국은행의 경우 많은 인력과 추가비용이 소요되지만 문화자본의 가치측정 부분에 각별한 관심과 연구가 필요하다고 본다.

171) 중간재 또는 최종소비재에 내재된 무형의 문화자본을 어떻게 추출할 것인지가 문제가 된다.

제3절 문화와 경제의 진솔한 만남

경제학을 좀더 열린 마음과 인간 중심적으로 접근하게 되면 현재의 세계는 경제적 불평등이 매우 심화되고 있음을 깨닫게 된다. 신고전학파 경제학이 순수한 인간행복을 보장해주지는 않는다는 점도 느끼게 된다. 이성경제의 허구를 감성경제로 보완할 수만 있다면 경제학은 여전히 사회과학의 여왕의 자리를 지킬 수 있을 것이다. 우리의 삶 속에서 문화의 중요성을 인식하기 위해서 경제학자들이 사고의 범주를 확장하고 경제와 문화 사이의 연관성을 고려하는 것은 경제학의 시대적 사명이다. 그 동안 문화와 경제라는 두 개의 가치는 조화로운 동반자 관계가 아니라 상호 충돌을 일삼아 왔다. 우리의 역사는 경제적 부를 획득하고 영토를 확장하기 위한 전쟁은 물론 문화적 신념이나 종교문제로 비롯된 수많은 전쟁을 겪어야만 했다. 경제적 욕망은 문화적 신념을 짓밟아 왔고 문화적 신념은 경제적 욕망을 한 순간 물거품으로 만들어버리는 역사의 아픔을 겪어왔다. 금전경제학이 아니라 생명경제학을 소중히 여기는 문화경제학의 탄생은 이러한 시대적 아픔을 치유하고 진정한 인류의 행복을 알리는 전주곡이다.

지금까지 문화가치와 문화자본의 경제적 재해석과 문화자본의 경제적 가치측정의 가능성을 살펴보았다. 이제 문화와 경제의 진솔한 만남 속에서 독립적인 영역을 보장하는 가운데 상호 가치를 인정하면서 문화적 가치와 경제적 가치의 상관관계를 좀더 체계적으로 분석할 필요가 있다. 앞에서 여러 가지 방법을 통해 상호 가치전환의 가능성을 제시하였으나 아직 이론적 한계를 지니고 있는 것은 부정할 수 없다. 문화자본의 경제적 적용의 한계를 극복하고 좀더 발전된 가치측정 방법을 개발하여 경제발전의 원동력으로서 문화자본이 국민경제에 미치는 영향을 계량화해 나가야 할 것이다.

제 10 장

문화에 투자하면 얼마나 이익이 생기는가?

이 장에서는 문화산업도 국민경제의 거시적인 구조 안에서 중간재로서 또는 최종소비재 · 자본재로서, 다른 산업부문과 상호의존관계 속에서 직 · 간접적으로 영향을 주고받는다는 점을 고려하여, 산업연관분석모형을 이용한 문화투자의 경제적 파급효과를 계량분석을 통해 자세하게 다루고 있다.

제1절 문화투자분석의 기본구조

1. 산업연관분석의 특징

산업연관분석은 생산활동을 통하여 이루어지는 산업 간의 상호연관관계를 수량적으로 분석하는 경제구조 분석방법으로 실증경제학의 발전에 크게 이바지하여 왔다.

예컨대 자동차를 생산하기 위해서는 엔진, 타이어 등 수많은 부품이 필요하고 그 엔진이나 타이어 등의 생산에는 다시 철강, 고무 등의 원재료가 투입되어야 한다. 이와 같이 한 산업에서 생산된 상품이 다른 산업의 상품생산을 위한 원재료로 투입됨으로써 각 산업은 직 · 간접적으로 서로 밀접한 연관관계를 맺고 있는데, 이러한 산업과 산업 간의 연관관계를 수량적으로 파악하고자 하는 분석기법이 산업연관분석(input-output analysis 또는 interindustry analysis)이다. 산업연관분석은 생산 활동을 통하여 각 산업 간에 이루어지는 원재료의 매매거래를 토대로 하게 되는데, 한 나라에서 생산되는 모든 재화와 서비스의 산업간 거래관계를 체계적으로 기록한 통계표인 산업연관표의 작성으로부터 출발한다.[172)]

어느 산업의 제품에 대한 최종수요의 변동이 각 산업의 생산 활동에 어느 정도 영향을 미치게 되는가를 파악하는 일은 매우 중요하다. 소비, 투자, 수

172) 한국은행, 2000. 10. 산업연관분석 해설, p.2.

출 등 최종지출이나 최종생산물을 대상으로 하는 국민소득분석은 국민경제 전체의 활동수준을 표시할 수는 있어도 이러한 경제구조적 측면에서의 연관관계를 분석하는 데에는 미흡하다.

예를 들어 자동차의 수요증가와 주택의 수요증가는 각 산업의 생산 활동이나 고용수준 등에 미치는 파급효과가 각각 다르기 마련인데 국민소득분석에서는 이와 같은 산업별 파급효과의 차이점을 고려한 분석을 할 수가 없다. 자동차 산업과 주택 산업의 제품에 대한 수요증가가 가져오는 각 산업부문별 파급효과가 상이한 것은 무엇보다도 이들 두 산업이 사용하는 원재료의 투입구조 즉 생산기술구조가 다르기 때문이다.[173)]

따라서 산업연관분석은 최종수요가 생산, 부가가치, 수입, 고용 등 국민경제에 미치는 각종 파급효과를 산업부문별로 나누어서 분석한다는 데 그 특징이 있다.

앞에서 예를 든 것처럼 자동차 수요나 주택 수요가 증가하면 이들이 각각 어느 산업의 생산 활동에 어느 정도 영향을 미치게 되며 따라서 산업별 고용이나 부가가치도 어느 정도 차이를 나타낼 것인가를 산업연관표를 이용하면 쉽게 파악할 수 있는 것이다.

이러한 산업연관분석을 처음으로 시도한 사람은 미국의 레온티에프(W.W. Leontief)교수이다. 그는 미국경제를 대상으로 모든 재화와 서비스의 흐름을 나타내는 경제표의 작성을 시도하여 그 결과를 1936년에 『미국경제체계에서의 수량적인 투입산출관계』(Quantitative Input and Output Relations in the Economic System of the U.S.)라는 논문으로 발표하였다.[174)]

173) 한국은행, 앞의 자료, p.2.

174) 이러한 산업연관분석에 대한 기본적인 착상은 경제주체간의 거래관계를 체계적으로 기록하고자 하였던 케네(F. Quesnay)의 '경제표'(Tableau Economique : 1758)에서 비롯되었다고 볼 수 있으며 그 이론적인 토대는 왈라스(L. Walras)의 일반균형이론에서 찾아볼 수 있다. 한편 우리나라의 산업연관표는 1958년에 당시의 부흥부 산업개발위원회가 1957년과 1958년의 산업연관표를 작성하면서 비롯되었다고 할 수 있으나 이 표는 19개 산업부문으로 분류된 일종의 시산표에 지나지 않았다. 따라서 체계적인 형식과 내용을 갖춘 본격적인 산업연관표는 한국은행이 1962년에 착수하여 1964년에 작성 공표한 '1960년 산업연관표'인 셈이다. 그 후 한국은행은 경제발전에 따른 구조변화를 보다 정확히 파악하고 각종 경제정책 수립의 기초자료로 이용하기 위하여 1963, 1966, 1970, 1975, 1980, 1985, 1990 및 1995년 실측산업연관표, 그리고 1968, 1973, 1978, 1983, 1986, 1987, 1988, 1993, 1995 및 1998년 연장표를 각각 작성하여 왔다.

2. 경제순환과 산업연관분석

한 나라의 국민경제에서는 재화와 서비스가 생산되고 그 생산과정에서 발생한 소득이 분배되고 처분되는 순환을 끊임없이 반복하고 있다. 이러한 경제순환과정은 소득순환과 산업순환의 두 가지로 나누어 볼 수 있는데 이를 그림을 통해 자세히 살펴보기로 하자.

〈그림 10-1〉에서 보는 바와 같이 한 나라에 존재하는 모든 기업이 생산하는 재화와 서비스는 판매의 측면에서 보면 소비재로 소비자에게 판매되는 부분, 투자재로 새로운 투자활동이나 재투자를 위하여 기업에 판매되는 부분, 그리고 중간재로 다른 생산활동의 원재료로 사용하기 위하여 기업에 판매되는 부분의 세 가지로 구성되어 있다. 한편 이 재화와 서비스를 생산하기 위한 비용의 측면에서 보면 생산기간 중의 총비용은 임금, 지대 · 이자, 감가상각비 및 원료비 그리고 생산과정에서 발생한 이윤으로 구성된다. 여기에서 생산활동의 결과 분배된 임금, 지대 · 이자 및 이윤은 국민소득이 되며 이 소득은 처분되는 과정에서 감가상각비와 함께 소비재의 구입과 투자재의 구입을 통하여 다음의 생산과정으로 다시 흘러들어 가는데, 이와 같은 소득의 발생과 처분으로 이루어지는 흐름을 소득순환이라고 한다.

그러나 경제순환 중에는 소득순환 이외에 기업 상호간에 이루어지는 중간재의 매매 거래인 산업간 순환이 있다. 산업간 순환은 국민소득을 정의할 때에는 이중계산을 피하기 위하여 상쇄시키므로 필요 없는 항목이지만 산업구조나 기술구조를 파악할 때에는 매우 중요한 항목이 되는 것으로 한 나라의 우회생산의 양상을 집약적으로 나타내 주는 것이다. 경제순환과정에서 소득순환만을 대상으로 소득이 어떻게 발생하고 소비재나 투자재 등 구입으로 어떻게 처분되는지를 분석하는 것이 국민소득계정인 데 대하여, 산업간 순환을 주축으로 하여 소득순환까지 포함하여 분석하는 것이 산업연관분석이 된다. 즉 산업연관분석은 국민경제를 산업별로 세분하여 산업간 재화와 서비스의 거래로 이루어지는 상호의존관계를 파악함으로써 소비, 투자, 수출 등 최종지출이 각 산업의 생산활동에 미치는 파급효과를 분석하려는 것이다.[175]

175) 한국은행, 1995, 산업연관표(해설편 참조)

<그림 10-1>
국민경제의 순환

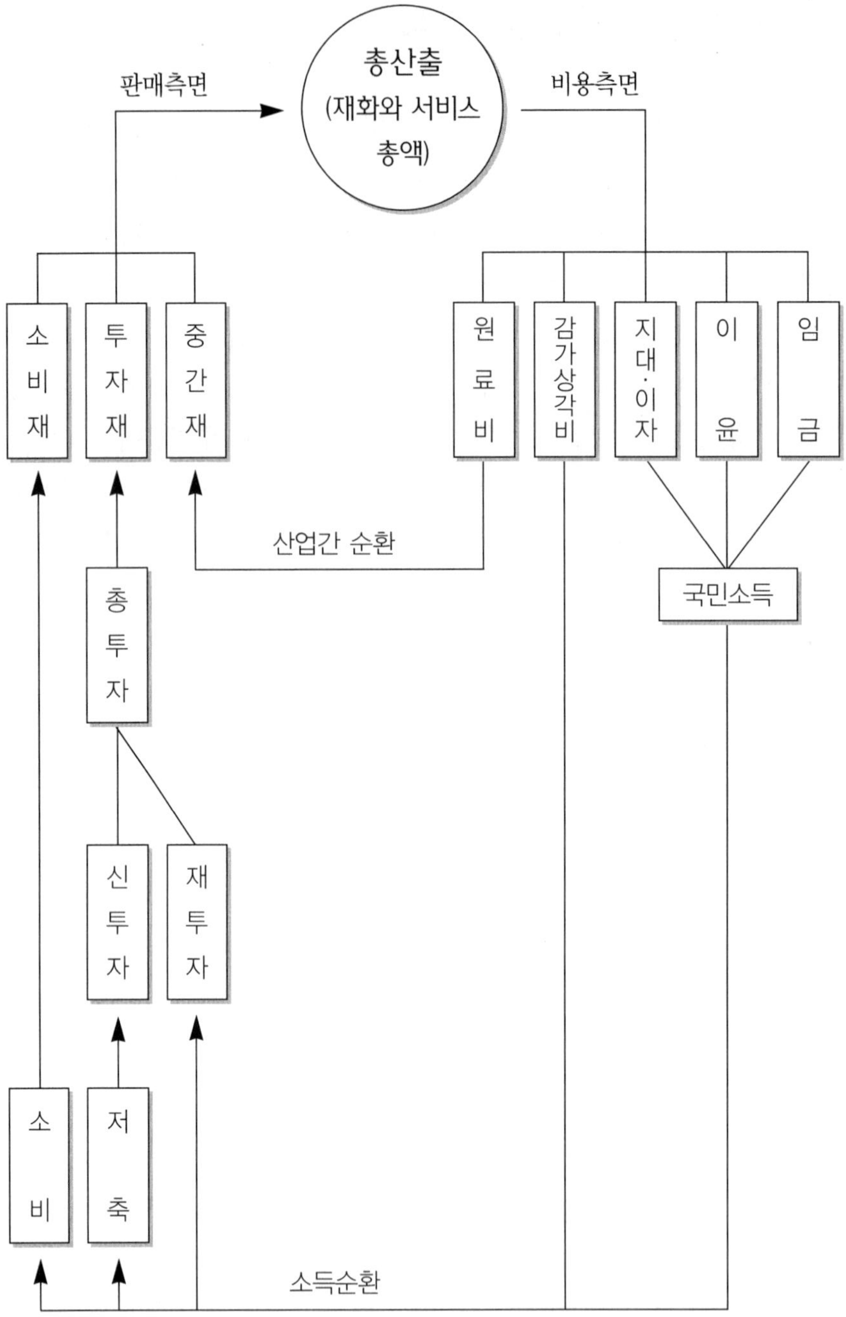

3. 문화투자의 의의와 분석내용

3.1. 문화투자의 의의

일반적으로 국민경제는 산업구조 측면에서 볼 때 농림수산업, 광공업, 서비스 산업 등 다양한 산업부문들로 구성되어 있으며, 이들 산업 부문들은 상호 밀접하게 관련되어 직·간접적으로 다양한 형태의 영향을 주고받는다. 국민경제를 구성하고 있는 각 산업은 다른 산업으로부터 원재료 등의 중간재를 구입하고, 여기에 노동, 자본 등 본원적인 생산요소를 결합시켜 새로운 재화와 서비스를 생산하며, 이것을 다른 산업부문에 다시 중간재로서 판매되거나 최종수요자에게 소비재나 자본재로서 판매되어 생산, 부가가치, 수입 및 고용 등을 유발하게 된다.

문화산업도 이와 같은 국민경제의 거시적인 구조 안에서 중간재로서 또는 최종소비재·자본재로서, 다른 산업부문과 상호의존관계 속에서 직·간접적으로 영향을 주고받는다. 그러나 과거에는 문화를 생산요소로 보지 않고 단지 소비재로서만 인식되어 경제성장에 기여하는 측면이 거의 무시되어 왔다. 그러나 최근 문화를 자본재로서 고부가가치 문화상품을 생산하는 생산요소로 취급하는 연구들이 소개되고 있다.[176] 그리고 최근 여가시간이 늘어나고 소득수준이 향상되면서 사람들은 삶의 질을 추구하고 문화향수기회도 확대되면서 문화예술에 대한 국민적 수요가 급격히 증대하고 있으며, 문화와 산업, 문화와 지식, 문화와 기술, 문화와 정보가 상호 연계되어 있다는 인식이 확산되어 정부차원에서도 문화산업을 국가 전략산업으로서 고려하기에 이르렀다. 따라서 문화산업에 대한 투자가 생산, 부가가치, 수입 및 고용 등 거시경제변수에 직·간접적으로 미치는 경제적 효과를 계량적으로 분석하는 작업은 의미 있는 일이라고 할 수 있겠다.

이와 같이 문화투자에 대한 경제적 효과는 최근에 급속도로 성장하고 있는 문화산업의 경제적 비중으로 인하여 더욱 부각되고 있다. 최근 문화산업은 용어 자체의 의미에서 보듯이 생산적인 산업으로서 각광을 받고 있다.

---

176) 山本哲士, 앞의 책, 및 Throsby, op. cit 참조.

그러나 문화산업의 분류체계에서도 문화산업에 대한 정확한 개념 정의와 이에 따른 범위 및 유형의 확정은 문화라는 용어의 정의만큼이나 다양하고 어려운 측면이 있다. 왜냐하면 문화가 지니고 있는 다양하고 복합적인 성격으로 인하여 문화산업에 대한 전문가들의 공유된 실체적인 영역에 대한 논의뿐만 아니라 분류방법에 대해서도 아직 완전한 합의가 이루어지지 못하고 있기 때문이다.[177] 따라서 좀더 세분화된 업종 구분에 따라 문화적 성격이 강한 업종을 준별하여 문화산업 범위를 설정하는 것이 요구된다고 하겠다.

3.2. 분석내용

3.2.1. 분석목적

이 책에서는 문화투자가 각 산업에 미치는 직 · 간접적인 효과를 한국은행의 산업연관분석자료를 기초자료로 활용하여 분석한 산업별 투입산출 분석기법을 소개한다. 그리고 이러한 산업연관분석을 통하여 문화산업에 대한 투자가 국민경제에 기여하는 생산적인 역할과 경제적 파급효과에 대하여 여러 가지 산업별 · 유발효과별로 비교 · 분석한 자료를 제시함으로써 문화투자의 상대적인 중요성을 부각시키고 특히 분석결과 자료를 향후 효율적인 투자관리를 위한 기초자료로 제시하는 데 연구의 목적이 있다.

3.2.2. 분석방법

이러한 연구를 수행하기 위해 우선 이 연구에서는 문화산업의 개념적 범위를 설정하고 이를 한국은행의 산업연관표에서 제시한 통합대분류(28개 부문)와 통합중분류(77개 부문), 통합소분류(168개 부문) 및 기본부문(402개 부문) 중 필자는 통합소분류(168개 부문)를 1차적인 분석대상으로 삼았다. 특히 기존의 선행연구에서는 주로 통합대분류방식을 사용함으로써 산업 간 통합조정과정에서 개별 산업이 누락되거나 소분류 또는 중분류 산업이 포괄적으로 대분류 산업에 무리하게 통합되어 분석되는 경향이 있어서 투입구조

177) 한국문화정책개발원, "앞의 자료", p.33.

의 불안정성을 초래하고 있다.

이 연구에서는 이러한 문제점을 고려하여 좀더 세분화된 통합소분류(168개 부문)방식에 의해 분석을 시도하였다. 최근 문화산업분야에서 신산업 출현 가능성이 높아, 산업분류상 세분화가 요구되고 있다는 점에서도 통합소분류 방식이 현실 경제를 분석하는데 더 적합하다고 판단된다. 구체적으로는 7개의 문화산업을 각각 반영하여 분석한 168개 부문 산업연관표와 7개 문화산업을 하나로 부문통합하여 분석한 162개 부문 산업연관표를 만들어 분석하였다.

특히 7개의 개별 문화산업과 이들을 통합조정한 부문통합 문화산업이 각각 통합소분류 상의 다른 산업과 어떤 산업적 연관관계를 가지고 있는지 그리고 문화산업 내 또는 타 산업 간의 상대적인 위치와 경제적 효과의 정도를 상호 비교 · 분석하였다. 이번에 계량적 분석의 기초 자료로 활용한 통계는 가장 최근 통계자료인 한국은행의 1998년 산업연관표(연장표)[178]이며, 주로 사용한 통계패키지는 〈The SAS System for Windows V8〉과 〈Microsoft Excel 2000〉이다.

이 연구에서는 생산자출하가격을 기준으로 평가한 생산자가격평가표를 사용하였으며, 또한 최종수요의 변동에 따른 생산파급효과 중 수입에 의해 해외로 누출되는 부분 즉 수입유발효과를 계산해낼 수 있는 비경쟁수입형표를 사용하여 분석하였다.[179] 그리고 가계부문은 외생처리함으로써 개방모형을 채택하여 분석하였다. 한편 주요 분석대상이 되는 수단으로는 산업별 각종 유발계수(생산, 부가가치, 고용, 수입) 및 영향력계수와 감응도계수 등이 있고, 보조 수단으로는 산업별 기타 유발계수(피용자보수, 영업잉여, 간

---

178) 고용유발계수와 취업유발계수는 1998년 산업연관표(연장표) 상의 통합소분류(168개 부문)와 기본부문이 없는 관계로, 1995년 산업연관표 상의 통합소분류(168개 부문)에 의거하여 분석하였다.

179) 외국과의 교역이 이루어지고 있는 개방경제 하에서 경쟁수입형표는 거래되는 재화나 서비스의 종류가 같으면 그것이 국산품인지 수입품인지를 구분하지 않고 작성하는 표를 말하며, 비경쟁수입형표는 같은 종류의 재화일지라도 국산품과 수입품을 구분하여 작성한 표를 의미한다. 비경쟁수입형표에서는 각 산업부문별 수입품 투입구조가 파악되므로 수입유발효과의 계측이 가능하다. 그러나 이것은 하나의 산업부문 내에서도 경제여건에 따라 같은 종류의 국산품과 수입품의 투입구성이 가변적이기 때문에 투입계수 자체의 안정성이 다소 떨어질 수 있다는 문제점이 있다. 그러나 단기 또는 중기적인 경제예측이나 경제계획을 수립하는 데는 별 문제가 없는 것으로 알려져 있다.

접세, 취업) 등 다양한 분석수단을 활용하여 문화산업의 경제적 파급효과를 체계적이고 종합적으로 분석하고, 전 산업에 있어서 문화산업의 상대적 중요성뿐만 아니라 개별 문화산업 간의 상대적인 위치를 일목요연하게 파악하고자 하였다.

3.2.3. 분석범위

이 연구의 시간적 범위 즉 산업연관표의 작성 기준연도는 1998년으로 잡았다. 이는 한국은행이 발표한 가장 최근의 산업연관표가 1998년이기 때문이다. 다만 고용유발계수와 취업유발계수의 경우 1998년 산업연관표(연장표)에 통합소분류(168개 부문)가 누락되어 있기 때문에 1995년 산업연관표를 활용하여 분석하였다. 산업연관표는 최근 자료일수록 현재의 산업연관관계를 가장 잘 반영할 수 있다. 아울러 향후 새로운 산업연관표가 발표되면 계속 보완된 연구가 진행되어야 할 것으로 본다.[180)]

180) 여기서 최종수요항목별(소비, 투자, 수출) 각종 유발계수는 문화투자 분석에서 투자항목만 최종수요로 보고 분석하였기 때문에 최종수요항목별 각종 유발계수는 분석내용에서 제외시켰다.

제2절 문화산업의 개념적 범위와 현황

상술한 바와 같이 문화산업의 개념은 다양하다. 한국의 문화산업진흥기본법에서는 문화산업을 "문화상품의 생산, 유통 · 소비와 관련한 산업"으로 정의를 내리고 있다. 한편 문화예술진흥법에서는 "문화예술의 창작물 또는 문화예술용품을 산업의 수단에 의하여 제작 · 공연 · 전시 · 판매하는 업"을 문화산업으로 규정하고 있다. 이는 문화산업진흥기본법보다 문화예술 창작 측면을 좀더 강조하는 것이다. 이러한 관점에서 볼 때, 문화산업이란 문화적 요소, 경제적 부가가치 창출, 생산과 유통 과정 등을 속성으로 하는 산업 활동이라고 말할 수 있다.[181]

그리고 유네스코는 문화산업을 "문화적 산물들과 서비스들이 산업적 또는 상업적으로, 즉 대규모로 그리고 문화발전을 위한 관심에서라기보다는 경제적 고려에 바탕을 둔 전략에 따라 생산, 재생산, 저장 또는 배포될 때 일반적으로 말해서 문화산업이 존재하는 것"이라고 규정하고 있다.

1. 문화산업의 유형과 범위

1.1. 최소 범위의 문화산업

최소 범위 개념의 문화산업은 한국은행 산업연관분석에 있어서 168개 통합소분류상에 나타나는 문화오락서비스(162번)를 지칭하는 것으로 규정할

181) 한국문화경제학회, 앞의 책, p.204.

수 있다 이것은 이 연구에서 일곱 개 부문의 산업 중에서 가장 원래적 의미의 문화산업 분류이다. 이것은 전통적인 문화재 관련 서비스와 같은 문화서비스(기본부문 402개)를 포함하여 미술, 영화, 음악, 발레 등의 공연예술(performing arts)과 스포츠와 같은 일반인들의 일상적인 문화활동 영역에 한정되고 있다. 그러나 이것은 순수한 문화산업 영역이라고 할 수 있는 반면 문화산업을 지나치게 좁게 한정하고 있으며, 동시에 변화하는 산업구조와 기술적 특성을 적절하게 반영하지 못하고 있다는 한계가 있다.

1.2. 중간 범위의 문화산업

최소 범위의 문화산업 분류가 최근의 문화산업의 영역이 확대되는 추세를 반영하지 못하고 있다는 한계를 고려하여, 최근에는 좀더 유연성 있게 문화산업의 영역을 새롭게 확대 해석하려는 경향이 나타나고 있다.

따라서 중간범위의 문화산업에는 문화산업진흥기본법과 문화예술진흥법에 기초하여 최소 범위의 문화산업, 즉 통합소분류상의 문화오락서비스(162번)와 인쇄 · 출판및복제(56번), 도자기(77번), 장난감및운동용품(123번), 기타제조업제품(124번), 방송(146번), 광고(153번) 등 7개의 산업부문을 포함시킬 수 있다. 이 분류방식도 기본적인 한계를 내포하고 있는 것은 사실이다. 왜냐하면 이 장에서는 한국은행의 산업연관표라는 주어진 조건을 토대로 문화산업을 새롭게 분류하고 이에 따라 문화산업에 대한 투자가 경제적으로 파급되는 효과를 개략적으로 추산해 보는 데 의의를 두고 있기 때문이다.

가령 도자기(77번) 부문의 경우 예술적 특성을 강하게 지닌 도자기는 물론, 산업용 도자기와 가정용 도자기도 문화산업에 포함시켜 분석하였다. 더 구체적으로 분류하여 분석하더라도 기본부문 단계인 산업용 도자기와 가정용 도자기로 국한되는 제한적 분석을 극복할 수 없는 한계를 가지고 있다. 다만 최근 산업용 도자기와 가정용 도자기들이 단순히 기능성만이 아니라 예술성이 가미되면서 가정이나 사무실에서 인테리어 소품으로써의 개념도 함께 고려되어 생산되는 추세이다. 이러한 점들을 고려하여 이 장에서는 한국은행의 통합소분류상의 도자기(77번)를 문화산업에 포함시켜 분석하였다.

그러나 중간범위의 문화산업에는 방송과 광고와 같이 최근에 크게 발전하고 있는 멀티미디어 또는 영상산업이 포함되어 있기 때문에 이러한 분류방식이 문화산업을 비교적 합리적이고 탄력적인 개념으로 범주화시킨 것이라고 생각된다.

1.3. 최대 범위의 문화산업

최대 범위의 문화산업에는 중간 범위의 문화산업에 다음과 같은 산업을 포함시킬 수 있을 것이다. ① 비식용작물(5번) 중 화훼작물 ② 편직제의류 및 장식품(43번), 직제의류 및 장식품(44번), 가죽 및 모피의류(45번), 기타 섬유제품(46번) 등 패션섬유관련제품 ③ 점토제품(78번) ④ 제조업 분야의 문화상품 및 서비스의 생산에 필요한 장비, 장치, 기기 제조업으로서 영상 및 음향기기(107번), 통신 및 방송기기(108번), 컴퓨터 및 주변기기(109번), 사무용기기(110번) ⑤ 가구(122번) ⑥ 통신(145번) ⑦ 교육기관(156번), 연구기관(157번), 기업내 연구개발(158번) 등이다.

특히 많은 멀티미디어 관련 산업 등은 컴퓨터 도움을 받아 생산된다는 점에서 컴퓨터, 음향기기 제조업은 문화산업의 주요영역에 포함될 수 있다. 그러나 이것은 문화산업을 지나치게 광범하게 획정하고 있다는 문제점을 가지고 있다.

2. 문화산업의 현황

한국은행에서는 2001년 분석한 산업연관분석자료(1998년 기준)에서 산업분류체계를 통합대분류(28개), 통합중분류(77개), 통합소분류(168개) 및 기본부문(402개) 등 네 가지 차원에서 분류하고 있다. 〈표 10-1〉은 한국은행의 산업 분류를 문화산업의 개념 범주와 관련시킨 산업유형을 비교하여 제시한 것이다. 좌측의 통합대분류와 통합중분류는 문화산업이 아닌 여타 산업까지 포함하지만, 통합소분류와 기본부문에서는 보다 구체적인 문화산업만 구분하여 제시되어 있다.

<표 10-1>

한국은행 산업연관표에 의한 산업분류(1998)

통합대분류(28부문)	통합중분류(77부문)	통합소분류(168부문)	기본부문(402부문)
1. 농림수산품	1. 작물	5. 비식용작물	14. 화훼작물
4. 섬유 및 가죽제품	21. 의류 및 장신품	43. 편직제의류 및 장신품	105. 편직제의류
			106. 편직제장신품
		44. 직물제의류 및 장신품	107. 직물제의류
			108. 기타장신품
		45. 가죽 및 모피의류	109. 가죽의류
			110. 모피의류
		46. 기타섬유제품	111. 직물제품
	22. 기타섬유제품		112. 기타섬유제품
6. 인쇄, 출판 및 복제	26. 인쇄, 출판 및 복제	56. 인쇄, 출판 및 복제	135. 신문
			136. 출판
			137. 인쇄
			138. 기록매체출판 및 복제
9. 비금속광물제품	39. 도자기 및 점토제품	77. 도자기	183. 산업용도자기
			184. 가정용도자기
		78. 점토제품	185. 내화요업제품
			186. 건설용점토제품
13. 전기 및 전자기기	50. 영상,음향 및 통신기기	107. 영상 및 음향기기	263. TV
			264. VTR
			265. 음향기기
			266. 기타영상음향기기
		108. 통신 및 방송기기	267. 유선통신기기
			268. 무선통신 및 방송장비
	51. 컴퓨터 및 사무기기	109. 컴퓨터 및 주변기기	269. 컴퓨터 및 주변기기
		110. 사무용기기	270. 사무용기기
16. 가구 및 기타제조업제품	57. 가구	122. 가구	296. 목재가구
			297. 금속가구
			298. 기타가구
	58. 기타제조업제품	123. 장난감 및 운동용품	299. 장난감 및 오락용품
			300. 운동 및 경기용품
		124. 기타제조업제품	301. 악기
			302. 문방구
			303. 귀금속 및 보석
			304. 모형 및 장식용품
			305. 기타제조업제품
22. 통신 및 방송	66. 통신 및 방송	145. 통신	347. 우편
			348. 전신 · 전화
			349. 부가통신
		146. 방송	350. 방송(비영리)
			351. 방송(산업)
24. 부동산 및 사업서비스	69. 사업서비스	153. 광고	365. 광고
26. 교육 및 보건	71. 교육 및 연구	156. 교육기관	372. 교육기관(국공립)
			373. 교육기관(사립)
			374. 교육기관(산업)
		157. 연구기관	375. 연구기관(국공립)
			376. 연구기관(비영리)
			377. 연구기관(산업)
		158. 기업내연구개발	378. 기업내연구개발
27. 사회 및 기타서비스	73. 문화오락서비스	162. 문화오락서비스	386. 문화서비스(국공립)
			387. 문화서비스(기타)
			388. 영화
			389. 연극, 음악 및 기타예술
			390. 운동 및 경기관련서비스
			391. 기타 오락서비스

문화 산업의 현황을 보면, 〈표 10-2〉에서 7개 문화산업은 곧 276,206억 원 정도를 산출하여 국민경제 전체산출인 10,629,581억 원의 2.6% 정도를 점유하고 있다. 우선 부가가치액을 기준으로 살펴보면 7개 문화산업은 전체 산업에 비해 2.5%인 118,891억 원으로 추산되며, 특히 부가가치 구성항목 중 피용자보수와 간접세의 경우는 전체산업에서 상대적으로 높은 비중(각각 3.2%와 3.3%)을 차지하고 있는 반면에 영업잉여는 1.5%로써 문화산업의 비중이 상대적으로 낮은 것으로 추산된다. 한편 수입규모는 7개 문화산업의 경우 14,644억 원으로서 총수입액의 1.0%를 차지하고 있어서 우리나라의 경우 문화산업은 수입의존율이 낮은 산업임을 알 수 있다. 고용규모는 7개의 문화산업의 경우 전체산업의 총피용자수 11,325,644명의 3.8%인 435,621명이고, 취업규모는 총취업자수 17,196,644명의 3.0%인 513,890명을 차지하고 있다.

<표 10-2>
문화산업의 현황

(단위 : 억 원, 명, %)

산 업	생산액 (1998)	부가가치 (1998)	피용자보수 (1998)	영업잉여 (1998)	간접세 (1998)	수 입 (1998)	피용자수 (1995)	취업자수 (1995)
인쇄,출판및복제(56)	77,004	28,953	19,801	1,928	2,980	2,893	144,222	151,259
도자기(77)	13,057	5,712	2,875	1,831	159	734	29,290	30,301
장난감및운동용품(123)	12,771	6,059	2,835	2,391	114	1,323	26,670	27,523
기타제조업제품(124)	29,948	11,065	6,199	2,345	1,176	4,733	80,141	84,359
방송(146)	23,706	16,279	9,699	4,997	119	1,258	24,970	47,019
광고(153)	36,466	5,934	3,585	226	1,472	475	46,002	34,093
문화오락서비스(162)	83,254	44,889	23,271	9,857	7,151	3,228	84,326	139,336
소계(A)	276,206	118,891	68,265	23,575	13,171	14,644	435,621	513,890
전산업(B)	10,629,581	4,716,047	2,119,612	1,588,348	395,045	1,395,391	11,325,644	17,196,644
전산업비율(A/B)	2.6	2.5	3.2	1.5	3.3	1.0	3.8	3.0

자료 : 한국은행(1998)과 한국은행(2001)을 참고하여 재작성하였다.

<표 10-3> 한국은행의 산업분류표에 의한 문화산업분류 (168개 부문)

	부 문 명		부 문 명		부 문 명		부 문 명
001	벼	043	편직제의류및장신품	087	비철금속괴	131	건축보수
002	맥류및잡곡	044	직물제의류및장신품	088	비철금속1차제품	132	교통시설건설
003	채소및과실	045	가죽및모피의류	089	건설용금속제품	133	기타토목건설
004	기타식용작물	046	기타섬유제품	090	금속제용기	134	도소매
005	비식용작물	047	가죽및모피	091	공구및철선제품	135	음식점
006	축산	048	가방및핸드백	092	기타금속제품	136	숙박
007	육림	049	신발	093	엔진및터빈	137	철도운송
008	원목	050	기타가죽제품	094	일반목적용기계부품	138	도로운송
009	기타임산물	051	목재	095	산업용운반기계	139	수상운송
010	수산어획	052	나무제품	096	공조및냉온장비	140	항공운송
011	수산양식	053	펄프	097	기타일반목적용기계	141	운수보조서비스
012	석탄	054	종이류	098	금속가공용기계	142	하역
013	원유	055	종이제품	099	농업및건설기계	143	보관및창고
014	천연가스	057	석탄제품	100	기타특수목적용기계	144	기타운수관련서비스
015	철광석	058	나프타	101	발전기,전동기및전기변환	145	통신
016	비철금속광석	059	연료유	102	기타전기장치	147	금융
017	건설용골재및석재	060	기타석유제품	103	전자표시장치	148	보험
018	기타비금속광물	061	석유화학기초제품	104	반도체	149	금융및보험관련서비스
019	육류및육가공품	062	기타유기화학기초제품	105	기타전자부분품	150	부동산
020	낙농품	063	무기화학기초제품	106	영상및음향기기	151	사업관련전문서비스
021	수산가공품	064	합성수지	107	통신및방송기기	152	기계장비및용품임대
022	정곡	065	합성고무	108	컴퓨터및주변기기	154	기타사업서비스
023	제분	066	화학섬유	109	사무용기기	155	공공행정및국방
024	제당	067	비료	110	가정용전기기기	156	교육기관
025	전분및당류	068	농약	111	의료및측정기기	157	연구기관
026	빵,과자및국수류	069	의약품	112	광학기기	158	기업내연구개발
027	조미료	070	화장품및비누	113	시계	159	의료및보건
028	유지및식용유	071	연료,안료및도료	114	기타철강1차제품	160	사회복지사업
029	과실및채소가공품	072	기타화학제품	115	자동차	161	위생서비스
030	기타식료품	073	플라스틱제품	116	자동차엔진및부분품	163	사회단체
031	주류	074	타이어및튜브	117	트레일러및콘테이너	164	수리서비스
032	음료수및얼음	075	기타고무제품	118	선박	165	개인서비스
033	배합사료	076	유리제품	119	철도차량	166	사무용품
034	담배	078	점토제품	120	항공기	167	가계외소비지출
035	천연섬유사	079	시멘트	121	기타수송장비	168	분류불명
036	화학섬유사	080	콘크리트제품	122	가구	056	인쇄,출판및복제
037	재봉사및기타섬유사	081	기타비금속광물제품	125	전력	077	도자기
038	천연섬유직물	082	선철및합금철	126	도시가스	123	장난감및운동용품
039	화학섬유직물	083	강반성품(조강)	127	열공급업	124	기타제조업제품
040	기타섬유직물	084	열간압연품	128	수도	146	방송
041	편조원단	085	냉간압연강재	129	주택건축	153	광고
042	섬유표백및연색	086	주단강품	130	비주택건축	162	문화오락서비스

주 : 7개 문화산업부문을 하나로 통합하면 총 162개 부문이 된다.

제3절 문화투자에 대한 분석모형 설정

1. 투입산출 분석모형의 기본구조

산업연관표는 일정기간(보통 1년) 동안 국민경제 내에서 재화와 서비스의 생산 및 처분과정에서 발생하는 모든 거래를 일정한 기준과 원칙에 따라 행렬(Matrix)형식으로 기록한 종합적인 통계표로서, 재화와 서비스의 거래를 산업상호간의 중간재 거래부분, 각 산업부분에서의 노동, 자본 등 본원적 생산요소의 구입부분, 그리고 각 산업부문 생산물의 최종소비자에게로의 판매 부분 등 세 가지로 구분하여 기록하고 있다. 국민경제를 n개의 산업부문으로 구분할 때, 산업연관표의 기본 구조를 그림으로 나타내면 〈그림 10-2〉과 같다.

산업연관표의 세로 방향(열, column)은 각 산업부문이 재화와 서비스를 생산하기 위하여 지출한 생산비의 구성, 즉 투입구조를 나타낸다. 투입구조는 원재료 투입을 나타내는 중간투입부분(U_j)과 피용자보수(R_j), 영업잉여(S_j), 고정자본소모(D_j), 간접세(T_j), 보조금(A_j) 등 본원적 생산요소의 구입비용을 나타내는 부가가치부분(V_j)으로 구분되고, 그 합계를 총투입액(X_j)이라고 한다. 한편 표의 가로방향(행, raw)은 각 산업부문의 생산물이 어떤 부문에 중간수요 또는 최종수요 형태로 얼마나 판매되었는가를 의미하는 배분구조를 나타낸다. 배분구조는 생산을 위하여 중간재(X_{ij})로 판매되는 중간수요부분(W_i)과 소비재(C_i), 자본재(I_i), 수출(E_i) 등의 최종재로 판매되는 최종수요부분(Y_i)으로 구분된다. 중간수요와 최종수요를 합한 것은 당해연도 국민경제의 총수요액이 되고, 여기서 해외에서 조달되는 수입(M_i)을 공제한 것이 총산출액(X_i)이라고 하는데 이것이 바로 국내총생산(GDP)에 해당한다. 그리고 각 산업부문의 총산출액과 이에 대응되는 총투입액은 항상 일치한다. 이를 요약하면 다음과 같다.[182]

총투입액 = 중간투입 + 부가가치 (투입구조)

총산출액 = 중간수요 + 최종수요 − 수입 (배분구조)

(중간수요 + 최종수요) → 총수요(= 총공급)

총투입액 = 총산출액

한편 재화와 서비스의 산업부문 상호간의 거래인 중간투입과 중간수요를 기록하는 부분을 내생부문이라 하고 부가가치와 최종수요를 기록하는 부분을 외생부문이라고 하는데, 내생부문이란 외생부문의 수치가 모형 밖에서 주어지면 이에 따라 피동적으로 모형 내에서 그 값이 결정되는 부문이란 의미로 산업연관표 작성에서 가장 어려운 부분이며, 작성된 표의 분석이나 이용에 있어서도 가장 중요한 부분이다. 외생부문이란 내생부문과 관계없이 모형 밖에서 값이 결정되는 부문이란 의미로 이 외생부문 값의 변동이 국민경제에 어떠한 파급효과를 미치는가를 알아보려는 것이 산업연과표의 작성 목적이라고 할 수 있다.

이러한 산업연관표의 일반적인 형식은 〈그림 10-2〉의 형태로 나타낼 수 있다. 우선 가로방향으로 보면 i부문의 총산출액 X_i와 수입 M_i를 합한 총공급액(X_i+M_i)은 중간수요인 $W_i(=\sum_{j=1}^{n}X_{ij})$만큼 자체 부문과 여타 부문의 중간재로, 최종수요인 $Y_i(= C_i+I_i+E_i)$만큼 소비, 투자, 수출을 통해 최종재로 판매되었음을 나타낸다. 또한 세로방향으로 보면 j부문은 X_j만큼의 생산을 위해 중간투입인 $U_j(=\sum_{i=1}^{n}X_{ij})$만큼 자체 부문 및 여타 부문에서 원재료를, 부가가치인 $V_j(= R_j+S_j+D_j+T_j+A_j)$만큼 본원적 생산요소를 각각 구입하였음을 나타낸다.

182) 한국은행, 2001. 12. 1998년 산업연관표(연장표), pp.10~11.

		내생부문		외생부문				수입	총산출액
		1 … j … n	중간수요계	소비	투자	수출	최종수요계		
내생부문	1	X_{11} … X_{1j} … X_{1n}	W_1	C_1	I_1	E_1	Y_1	M_1	X_1
	⋮	⋮ ⋮ ⋮	⋮	⋮	⋮	⋮	⋮	⋮	⋮
	i	X_{i1} … X_{ij} … X_{in}	W_i	C_i	I_i	E_i	Y_i	M_i	X_i
	⋮	⋮ ⋮ ⋮	⋮	⋮	⋮	⋮	⋮	⋮	⋮
	n	X_{n1} … X_{nj} … X_{nn}	W_n	C_n	I_n	E_n	Y_n	M_n	X_n
	중간투입계	U_1 … U_j … U_n							
외생부문	피용자보수	R_1 … R_j … R_n							
	영업잉여	S_1 … S_j … S_n							
	고정자본소모	D_1 … D_j … D_n							
	간접세	T_1 … T_j … T_n							
	보조금	A_1 … A_j … A_n							
	부가가치계	V_1 … V_j … V_n							
총투입액		X_1 … X_j … X_n							

<그림 10-2>
산업연관표의 기본구조

2. 산업연관분석의 주요계수

2.1. 투입계수

산업연관분석에서 분석대상이 되는 몇 가지의 중요한 계수가 있다. 우선 투입계수는 각 산업부문이 재화나 서비스의 생산에 사용하기 위하여 다른 산업으로부터 구입한 각종 원재료, 연료 등 중간재의 투입액과 부가가치 투입액을 그 산업의 총투입액(= 총산출액)으로 나눈 값으로서, 각 부문의 생산물 1단위 생산에 필요한 각종 중간재 및 부가가치의 단위를 나타낸다. 따라서 투입계수는 각 산업부문의 생산활동에 있어서 생산기술구조, 즉 투입과 산출의 함수관계를 나타낸다.

한편 투입계수는 중간투입액을 총투입액으로 나눈 중간투입계수와 부가가치의 각 항목을 총투입액으로 나눈 부가가치계수로 구분되지만, 산업 간의 상호의존관계를 분석하는 산업연관분석의 특성상 일반적으로 중간투입계수를 투입계수로 사용하고, 그것은 산업 간 또는 산업과 최종수요 간의 파급효과분석의 기초가 된다. 개별 산업의 투입계수(X_{ij}/X_j)는 총투입액을 1로 볼 때 개별 산업의 투입을 비율로 나타내는 개념이다.

이러한 투입계수에는 작성되는 표의 종류와 분석목적에 따라 국산품과 수입품을 구분하지 않은 생산자가격평가표에서 산출한 투입계수와 중간투입물을 각각 국산품과 수입품으로 구분한 국산거래표와 수입거래표에서 각각 산출한 국산투입계수와 수입투입계수가 있다.

2.2. 생산유발계수

앞에서 설명한 바와 같이 투입계수는 재화나 서비스에 대한 최종수요가 발생하였을 때 이에 따라 각 산업부문으로 파급되는 생산유발효과의 크기를 계측하는데 이용되는 중요한 매개변수이다.

그러나 산업부문수가 많은 경우 투입계수를 매개로 하여 무한히 계속되는 생산파급효과를 일일이 계산한다는 것은 현실적으로 거의 불가능하다. 따라서 이러한 문제를 해결하기 위해 역행렬이라는 수학적인 방법을 도입하여 계산하게 되는데 이것이 바로 생산유발계수이다. 생산유발계수의 도출과정은 다음과 같다.

우선 산업연관표에서 각 산업부문 생산물의 수급관계를 보면 중간수요와 최종수요의 합계에서 수입을 공제한 값과 총산출액이 일치하므로 그 수급방정식은 일련의 연립방정식체계로 나타낼 수 있다.[183]

$$\begin{array}{ccccccccccccccc}
X_{11} & + & X_{12} & + & \cdots & + & X_{1j} & + & \cdots & + & X_{1n} & + & Y_1 & - & M_1 & = & X_1 \\
\vdots & & \vdots & & & & \vdots & & & & \vdots & & \vdots & & \vdots & & \vdots \\
X_{i1} & + & X_{i2} & + & \cdots & + & X_{ij} & + & \cdots & + & X_{in} & + & Y_i & - & M_i & = & X_i \\
\vdots & & \vdots & & & & \vdots & & & & \vdots & & \vdots & & \vdots & & \vdots \\
X_{n1} & + & X_{n2} & + & \cdots & + & X_{nj} & + & \cdots & + & X_{nn} & + & Y_n & - & M_n & = & X_n
\end{array}$$

단, X_{ij} : j부문에 사용되는 i재 투입액

X_i : i부문의 산출액

X_j : j부문의 투입액

Y_i : i부문의 최종수요액

M_i : i부문의 수입액 (10-1)

183) 한국은행, 앞의 자료, pp.13~14.

그런데 투입계수는 각각의 중간투입액을 총산출액으로 나누어 산출한 값 즉 $a_{ij} = X_{ij}/X_j$ (a_{ij}는 j산업의 재화 1단위를 생산하는데 투입되는 i산업의 투입단위)인데 위의 식은 투입계수를 이용하여 다음과 같은 식으로 변형이 가능하다.

$$
\begin{array}{ccccccccccccc}
a_{11}X_{11} & + & a_{12}X_{12} & + \cdots + & a_{1j}X_{1j} & + \cdots + & a_{1n}X_{1n} & + & Y_1 & - & M_1 & = & X_1 \\
\vdots & & \vdots & & \vdots & & \vdots & & \vdots & & \vdots & & \vdots \\
a_{i1}X_{i1} & + & a_{i2}X_{i2} & + \cdots + & a_{ij}X_{ij} & + \cdots + & a_{in}X_{in} & + & Y_i & - & M_i & = & X_i \\
\vdots & & \vdots & & \vdots & & \vdots & & \vdots & & \vdots & & \vdots \\
a_{n1}X_{n1} & + & a_{n2}X_{n2} & + \cdots + & a_{nj}X_{nj} & + \cdots + & a_{nn}X_{nn} & + & Y_n & - & M_n & = & X_n
\end{array}
\qquad (10\text{-}2)
$$

이 방정식을 행렬형식으로 전환하면 다음과 같다.

$$
\begin{bmatrix}
a_{11} & a_{12} & \cdots & a_{1j} & \cdots & a_{1n} \\
a_{21} & a_{22} & \cdots & a_{2j} & \cdots & a_{2n} \\
\vdots & \vdots & \vdots & \vdots & \vdots & \vdots \\
a_{i1} & a_{i2} & \cdots & a_{ij} & \cdots & a_{in} \\
\vdots & \vdots & \vdots & \vdots & \vdots & \vdots \\
a_{n1} & a_{n2} & \cdots & a_{nj} & \cdots & a_{nn}
\end{bmatrix}
\begin{bmatrix} X_1 \\ X_2 \\ \vdots \\ X_j \\ \vdots \\ X_n \end{bmatrix}
+
\begin{bmatrix} Y_1 \\ Y_2 \\ \vdots \\ Y_i \\ \vdots \\ Y_n \end{bmatrix}
-
\begin{bmatrix} M_1 \\ M_2 \\ \vdots \\ M_i \\ \vdots \\ M_n \end{bmatrix}
=
\begin{bmatrix} X_1 \\ X_2 \\ \vdots \\ X_i \\ \vdots \\ X_n \end{bmatrix}
\qquad (10\text{-}3)
$$

이것은 다음과 같이 행렬기호로 간단히 나타낼 수 있다.

$$AX + Y - M = X \qquad (10\text{-}4)$$

단, A는 투입계수행렬, X는 총산출액벡터, Y는 최종수요벡터, 그리고 M은 수입벡터이다.

이 식을 X에 대해서 풀면 다음과 같다.

$$X - AX = Y - M$$

$$(I - A)X = Y - M$$

$$X = (I - A)^{-1}(Y - M) \qquad (10\text{-}5)$$

여기서 우변의 $(I-A)^{-1}$을 생산유발계수행렬이라 한다. 그리고 I는 주 대각요소가 모두 1이고 그 밖의 요소는 모두 0(zero)인 단위행렬인 경우이다.

생산유발계수는 최종수요가 1단위 증가하였을 때 이를 충족시키기 위해 각 산업부문에서 직 · 간접적으로 유발되는 산출단위를 나타내는데 도출과정에서 역행렬이 이용되기 때문에 이를 역행렬계수라고도 한다. 이 생산유발계수의 값을 미리 알게 되면 최종수요를 독립적으로 추정하여 그에 대응하는 생산수준을 계산할 수 있게 된다.

한편 생산유발계수는 연립방정식을 푸는 과정에서 계산되는 계수이지만 1단위의 최종수요가 주어지는 경우 각 산업의 생산에 미치는 직 · 간접적인 파급효과를 나타내는 누적계수의 의미를 가지고 있다. 이와 같은 논리를 행렬에 적용하면 $(I-A)^{-1}$은 다음과 같이 나타낼 수 있다. 즉

$$(I-A)^{-1} = I + A + A^2 + A^3 + \cdots \tag{10-6}$$

가 된다.[184] 이 식의 우변에서 단위행렬 I는 각 산업부문 생산물에 대한 최종수요가 1단위 발생했을 때 이를 충족시키기 위한 각 산업부문의 직접생산효과가 되며, A는 각 산업부문 생산물 1단위 생산에 필요한 중간재 투입단위 즉 1차 생산파급효과가 된다. A^2는 1차 생산파급효과로 나타난 각 산업부문 생산물 생산에 필요한 중간재 투입단위 즉 2차 생산파급효과가 되며, 이와 같은 원리로 적용하면 A^3, A^4, …는 각각 3차, 4차, … 생산파급효과가 된다.

따라서 $(I-A)^{-1}$은 최종수요 1단위 증가에 따라 유발되는 직 · 간접적인 생산파급효과를 열합계한 생산유발계수를 의미하며, 이것은 최종수요로부터 파생되는 파급효과를 나타내는 승수의 성질을 지니고 있기 때문에 케인즈의 투자승수와 구별하여 다부문승수(multi-sector multiplier) 혹은 레온티에프승수(Leontief multiplier)라고도 한다.

그리고 생산유발계수행렬의 요소를 r_{ij}라고 하면 r_{ij}는 j부문의 생산물에

184) 이는 투입계수를 이용한 다음과 같은 생산파급효과 계산방식 동일한 방식의 적용을 통해 얻어지게 된다. 예컨대 어떤 실수 a가 $0 < a < 1$ 일 경우 (1-a)의 역수 $(1-a)^{-1}$은 다음과 같은 무한등비급수의 합으로 나타낼 수 있다. 즉

$$(1-a)^{-1} = \frac{1}{1-a} = 1 + a + a^2 + a^3 + \cdots$$

대한 최종수요 1단위를 충족시키기 위해 필요한 i산업부문의 재화 또는 서비스의 직 · 간접적인 산출단위를 의미한다.

생산유발계수행렬의 j번째 열합계($\sum_{i=1}^{n} r_{ij}$)는 j산업부문의 생산물에 대한 최종수요 1단위 발생에 따라 전산업부문에서 유발되는 직 · 간접적인 생산파급효과를 나타내며[185], i번째 행합계($\sum_{j=1}^{n} r_{ij}$)는 전산업부문의 생산물에 대한 최종수요가 각각 1단위씩 발생할 경우 i산업부문에서 유발되는 직 · 간접적인 생산파급효과를 각각 나타낸다. 생산유발계수행렬의 대각요소($r_{ij}, i = 1,2,\cdots, n$)는 각 산업부문이 최종수요 1단위를 충족시키기 위하여 직 · 간접적으로 필요한 자체부문의 직 · 간접적인 생산파급효과를 나타낸다. 생산유발계수행렬의 열합계에서 대각요소를 뺀 값이 다른 산업에 간접적으로 미치는 생산파급효과가 된다.

2.3. 부가가치(피용자보수 · 영업잉여 · 간접세) 및 수입유발계수

2.3.1. 부가가치유발계수

본원적 생산요소와 최종수요의 관계는 최종수요의 발생이 국내생산을 유발하고 생산 활동에 의해서 부가가치가 창출되기 때문에 결과적으로 최종수요의 발생이 부가가치의 원천이 된다. 따라서 1단위의 최종수요에 의해 유발되는 직 · 간접적인 산출단위를 나타내는 생산유발계수행렬의 각 열에 본원적 생산요소 투입계수의 각 행을 곱함으로써 최종수요 충족을 위하여 필요한 본원적 생산요소 단위를 구할 수 있는데, 이러한 최종수요의 발생에 따른 부가가치유발계수의 도출과정은 다음과 같다.[186]

부가가치 벡터를 V, 부가가치계수의 대각행렬을 A^v라고 하면 $V = A^vX$의 관계가 성립하며 이 식에 생산유발관계식 $X = (I - A^d)^{-1}Y^d$를 대입하면 $V = A^v(I - A^d)^{-1}Y^d$이 도출되는데, 이 식에서 $A^v(I - A^d)^{-1}$를 부가가치유발계수행

185) 이 생산유발계수의 열의 합계는 $\Sigma_i(I - A)^{-1}$로 계산된다. 그 외에도 이 계수와의 관계를 응용하여 각종 투자에 대한 산업 간에 미치는 생산유발, 부가가치 또는 피용자보수유발 및 고용유발 등을 계량화할 수 있다. 최근에는 인구유발, 에너지 및 환경오염유발 등의 계량화에도 이 분석이 이용되고 있는 등 산업연관분석의 유용성이 날로 확대되고 있다.

186) 한국은행, 앞의 자료, pp.15~16.

렬이라고 한다. 이것을 이용하면 국산품에 대한 최종수요(Y^d)가 주어질 때 그것으로부터 유발되는 부가가치액을 구할 수 있다. 즉 부가가치유발계수는 부가가치 대각행렬과 생산유발계수를 곱하여 도출한다.

2.3.2. 피용자보수 · 영업잉여 · 간접세유발계수

부가가치에는 피용자보수, 영업잉여, 고정자본소모, 간접세, 보조금 등의 항목들로 구성되어 있기 때문에 피용자보수유발계수, 영업잉여유발계수, 간접세유발계수 등도 같은 방법으로 계산해 낼 수가 있다. 가령 피용자보수유발계수는 피용자보수를 총투입액으로 나눈 값, 즉 피용자보수계수에 대한 대각행렬에 생산유발계수를 곱하여 구한다. 즉 A^r를 피용자보수계수의 대각행렬이라고 할 때, 피용자보수유발계수는 $A^r(I - A^d)^{-1}$로 나타낼 수 있다. 그리고 영업잉여를 총투입액으로 나눈 값을 영업잉여계수라고 하고 영업잉여계수의 대각행렬을 A^s이라고 할 때, 영업잉여유발계수는 $A^s(I - A^d)^{-1}$이 된다. 마찬가지로 간접세유발계수는 간접세를 총투입액으로 나눈 값 즉 간접세계수에 대한 대각행렬에 생산유발계수를 곱하여 계산된다. 즉 A^t를 간접세계수의 대각행렬이라고 할 때, 간접세유발계수는 $A^t(I - A^d)^{-1}$로 계산된다.

2.3.3. 수입유발계수

각 산업부문의 생산 활동을 위하여 필요로 하는 중간재는 국산품뿐만 아니라 수입품에 의해서도 충당되기 때문에 최종수요 발생에 따른 생산유발은 국산품생산유발과 수입품생산유발로 구분할 수 있다. 부가가치와 마찬가지로 최종수요와 수입의 관계에서 최종수요 발생에 따른 수입유발효과도 계산할 수 있다. 즉 수입균형식 $A^mX + Y^m = M$에 생산유발관계식 $X = (I - A^d)^{-1}Y^d$를 대입하면 $A^m(I - A^d)^{-1}Y^d + Y^m = M$의 식이 성립하며, 여기서 $A^m(I - A^d)^{-1}$을 수입유발계수행렬이라고 한다. 이 때 $A^m(I - A^d)^{-1}Y^d + Y^m = M$의 식에서 $A^m(I - A^d)^{-1}Y^d$의 의미는 국산품 최종수요(Y^d)를 충족시키기 위하여 각 산업의 생산 활동에 직 · 간접적으로 투입되기 위해 수입된 것이며, Y^m의 의미는 수입품의 최종수요를 뜻한다.[187)]

187) 한국은행, 2001, 앞의 자료, p.16.

즉 수입유발계수는 수입계수 대각행렬과 생산유발계수의 곱으로 도출한다. 여기서 부가가치유발계수행렬의 열합계와 수입유발계수행렬의 열합계를 더하면 항상 1이다.

이것은 최종수요에 의한 생산유발효과가 일부 원자재수입으로 해외로 유출되고 나머지는 부가가치로 나타난다는 것을 의미한다. 그리고 수입유발계수와 부가가치유발계수의 합은 1이기 때문에, 부가가치유발계수가 클수록 수입유발계수는 항상 작은 값으로 나타난다.

2.4. 고용유발계수와 취업유발계수

최종수요의 발생이 생산을 유발하고 생산은 다시 노동수요를 유발하는 파급메커니즘에 의해 노동의 파급효과는 물론 생산 활동이 노동수요에 미치는 영향과 그 변동요인 등을 계측할 수 있다. 이러한 유발계수에는 고용유발계수와 취업유발계수 두 종류가 있다.

고용유발계수를 산출하기 위해서는 노동계수를 먼저 파악해야 한다. 노동계수는 일정기간의 생산활동에 투입된 노동량을 총투입액으로 나눈 값이다($i = L_i / X_i$). 따라서 노동계수는 한 단위의 생산에 직접 필요한 노동량을 의미한다.

노동계수는 다시 피용자수(employed)를 총투입액으로 나눈 값인 고용계수와 피용자와 사업주 및 가족종사자 등 무급종사자(unpaid)를 포함한 취업자수를 총투입액으로 나눈 값인 취업계수로 구분된다. 이 고용유발계수 행렬의 열합계는 어느 한 산업의 최종수요가 한 단위 증가할 경우 각 산업에서 유발되는 고용량을 의미하고, 여기에서 고용계수를 뺀 나머지는 간접 고용유발량을 의미한다.

피용자수를 총투입액으로 나눈 값을 고용계수라고 하고 고용계수의 대각행렬을 A^e라고 할 때, 고용유발계수는 $A^e(I - A^d)^{-1}$의 식에 의해서 계산이 가능하게 된다. 한편 취업유발계수도 마찬가지 방법으로 계산이 가능하다. 즉 취업자수를 총투입액으로 나눈 값을 취업계수라고 하고 취업계수의 대각행렬 A^c라고 한다면, 취업유발계수는 $A^c(I - A^d)^{-1}$을 계산함으로써 구해진다.

2.5. 영향력계수와 감응도계수

생산유발계수를 이용하여 각 산업 간 상호의존관계의 정도를 전산업의 평균치를 기준으로 상대적 크기로 나타낸 것이 영향력계수와 감응도계수이다.

2.5.1. 영향력계수

영향력계수는 어떤 산업의 생산물에 대한 최종수요가 1단위 발생할 때 전산업의 생산에 미치는 영향, 즉 후방연쇄효과(backward linkage effect)의 정도를 나타내는 계수로서 해당 산업의 생산유발계수 열합계를 전산업의 평균 생산유발계수로 나누어 계산한다. 예를 들어 자동차의 수요는 엔진, 타이어 등의 생산을 유발하는데 영향력계수란 이러한 자동차 산업에 의한 생산유발의 정도를 전산업 평균과 비교한 것이다. 따라서 철강, 전기, 전자 등과 같이 생산유발효과가 큰 산업부문일수록 영향력계수도 커지게 된다.[188]

2.5.2. 감응도계수

감응도계수는 전산업의 생산물에 대한 최종수요가 각각 한단위씩 발생할 때 어떤 산업이 받는 영향, 즉 전방연쇄효과(forward linkage effect)가 어느 정도인가를 나타내는 계수로서 그 산업의 생산유발계수 행합계를 전산업 평균으로 나누어 구한다. 일반적으로 석유제품과 같이 그 제품이 각 산업부문에 중간재로 널리 사용되는 산업일수록 감응도계수가 크다.

188) 한국은행, 앞의 자료, p.16.

제4절 문화투자의 경제적 파급효과

1. 문화투자에 대한 분석결과

1.1. 산업별 최종수요 100억 원 투입 효과

산업별 최종수요(소비, 투자, 수출) 100억 원 투입에 따른 각종 유발효과를 산업별 가중평균한 각종 유발계수에 의해 계산된 결과를 요약하면 〈표 10-4〉과 같다. 분석한 결과를 보면, 168개 부문과 162개 부문 간에는 유발효과면에서는 별 차이를 보이지 않고 있다. 따라서 각종 유발효과를 개략적으로 비교하면 최종수요 100억 원 투입 시 주요 파급효과인 생산유발효과는 181억 원, 부가가치유발효과는 약 71억 원, 그리고 고용유발효과의 경우 약 239명인 것으로 분석되었다.

기타 파급효과 중 피용자보수는 약 30억 원, 영업잉여는 약 25억 원이 각각 유발되며, 간접세는 약 6억 원이 유발되는 것으로 나타났다.

<표 10-4> 최종수요 100억 원 투입 시 각종 유발효과 비교

(단위 : 억 원, 명)

부 문	생산유발 효과	부가가치 유발효과	피용자보수 유발효과	영업잉여 유발효과	간접세 유발효과	수입유발 효과	고용유발 효과	취업유발 효과
168개 부문	181.1	71.0	30.5	24.8	5.7	27.9	239	379
162개 부문	180.5	70.6	30.1	24.9	5.7	28.2	236	380

1.2. 부문별 · 산업별 각종 유발계수의 상대적 비교

〈표 10-5〉에서 알 수 있듯이, 부문별 · 산업별로 각종 유발계수의 상대적 순위를 비교 · 분석한 결과를 살펴 보면 다음과 같다.

첫째로, 162개 부문 분석에서 부문통합 문화산업의 경우 영업잉여유발계수와 수입유발계수를 제외하고 나머지 유발계수들은 모두 가중 평균한 각종 유발계수보다 큰 것으로 분석되어 문화산업이 타 산업보다 상대적으로 각종 유발계수에서 높은 값을 기록하고 있다. 이는 특히 문화산업이 생산, 부가가치, 피용자보수, 간접세 및 고용면에서 경제적 파급효과가 크다는 것을 의미한다.

한편 168개 부문 분석에서는 생산유발계수와 영업잉여유발계수 및 간접세유발계수의 경우 168개 산업에 대한 상대적 비교에서 7개의 개별 문화산업 간에는 양극화 현상이 나타났다.

즉 생산유발계수의 경우, 특히 광고, 인쇄 · 출판 및 복제는 생산파급효과가 매우 큰 문화산업인 반면, 문화오락서비스, 방송은 그 효과가 상대적으로 매우 작은 것으로 나타났다. 이러한 현상은 각 산업들이 사용하는 원재료(중간재)의 투입구조 즉 생산기술구조가 다르기 때문인 것으로 분석된다.

그리고 영업잉여유발계수의 경우에도 양극화현상이 두드러지게 나타나고 있는데, 전산업 평균계수보다 높은 산업은 장난감 및 운동용품, 방송, 도자기, 문화오락서비스 등인 반면, 인쇄 · 출판 및 복제, 기타제조업제품, 광고의 경우 평균 수준을 밑돌고 있다.

특히 영업잉여유발계수가 전산업 가중 평균을 밑도는 문화산업은 대체로 기업이 영세하여 '규모의 경제'의 이익을 누리지 못하고 있기 때문인 것으로 판단된다.

또한 간접세유발계수의 경우 방송, 장난감 및 운동용품을 제외하고는 모두 전산업 평균수준보다 매우 높게 나타났다. 특히 문화오락서비스는 168개 산업 중 상위 5% 이내(8위)에 들어가는 것으로 밝혀졌다.

따라서 문화산업은 개별 문화산업별로 양극화 현상을 나타내고 있지만 대체로 타 산업에 비해 간접세유발계수가 상대적으로 크다는 사실을 알 수 있다.

둘째로, 부가가치유발계수와 피용자보수유발계수의 경우 7개의 개별 문화산업은 산업별 가중 평균한 유발계수보다 모두 높게 나타났다. 우리 나라의 경우 통상적으로 전통적인 제조업에서는 낮은 부가가치를 창출해 온 반면, 부동산, 금융 등 서비스관련산업에서는 주로 높은 부가가치를 창출해 온 것으로 알려져 있다.

본 연구에서도 문화산업이 서비스산업과 관련이 깊은 관계로 타 산업에 비해 상대적으로 높은 부가가치 창출능력을 지니고 있다는 점을 고려해 볼 때, 이제 문화산업은 21세기의 새로운 전략산업으로서 고부가가치산업으로 육성할 필요가 있을 것이다.

또한 고용유발계수의 경우도 문화오락서비스를 제외하고는 모두 평균 유발계수보다 높은 값을 기록하였다. 이와 같이 문화산업이 다른 산업에 비해 고용유발효과가 크다는 것은 문화산업이 상대적으로 노동집약적 성격을 잘 반영해 주고 있다고 말할 수 있다. 이러한 문화산업의 고용유발효과를 고려할 때, 정부의 고용정책에 있어서 문화산업부문에 대한 고려가 각별히 요구된다고 할 수 있겠다.

셋째로, 수입유발계수의 경우에는 기타제조업제품을 제외하고는 모두 산업별 가중 평균한 유발계수가 168개 산업 중 하위권에 머물러 있는 것으로 분석되었다.

이는 부가가치유발계수와 수입유발계수의 합이 1이 되기 때문에 나타난 당연한 결과이며, 또한 이는 문화산업이 다른 산업에 비해 상대적으로 수입대체효과가 크다는 사실을 간접적으로 반영해 주고 있다.

그리고 취업유발계수는 피용자수에다 자영업자 및 무급가족종사자를 포함하는 취업자수를 분석항목으로 취급하였기 때문에, 피용자수만을 기준으로 한 고용유발계수와는 약간의 차이를 보이고 있으나, 이것 역시 168개 산업 중 7개 개별 문화산업은 모두 중위권을 웃돌고 있는 것으로 분석되었다.

<표 10-5>

부문별 · 산업별 각종 유발계수의 상대적 비교

산업별 유발계수	효과 구분	162개부문	168개 부문						
		부문통합 문화산업	인쇄,출판 및복제	도자기	장난감및 운동용품	기타제조업 제품	방 송	광 고	문화오락 서비스
생산유발 계수	열합계	1.9101	2.0376	1.8451	1.7722	1.8365	1.4492	2.4474	1.7084
	가중평균	1.8052	1.8105						
	순위	64	40	77	94	80	142	8	107
	비교	◕	●	◕	◔	◕	○	●	◔
부가가치 유발계수	열합계	0.8330	0.7976	0.8109	0.7809	0.7128	0.8996	0.8534	0.8976
	가중평균	0.7059	0.7095						
	순위	53	59	57	61	88	31	53	32
	비교	●	◕	◕	◕	◕	●	●	●
피용자 보수 유발계수	열합계	0.4013	0.4224	0.3650	0.3477	0.3427	0.4894	0.4410	0.3971
	가중평균	0.3012	0.3048						
	순위	30	25	44	55	59	13	20	34
	비교	●	●	●	●	◕	●	●	●
영업잉여 유발계수	열합계	0.2277	0.1689	0.2652	0.2998	0.2056	0.2856	0.2065	0.2627
	가중평균	0.2489	0.2484						
	순위	77	127	54	37	94	42	93	56
	비교	◔	○	●	●	◔	●	◔	●
간접세 유발계수	열합계	0.0903	0.0837	0.0562	0.0305	0.0662	0.0253	0.0939	0.1310
	가중평균	0.0567	0.0569						
	순위	19	22	46	129	35	151	18	8
	비교	●	●	◉	○	●	○	●	●
수입유발 계수	열합계	0.1670	0.2024	0.1891	0.2191	0.2872	0.1004	0.1466	0.1024
	가중평균	0.2818	0.2786						
	순위	108	108	110	106	79	136	114	135
	비교	○	○	○	○	◕	○	○	○
고용유발 계수	열합계	0.0283	0.0290	0.0374	0.0341	0.0367	0.0285	0.0254	0.0229
	가중평균	0.0236	0.0239						
	순위	46	48	17	23	18	49	62	79
	비교	●	●	●	●	●	●	◕	◔
취업유발 계수	열합계	0.0362	0.0344	0.0417	0.0389	0.0423	0.0324	0.0323	0.0372
	가중평균	0.0380	0.0379						
	순위	50	61	39	43	37	72	73	49
	비교	●	◔	●	●	●	◔	◔	◉

● : 168개 산업 중 순위 1~56위(162개 산업의 경우 순위 1~54위)

◕ : 168개 산업 중 순위 57~112위에 해당하고 산업별 가중 평균한 유발계수보다 큰 경우 (162개 산업의 경우 순위 55~108위)

◔ : 168개 산업 중 순위 57~112위에 해당하고 산업별 가중 평균한 유발계수보다 작은 경우 (162개 산업의 경우 순위 55~108위)

○ : 168개 산업 중 순위 113~168위(162개 산업의 경우 순위 109~162위)

◉ : 168개 산업 중 순위 1~56위에 해당하면서 산업별 가중 평균한 유발계수보다 작은 경우 (162개 산업의 경우 순위 1~54위)

1.3. 전 · 후방연쇄효과 분석결과

162개 부문 분석에서 부문통합 문화산업의 경우 전 · 후방연쇄효과가 모두 큰 산업인 것으로 나타났다. 한편 168개 부문 분석의 경우 광고, 인쇄 · 출판 및 복제는 전 · 후방연쇄효과가 큰 산업이고, 도자기, 기타제조업제품은 후방연쇄효과가 큰 산업인데 반해, 방송, 문화오락서비스, 장난감 및 운동용품은 전 · 후방연쇄효과가 모두 작은 산업인 것으로 분석되었다. 대체로 제조업분야는 일반적으로 후방연쇄효과가 큰 산업인 반면, 서비스 산업은 상대적으로 낮은 산업으로 나타나고 있다. 다만 광고는 전 · 후방연쇄효과가 크지만 특히 서비스산업이면서 예외적으로 두 효과 중 상대적으로 후방연쇄효과가 매우 큰 것으로 분석되었는데 이는 광고의 특수성을 고려할 때, 당연한 귀결이라 할 수 있겠다.

<표 10-6>
영향력 및 감응도 비교분석

구 분		162개부문	168개 부문						
		부문통합 문화산업	인쇄,출판 및복제	도자기	장난감및 운동용품	기타제조업 제품	방 송	광 고	문화오락 서비스
영향력 계수	계수	1.0581	1.1254	1.0191	0.9788	1.0143	0.8004	1.3518	0.9436
	평균	1.0000							
	순위	64	40	77	94	80	142	8	107
감응도 계수	계수	2.3123	1.5794	0.7008	0.5761	0.8286	0.8316	1.0734	0.7084
	평균	1.0000							
	순위	10	22	108	150	75	73	41	103
효 과 구 분		◫	◫	◨	◲	◨	◲	◫	◲

◨ : 후방연쇄효과가 큰 경우

◧ : 전방연쇄효과가 큰 경우

◫ : 전 · 후방연쇄효과가 큰 경우

◲ : 전 · 후방연쇄효과가 모두 미미한 경우

1.4. 문화투자에 의한 자체 및 타 산업 유발효과 비교

2005년 문화관광부의 문화산업육성 예산 1,851억 원[189]이 모두 문화산업에 투자될 경우 각 산업의 파급효과를 추산해 보면 다음과 같다.

먼저 통합모형인 162개 부문에서는 부문통합 문화산업의 최종수요 1,851억 원만이 존재하고 나머지 161개 부문의 최종수요는 0(zero)이라는 가정하에 부문통합 문화산업이 자체 및 타산업에 대한 파급효과를 분석한 결과가 〈표 10-7〉에 나타나 있다.

그리고 168개 부문에서는 개별 문화산업의 상대적인 파급효과를 비교하기 위해서 7개 부문의 평균투자금액을 각각 264억 원으로 하고 이 중 한개 부문의 최종수요가 264억 원일 때 나머지 167개 부문은 최종수요가 모두 0(zero)이라는 가정 하에 개별 문화산업이 자체 및 타산업에 미치는 파급효과를 산출한 결과도 〈표 10-7〉에 나타나 있다. 분석결과를 요약하면 다음과 같다.

첫째로, 2005년 정부의 문화산업분야 1,851억 원 투자에 따른 파급효과를 구체적으로 계산해 보면, 생산은 3,536억 원, 부가가치는 1,542억 원, 고용은 5,238명 그리고 수입이 309억 원 유발될 것으로 분석되었다. 그리고 피용자보수는 743억 원, 영업잉여는 421억 원, 간접세는 167억 원, 그리고 취업은 6,701명이 유발될 것으로 분석되었다.

둘째로, 각종 유발효과의 질적 측면을 분석해 보면, 162개 부문 분석에서 부문통합 문화산업의 경우 영업잉여효과와 수입유발효과를 제외하고는 모든 유발효과에서 타산업효과보다 자체산업효과가 더 크게 나타나는 것으로 분석되었다. 그러나 168개 부문 분석에서는 7개의 개별 문화산업 중 특기할 만한 사항은 광고는 모든 유발효과에서 공통적으로 자체산업효과보다 타산업효과가 더 큰 것으로 나타났다. 이는 광고의 산업적 특수성을 고려해 볼 때, 당연한 결과인 것으로 생각된다.

---

189) http://www.dt.co.kr/print.html?gisaid=2004112302013168636001

<표 10-7>
문화산업투자가 자체산업 및 타산업에 미치는 효과 비교

(단위 : 억 원, 명)

산업별 유발효과	효과 구분	162개부문	168개 부문						
		부문통합 문화산업	인쇄,출판 및복제	도자기	장난감및 운동용품	기타제조업 제품	방 송	광 고	문화오락 서비스
생산유발 효과	전체	3,536	538	487	468	485	383	646	451
	자체	2,191	286	266	269	269	263	266	286
	타산업	1,345	252	221	199	216	120	380	165
	비교	◉	◉	◉	◉	◉	◉	◎	◉
부가가치 유발효과	전체	1,542	211	214	206	188	237	225	237
	자체	943	108	116	128	99	180	43	154
	타산업	599	103	98	78	89	57	182	83
	비교	◉	◉	◉	◉	◉	◉	◎	◉
피용자 보수 유발효과	전체	743	112	96	92	90	129	116	105
	자체	538	74	58	60	55	107	26	80
	타산업	205	38	38	32	35	22	90	25
	비교	◉	◉	◉	◉	◉	◉	◎	◉
영업잉여 유발효과	전체	421	45	70	79	54	75	55	69
	자체	187	7	37	50	21	55	2	34
	타산업	234	38	33	29	33	20	53	35
	비교	◎	◎	◉	◉	◎	◉	◎	◎
간접세 유발효과	전체	167	22	15	8	17	7	25	35
	자체	104	11	3	2	10	1	11	25
	타산업	63	11	12	6	7	6	14	10
	비교	◉	◉	◎	◎	◉	◎	◎	◉
수입유발 효과	전체	309	53	50	58	76	27	39	27
	자체	44	1	1	4	6	1	1	4
	타산업	265	52	49	54	70	26	38	23
	비교	◎	◎	◎	◎	◎	◎	◎	◎
고용유발 효과	전체	5,239	766	987	900	969	752	671	605
	자체	3,833	546	750	614	712	595	133	403
	타산업	1,406	220	237	286	257	157	538	202
	비교	◉	◉	◉	◉	◉	◉	◎	◉
취업유발 효과	전체	6,701	908	1,101	1,027	1,117	855	853	982
	자체	4,526	572	776	634	751	608	182	665
	타산업	2,175	336	325	393	366	247	671	317
	비교	◉	◉	◉	◉	◉	◉	◎	◉

a : 전체 유발효과 중 타산업효과보다 자체산업효과가 더 큰 경우
b : 전체 유발효과 중 자체산업효과보다 타산업효과가 더 큰 경우

셋째로, 유발효과를 기준으로 살펴보면, 광고를 제외한 나머지 6개 개별 문화산업과 부문통합 문화산업은 공통적으로 생산, 부가가치, 피용자보수, 고용, 취업면에서 타산업효과보다 자체산업효과가 더 큰 산업인 것으로 밝혀졌다. 또한 수입유발효과의 경우는 모든 문화산업에서 자체산업효과보다 타산업효과가 더 큰 것이 특이하다. 그러나 영업잉여와 간접세의 경우는 문화산업마다 양상이 다르게 나타났다. 가령 영업잉여유발효과의 경우 도자기, 장남감 및 운동용품, 방송은 자체산업효과가 더 큰 반면, 부문통합 문화산업을 포함한 나머지 개별 문화산업은 타산업효과가 더 큰 것으로 나타났다. 그리고 간접세유발효과의 경우 부문통합 문화산업, 인쇄 · 출판 및 복제, 기타제조업제품, 문화오락서비스는 자체산업효과가 큰 반면, 나머지 개별 문화산업은 타산업효과가 더 큰 것으로 분석되었다.

2. 정책적 함의 및 요약

이상에서의 분석결과를 종합해 볼 때, 문화산업은 이제 국민경제의 거시적인 구조 안에서 중간재로서 또는 최종소비재 · 자본재로서, 다른 산업부문과 상호의존관계 속에서 국민경제에 직 · 간접적으로 지대한 영향을 주고받는다는 사실을 확인할 수 있었다. 그리고 과거에는 문화를 생산요소로 보지 않고 단지 소비재로서만 인식되어 경제성장에 기여하는 측면이 거의 무시되어 왔지만, 최근 문화를 자본재, 특히 고부가가치 문화상품을 생산하는 생산요소로서 중요하게 취급하고 있다.

이 연구에서도 이러한 점을 감안하여 여러 가지 요소별로 문화산업이 국민경제에 미치는 파급효과를 분석하였다. 문화투자에 대한 산업연관분석 결과 중 주요 내용만 요약하면 다음과 같다.

첫째, 대체로 문화산업은 타 산업보다 상대적으로 각종 유발계수에서 높은 값을 기록하고 있다. 부가가치, 피용자보수, 간접세 및 고용 측면에서 유발효과가 크게 나타났다. 특히 문화산업이 다른 산업에 비해 부가가치유발효과가 크다는 것은 문화산업이 고부가가치를 창출하는 21세기형 국가전략산업으로서 경제성장에 지대한 영향을 미친다는 사실을 알 수 있다. 한편 고용유발효과가 크다는 것은 문화산업이 상대적으로 노동집약적 성격을 잘 반영해 주고 있다고 말할 수 있다. 이러한 문화산업의 고용유발효과를 고려할 때, 정부의 고용정책에 있어서 문화산업부문에 대한 고려가 각별히 요구된다고 할 수 있겠다.

둘째, 대체로 문화산업은 전 · 후방연쇄효과가 큰 산업인 것으로 나타났다. 개별 문화산업의 경우 전 · 후방연쇄효과가 큰 산업은 광고, 인쇄 · 출판 및 복제인 것으로 분석되었다. 광고는 두 효과 중 특히 후방연쇄효과가 매우 큰 산업인 것으로 나타났는데, 이는 광고의 산업적 특성을 잘 반영해 주고 있다고 하겠다.

셋째, 문화산업별 각종 유발효과의 질적 측면을 분석해 보면, 부문통합 문화산업의 경우 영업잉여유발효과와 수입유발효과를 제외하고는 모든 유발효과에서 타산업효과보다 자체산업효과가 더 크게 나타나는 것으로 분석되었다. 그리고 광고를 제외한 나머지 6개 개별 문화산업도 공통적으로 생산, 부가가치, 피용자보수, 고용 및 취업면에서 타산업효과보다 자체산업효과가 더 큰 것으로 나타났다.

넷째, 특기할 만한 사항으로서, 7개의 개별 문화산업 중 광고는 산업적 특수성 때문에 모든 유발효과에서 공통적으로 자체산업효과보다 타산업효과가 더 큰 것으로 나타났으며, 수입유발효과는 모든 문화산업에서 자체산업효과보다 타산업효과가 더 큰 것으로 분석되었다. 그러나 영업잉여와 간접세의 경우는 문화산업마다 양상이 다르게 나타났다.

마지막으로, 2005년 정부의 문화산업투자(1,851억 원)에 대한 경제적 파급효과를 요약하면, 생산은 3,536억 원, 부가가치는 1,542억 원, 고용은 5,238명, 그리고 수입이 309억 원 유발될 것으로 추산된다. 그리고 피용자보수는 743억 원, 영업잉여는 421억 원, 간접세는 167억 원, 그리고 취업은 6,701명이 유발될 것으로 분석되었다.

이러한 분석결과를 종합적으로 고려해 볼 때, 문화산업은 특히 생산, 부가가치, 고용 및 간접세 등 주요 거시경제변수에 직·간접적으로 미치는 경제적 파급효과가 매우 크다는 사실을 확인할 수 있었으며, 정부도 이제 문화산업에 대해 과감하게 투자를 할 필요가 있다. 아울러 투자의 효율성을 높이기 위해 문화산업별·유발효과별 파급효과의 상대적인 크기를 고려하여 좀더 종합적·체계적으로 투자관리를 해 나가야 할 것이다. 특히 개별 문화산업별 특수성을 고려하여 투자를 안배하고 성장유망 산업을 전략적으로 육성함으로써 비로소 문화산업은 21세기 국가전략산업으로 육성될 수 있을 것으로 생각된다. 아울러 문화투자의 효율성이 향상되면 문화산업의 특성상 향후 문화 분야의 신산업 발굴에도 많은 도움이 될 것으로 판단된다.

제11장

시민유형 분석과 문화시민사회 형성

이 장에서는 우선 시민의식과 시민유형에 대해서 분석하고 시민유형별로 『자치형 시민』으로의 수렴적 정책 프로그램을 제시함으로써 시민사회의 성숙과 문화자본의 축적을 통한 문화시민사회의 형성 메카니즘을 소개하고 문화시민의 지향점을 제시한다.

제1절 시민유형 분석과 시민사회의 변화양상

1. 시민유형 분석

시민의식이란 시민이 자신들이 살고 있는 지역에 대해 정서적 일체감과 애착심을 가지고 시민사회의 일원으로서 주체적으로 살아가는 의식을 말한다. 이러한 시민의식의 함양은 시민문화를 형성하는데 원동력이 된다. 결국 시민문화란 시민이 스스로 자신의 주체성을 가지고 자신의 생활을 향상시키고 지역의 당면과제를 협력하여 공동으로 처리해 나가려는 생각과 태도에 의해서 나타나는 것이다.

그런데 한 지역 내에서도 시민들의 행동체계와 의식체계는 다양한 형태를 지닌다. 어떤 시민은 주체적 입장에서 자발적 · 능동적으로 문제를 접근하는 행동양식을 보이는가 하면, 또 어떤 시민은 객체적 입장에서 의존적 · 수동적인 행동양식을 나타내기도 한다.

이러한 시민의식을 구조적으로 분석해 보면, 시민의식은 시민사회의 일원으로서 시민사회 의식과 전통적인 공동체 의식으로서의 지역사회 의식이라는 두 가지 측면이 결합되어 있다. 결국 시민의식은 지역사회 의식의 강 · 약에 따라 이를 참여적인 태도(지역 주체적 태도)－방관적 태도(지역 객체적 태도)로, 그리고 시민사회 의식의 강 · 약에 따라 보편주의적 태도－특수주의적 태도라는 두 축(軸)으로 설정하여, 이를 교차시키면 다음과 같이 『전통형 시민』, 『무관심형 시민』, 『권리요구형 시민』, 『자치형 시민』 등 4가지 유형으로 도식화된다.[190]

1.1. 『전통형 시민』의 의식과 행동양식

『전통형 시민』은 지역사회에 대한 지연적(地緣的) 속성은 강하지만 시민사회를 형성하는 주체자로서의 의식이 약한 시민을 말한다. 이 유형의 시민들은 한 지역에 오래 정착하여 생활하고 있으며 주로 자기 소유의 주택을 가지고 1차산업에 종사하는 사람들이다. 이들은 대체로 교육수준이 낮으며, 토착적 정서를 바탕으로 지역공동체 의식이 강한 것이 특징이다. 또한 이들은 지역사회 구성원들 간에 유기적인 연대 속에서 전통적인 가치관이나 관습에 집착한 나머지 새로운 문화에 대해 배타적인 태도를 나타낸다.

1.2. 『무관심형 시민』의 의식과 행동양식

『무관심형 시민』은 지역공동체 의식이나 시민사회 의식도 약한 계층으로서 이들은 한 지역에 머무르지 않고 일터나 거주지를 찾아서 떠돌아다니는 것이 특징이다. 이러한 유형의 시민은 교육수준도 낮고 직업도 불안정하며, 경제적으로도 저소득층에 해당하는 소외계층에서 주로 찾아볼 수 있다.

『무관심형 시민』들은 도시화와 산업화 과정에서 『전통형 시민』에서 『권리요구형 시민』으로 전이되는 단계에서 과도적으로 나타나는 시민유형이기도 하다. 『무관심형 시민』의 가장 전형적인 특징은 지역사회의 문제뿐만 아니라 대부분의 공적인 문제에 대해서도 관심이 없다는 것이다. 이들이 나타내는 무관심의 근원은 무지(無知)와 가난에서 비롯된다. 따라서 일종의 『아노미형 시민』이라고도 할 수 있다. 이들은 지역문제나 정치적인 사안에 관하여 참여할 방법이나 지식도 소유하고 있지 못하다.[191]

『무관심형 시민』에게는 전통문화의 보전이나 계승을 기대하기 어렵다.

190) 강형기, 2001, 향부론, 비봉출판사, pp.264~265.

191) 강형기, 앞의 책, pp.266~267.

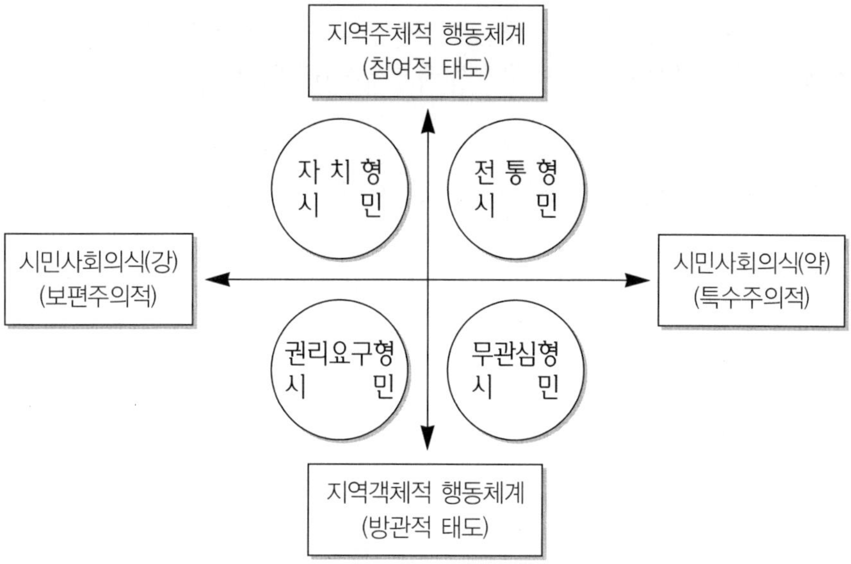

<그림 11-1>
시민의식과 시민유형

게다가 새로운 문화의 창조는 더욱 기대하기 어렵다. 그래서 경제관료나 지방자치단체장들은 이들에게 새로운 삶의 터전을 보장해 주고 나아가 지역공동체 의식을 가질 수 있도록 각별한 프로그램을 마련해야 할 것이다.

1.3. 『권리요구형 시민』의 의식과 행동양식

『권리요구형 시민』은 시민으로서의 참정권적인 권리의식은 강하지만 지역사회에 대한 귀속의식 내지는 정서적 일체감이 미약한 시민층이다. 이러한 시민유형은 주로 지방자치단체의 외부에서 이동해온 전입자들로서, 아직 지역사회에 정서적으로 뿌리를 내리지 못한 화이트컬러나 조직노동자 계층에서 많이 나타난다. 이러한 계층은 비교적 학력이 높거나 안정된 직장을 가지고 있고 수입도 중산층에 가깝다. 그러나 지역사회나 지연공동체가 제시하는 의무나 가치에는 무관심한 반면, 자신의 권리에는 강한 집착을 나타낸다.[192]

오늘날 많은 시민들은 자기 집 주변에 혐오시설이나 환경오염시설이 들어서는 것에 대해서는 참정권자의 입장에서 개인의 이익을 위해 적극적으

192) 강형기, 앞의 책, pp.267~268.

로 반대하는 NIMBY(Not in My Backyard)[193] 현상이 나타나는 반면에, 공동체의 일원으로서의 의무 이행에 대해서는 소극적이다.

1.4. 『자치형 시민』의 의식과 행동양식

『자치형 시민』은 시민사회의 일원으로서의 권리의식과 아울러 지역사회를 구성하는 객체로서의 의무도 적극 수행하려는 시민이다. 따라서 『자치형 시민』은 지역주체적 입장에서 스스로 자각하고 지역사회의 문제해결에 적극적으로 참여하여 협조하려는 자세를 견지한다. 이들은 민주적인 방식으로 문제를 해결하려고 하며, 아울러 지역의 전통문화를 보존하고 전승하는 데도 남다른 관심을 보일 뿐만 아니라 외래문화에 대해서도 개방적인 태도를 보인다.

따라서 이들은 오늘날 시민들의 삶을 윤택하게 하고, 누구나 와서 살고 싶어 하는 지역만들기에 앞장서서 아름답고 품격 높은 지역문화를 창조하는 주역들이다. 즉 이들은 세계화 · 정보화 시대의 주역으로서 문화자본 축적을 통해 문화시민사회를 만들어나가는 사람들이다.

2. 시민사회의 변화양상

오늘날 도시화와 산업화 그리고 고학력화로 인하여 중산층이 확대되면서 『권리요구형 시민』들이 많이 등장하게 되었다. 1945년 이후부터 실시된 의무교육으로 국민들의 교육열이 높아지면서 나타난 고학력화는 보편적인 시민사회 의식을 함양하는데 공헌하였다. 이를 통해 『권리요구형 시민』들 중 일부는 민주시민으로서 자질을 갖춘 『자치형 시민』으로 이동하는 양상을 보이기도 하였다.

193) 이 말은 '내 뒷마당에서는 안 된다'는 이기주의적 의미로 통용되고 있으며 최근 늘어나는 범죄자, 마약중독자, AIDS환자, 산업폐기물, 핵폐기물을 수용 또는 처리하는 마약퇴치센터나 방사능오염쓰레기 처리장 같은 시설의 필요성을 인정하면서도 이들이 '남의 뒷마당'에서 이루어지기를 원하는 자기중심적 공공성 결핍 증상이다.

한편 1960년대 이후 압축성장과정에서 발생된 부익부(富益富) 빈익빈(貧益貧) 현상은 새로운 저소득 빈곤층을 발생시켰고 이들은 상대적인 박탈감에 빠져, 시민사회에서 소외계층으로서 『무관심형 시민』으로 전락하는 양상이 나타났다. 1980년대 중반 이후 사회 전반에 걸쳐 민주화의 물결 속에서 『무관심형 시민』은 서서히 사회적 요구에 관심을 보이기 시작하였다.

이러한 사회적 분위기 속에서 『무관심형 시민』들 중 일부는 자신들의 생존권을 확보하기 위해 집단민원을 발생시키면서 『권리요구형 시민』으로 변화되는 양상을 보였으며, 또 일부는 개인적으로 시민운동(NGO, NPO 등)에 참여하면서 지역주체적인 입장에서 소외계층을 대변하거나 환경문제에 적극적으로 관심을 보이는 등 『자치형 시민』으로서 활동을 하기도 하였다.[194] 따라서 시민의 유형도 근대화 이후 다양한 유형으로 변화하여 왔다고 볼 수 있다. 그러나 최근 각각의 시민유형이 『자치형 시민』으로 전이되는 강도는 문화자본의 축적의 정도에 따라 차이가 나타난다고 할 수 있다.

다시 말해서 최근 문화자본이 시민사회에 축적되는 과정에서 시민유형별로 이를 체화하고 수용하는 강도의 차이가 존재하기 때문에 전이효과(轉移效果)는 시대별 · 유형별로 다르게 나타난다고 생각된다. 가령 1990년대 이전까지만해도 『전통형 시민』은 극히 일부분을 제외하고 대부분은 국가정책에는 매우 수동적이고 사회관계 측면에서는 보수적인 경향성을 보이면서, 『자치형 시민』으로 이동하는 현상은 많지 않았다. 반면에 우리 사회에 중산층에 해당하는 『권리요구형 시민』들 중 많은 사람들은 정치적 민주화에 강한 관심을 나타내기 시작했으며, 이들은 특히 소득수준의 향상과 아울러 여가시간의 확대로 88올림픽 이후 국내외 관광기회가 늘어나고 각종 문화향수기회가 증가하면서 문화시민으로서의 자긍심과 적극적인 사고를 하는 주체자로서 역할을 하게 되었다. 따라서 『권리요구형 시민』은 『전통형 시민』에 비해 『자치형 시민』으로의 이동속도는 상대적으로 빠르다고 할 수 있겠다.

그러나 최근에는 지방자치제가 성숙단계에 접어들고, 세계화 · 개방화의 물결 속에서 사회전반에 걸쳐 변화의 속도가 빨라지고 있으며, 특히 인터넷

194) 강형기(2001)는 『전통형 시민』이 『자치형 시민』으로, 그리고 『무관심형 시민』은 『권리요구형 시민』으로 이동하는 좌향적 전이기능을 수행한다고 밝히고 있다.

이 보편화되면서 우리 사회에는 엄청난 변화양상을 보이고 있다. 이제 대부분의 시민들은 정보의 공개와 문화향수기회의 확대에 따라 시민사회의식이나 지역사회의식이 확산되면서 과거에 비해서는 이들이 『자치형 시민』으로 전이되는 속도와 경향성이 크게 증가한 것은 사실이다. 그러나 시민유형별로 문화자본에 대한 수용능력과 의지 및 정보격차(digital divide)에 따라 문화자본 축적의 강도에는 차이가 존재하기 때문에 『자치형 시민』으로의 전이속도에는 분명히 차이가 존재한다고 하겠다.

제2절 문화자본축적을 통한 문화시민사회 형성

한 나라의 역사를 반추해 볼 때, 시민사회의 성숙과정은 공통적으로 민주주의라는 가치를 확보하기 위해 억압 · 착취의 국가 통제사회로부터 저항 · 자율의 시민사회로의 이행과정과 밀접한 관계가 있다. 이러한 시민사회를 사회구성체(social formation) 속에 어떤 형태로 규정짓느냐에 따라 사회적 성격 논쟁의 관점이 달라지게 된다.[195] 여기서는 문화산업이라는 경제구조와 문화시민의 생활세계 그리고 문화국가라는 통치구조를 통합적 세계로 파악하는 삼분법적 모형에 따라 문화자본 축적 전략에 의한 시민사회의 성숙과정을 설명하고자 한다.

1. 문화자본 축적 전략

오늘날 우리가 살고 있는 사회를 문화시민사회로 만들어 나가기 위해서는 시민사회를 구성하고 있는 다양한 유형 특히 『권리요구형 시민』과 『전통형 시민』 그리고 『무관심형 시민』들이 『자치형 시민』으로 이동하는 수렴적

195) 여기에는 사회를 국가-시민사회로 파악하는 이분법적 모형과 국가-시민사회-경제구조로 보는 삼분법적 모형이 있다. 이분법적 모형을 주장하는 사람들은 시민사회를 경제와 생활세계로 구분함으로써 설명이 가능하다고 보는데 비해, 삼분법적 모형을 따르는 논객들은 이분법적 모형은 경제영역을 독자적인 영역으로 설정하지 않고 시민사회 내의 범주로 간주함으로써 국가에 대한 저항과 통제관계로만 파악하게 되어, 시장의 횡포를 견제하지 못할 뿐만 아니라 경제와 시민사회 간의 관계 혹은 경제가 갖는 자율성 및 독자성을 간과하게 된다고 비판하고 있다.

인 전환[196]이 요구된다.

최근 우리 사회를 구성하고 있는 시민의 유형을 분석해 보면 『권리요구형 시민』이 압도적인 다수를 차지하고 있는데, 바람직한 사회적 지향(social orientation)은 우선 절대다수의 『권리요구형 시민』을 『자치형 시민』으로 전환시키는 정책이나 프로그램을 실시하는 일이다. 이를 위해서는 세계화와 개방화의 도도한 물결을 슬기롭게 수용하면서 지식 · 문화 · 정보화 사회의 주역으로서 문화자본을 왕성하게 축적할 수 있도록 이들을 위한 합리적인 법적 · 제도적 장치를 마련하고 사회지도층들은 솔선수범을 통해 사회적 합의를 도출해내는 상생의 전략이 요구된다고 하겠다.

그리고 개별적 · 배타적 경쟁 원리에서 협력과 상호 보완의 경쟁 원리인 협경의 개념을 실현시키는 프로젝트가 필요하다. 20세기 산업화의 시기는 경쟁원리가 지배하는 때였다. 따라서 단기적인 목표를 추구하고, 적자생존 원리에 따라 게임 참여자가 승자와 패자로 양분되는 등 극단적인 경쟁이 게임룰로 지배해왔다. 그러나 최근 개방화 · 융합화 현상이 강화되고 있고, 상호작용성이 중요한 존재방식으로 인정됨에 따라 21세기에는 경쟁과 협력의 새로운 게임룰이 지배할 것으로 예상된다. 따라서 21세기형 경쟁원리는 경쟁자를 패배시킬 때보다 오히려 협력할 때가 더 큰 이익을 가져다 줄 수 있다는 플러스 섬(plus sum)의 윈윈(win-win)전략이 요구되고 있다.

<그림 11-2>
시민유형의 전이과정

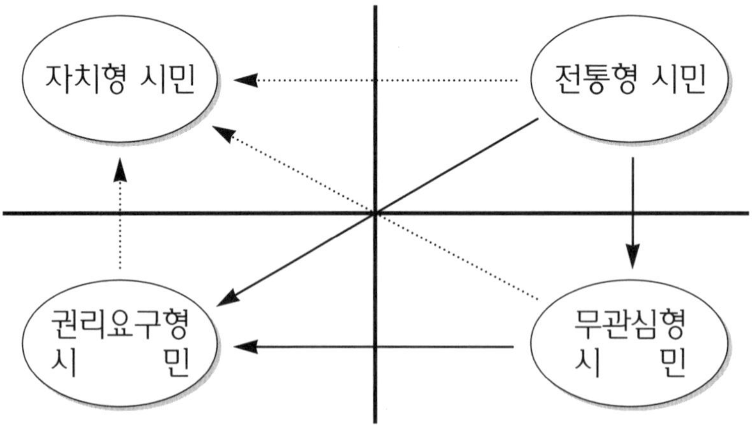

196) 〈그림 11-2〉에서 점선으로 된 화살표를 생각하라.

이를 위해서 정부는 시민사회를 인식하는 데 있어서 현실을 분석적 · 기계적으로 이해하기보다는 통합적 · 직관적 · 생물학적으로 이해하려는 관점이 필요하다. 다시 말해서 전체성의 원리를 적용하여 부분을 넘어 전체를 파악하는 시각 즉 전체포괄주의(wholism)에 기초한 정책수행 프로그램을 중시하여, 정책 프로그램의 통합화와 연계화를 중시할 필요가 있다. 그리고 21세기의 작은 정부는 통제와 조직의 주체가 아니라, 시민 스스로의 조직화를 인정하고 그것을 위한 환경을 구축하는 역할을 중시해야 할 것이다. 이는 사회의 변동을 복잡계(comlexity) 개념으로 인식하고, 자기조직화의 원리를 보장하는 정책 프로그램의 실시에 의해 가능하게 될 것이다.

결국 지방정부는 『권리요구형 시민』들이 혼자만의 진화는 스스로를 소멸시키며, 함께 진화하는 것만이 공생하는 원리임을 깨닫게 하는데 관심을 기울여야 한다. 이는 전체와 개별이 상호 영향을 주고 받으면서 진화하는 공진화(共進化)의 원리로서 정부 대 시민(기업), 시민 대 시민 간의 공생적 진화가 21세기의 생존방식이며, 경쟁력의 원천이 된다는 것을 의미한다. 따라서 지방정부는 시민사회의 구성원들에게 상호작용의 원칙을 형성하도록 유도하고, 상호작용이 공명(共鳴)을 일으키도록 공명의 장(場)을 조직하는 역할을 중시해야 한다.[197]

이와 같이 『권리요구형 시민』을 『자치형 시민』으로 전환하는 정책 프로그램 이외에 『전통형 시민』이나 『무관심형 시민』을 『자치형 시민』으로 전환하는 정책대안도 함께 고려되어야 한다. 이는 지식 · 정보 사회에 걸맞은 학교교육의 질적 개선과 인간중심의 교육제도 예컨대 향토교육의 강화 등을 통해 『생각하는 시민』을 양성하고 이들에게 지역의 개성을 창조하고, 그 지역에 살고 있는 데 대한 자긍심을 느끼게 하고 그 지역에 대한 매력과 애착을 갖게 하는 각종 문화프로그램을 실시하여 정신적인 안정과 삶의 터전 의식을 갖게 함으로써 시민사회 의식을 고양할 필요가 있다.

『전통형 시민』들에게는 보편적인 문화의 가치를 함양하게 하고, 『무관심형 시민』들에게는 정주조건의 기본(일터와 주거)을 보장해 줌으로써 정주성을 강화함과 아울러 시민사회의 기본가치와 질서를 공유하게 하는 학습의

197) 21세기 경북발전위원회, 앞의 보고서, pp.70~72.

기회를 제공하는 것도 중요하다.[198] 그리고 『전통형 시민』과 『무관심형 시민』은 『권리요구형 시민』에 비해 정보빈자(情報貧者)에 속하기 때문에 상대적인 정보격차를 해소하는 방안을 강구해야 할 것이다. 그러기 위해서는 이들 지역에 정보인프라 구축을 강화하고 정보접근성 및 정보의식을 높일 수 있는 여건을 조성해 주어야 한다.

이상에서 살펴본 바와 같이 『자치형 시민』으로의 수렴적 전환을 위해서는 문화시민의 저변확대가 필수적이라는 사실을 알 수 있다. 그렇다면 문화시민을 구성하는 문화인(文化人)이란 어떤 사람인가. 사전적 해석에 의하면, 문화인이란 『지적인 교양이 높은 자로서 문화에 관한 일(학문 · 예술)로 사회활동에 관계하는 사람』으로 정의되고 있다. 이러한 정의에 따르면, 지적인 교양이 없는 사람은 문화인이 되지 못한다. 그리고 문화에 관한 일에 종사하는 학자나 예술가 이외의 사람도 문화인의 범주에 들지 못한다. 학자라고 할지라도 상아탑(象牙塔) 안에만 틀어박혀 있거나 일반대중이 살아가는 현장에는 관심이 없고 나타나지도 않는 사람은 문화인이 아니다. 걸작을 혼자서만 간직한 채 시민의 감동적인 삶과는 거리가 먼 생활을 하는 화가도 문화인이라고 평할 수 없다. 인간을 멀리하면서 나홀로만의 길을 걷는 사람이라면, 그런 사람도 애초에 문화인과 인연이 없다. 왜냐하면, 문화인이란 사회적 활동을 함으로써 그 이름이 통용되는, 즉 활동력이 왕성한 사람이야말로 문화인이라고 부를 수 있기 때문이다. 문화인을 『사회적 활동에 관계하는 학자 · 예술가』라고 정의한 것에는 나름대로의 이유가 있다. 학자는 몽매한 사람의 눈을 뜨게 해주는 사람이다. 예술가는 문화의 향기와 이국(異國)의 드높은 예술사상을 전해주는 사람이다. 그러므로 그들은 문화인이라는 존경받을 존재로 비추어져 온 것이다.[199]

여기서 반드시 학자와 예술가만이 문화인이 될 수 있다는 것은 아니다. 대부분의 일반 시민들도 문화인으로 살아가기를 원할 것이다. 따라서 비록 예술이나 학문에 대한 전문가는 아니라고 하더라도 자기직업 이외에 일류의 기예(技藝)를 겸비하거나 식견을 가지고 있는 사람으로서, 예컨대 미술

198) 강형기, 앞의 책, p.272.

199) 강형기, 앞의 책, pp.272~273.

이나 음악감상 등을 취미로 하거나, 학문에 관심을 가진 자로서 사회적 활동을 하는 사람은 모두를 『문화인』이라고 부를 수가 있다.[200)]

이 책에서는 일반 시민이 지향하는 문화인을 총칭해서 문화시민이라고 부르기로 한다. 그렇다면 문화시민이 되기 위해서는 어떤 조건들을 갖추어야 하는가. 그것은 바로 보편적인 교양을 기초로 사회적 활동을 하는 사람들이다. 자기만의 이익을 위해 주장하고 남을 전혀 배려하지 않거나 시민의 정서와는 거리가 먼 군계일학(群鷄一鶴)의 생활만 고집하는 사람은 문화시민이 될 수 없다. 시민의 삶에 문화의 향기를 품어주고 시민의 의식에 신선한 충격을 던져주는 깨어있는 생활인이 바로 문화시민인 것이다. 따라서 오늘날 우리에게 요구되는 문화시민은 자기의 권리를 행사하면서도 현실에 애착을 가지고 책임과 의무를 다하는 성실한 지성인인 것이다.[201)]

그런데 지역의 문화적 지평을 넓히고 공유하여 지역을 문화적인 곳으로 만들려고 참여하는 적극성을 소유한 지식인은 『자치형 시민』들에게서 찾아볼 수 있다. 『자치형 시민』이야말로 지역에서 문화시민으로서의 본연의 기능을 수행하는 역군(役軍)인 것이다. 따라서 『자치형 시민』의 특성을 한마디로 표현한다면 『문화시민』을 지향하는 사람이라고 표현할 수 있다. 따라서 우리가 지역을 문화적인 도시로 가꾸어 나가기 위해서는 『자치형 시민』을 양성해 나가야 하는 이유가 바로 여기에 있는 것이다.[202)]

2. 문화시민사회의 형성 메카니즘

1980년대의 민주화 운동은 우리 나라 정치의 새로운 지평을 열게 되었고, 이와 더불어 개인적으로는 실질적인 기본권이 확보되면서 삶의 질에 관심을 보이기 시작했다. 아울러 1990년대부터는 지식과 정보가 중요시되면서 소위 지식기반경제(knowledge-base economy)의 시대가 도래하였다.

---

200) 木津川計, 1993, 人間と文化, 東京 : 岩波書店, pp.6~12.

201) 최근 미군 장갑차에 의한 두 여중생 사망사건과 관련하여 SOFA 개정을 요구하고 있는 평화적 촛불집회는 어떤 의미에서는 『자치형 시민』으로서의 문화시민운동이라고 볼 수 있다.

202) 강형기, 앞의 책, p.274.

지식기반경제에서는 문화가 매우 중요한 요소로 작용한다. 노동자의 감성과 창의적인 아이디어는 문화적 환경과 직결되어 있기 때문에, 문화가 내재된 노동은 지식기반경제에서 새로운 부(富)를 창출하는 중요한 생산요소가 되고 있다. 따라서 문화의 시대는 시민사회의 성숙과 지식기반경제가 맞물리면서 우리에게 다가오고 있다.

문화는 향유하는데 머무르는 것이 아니라 소비와 생산에 내재되어 새로운 상품의 이미지[203]나 생산성을 향상시키는 작용을 한다. 우리 나라가 지니고 있는 문화적 잠재력을 에너지로 활용하여 문화부국의 길을 개척해 나가는 논리로서 문화시민사회를 제시하는 것이 21세기 한국사회의 새로운 과제로 부각되고 있다.

문화시민사회의 건설은 경제(문화산업), 생활세계(문화시민), 국가수준(문화국가)에서의 문화자본을 축적하는 것이 하나의 과제가 된다. 이러한 문화자본의 축적은 다시 시민사회의 성숙을 위한 자양분으로 이용된다. 이러한 관점은 현재의 문화의 시대를 『문화산업의 국가 기간산업화』로 이해하고 또 문화를 산업경쟁력의 결정요소로 보는 관점과는 다르다. 문화를 이러한 산업적 측면으로 협소하게 보는 것이 아니라 실제의 삶을 풍성하게 만드는 문화가 되어야 한다.[204]

<그림 11-3>
문화시민사회의 형성 메카니즘

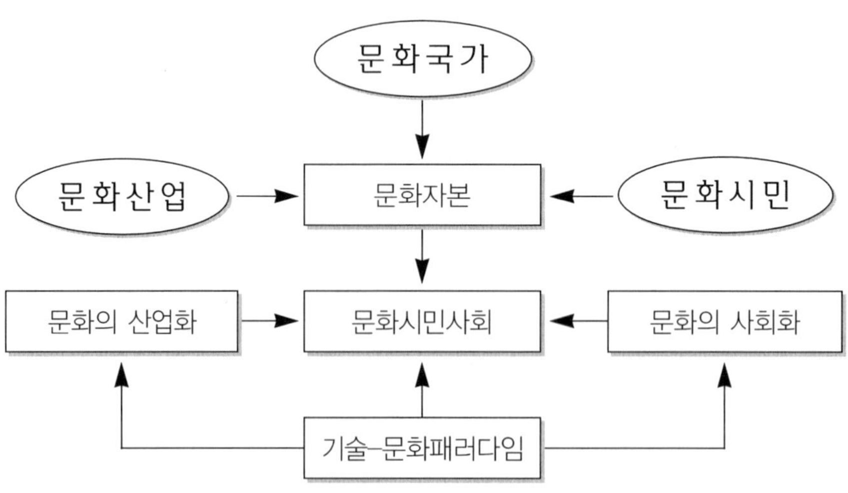

203) 이미지가 현실을 지배한다는 보드리야르의 『시뮬라시옹』이론을 생각하라.

204) 사회적 · 철학적 · 시스템 공학적 입장에서 본 야마모또 데쯔지의 문화자본론을 상기하라.

기술-문화 패러다임으로 보면 문화는 산업(경제)과 사회 간의 밀접한 관계를 갖는다. 문화의 산업화에는 현실적으로 시장의 힘과 자본의 논리가 관철된다. 그러므로 시민사회의 힘과 문화의 논리로 이를 견제 · 감시함으로써 새로운 힘이 가동되도록 해야 한다. 이렇게 함으로써 문화산업에 있어서는 문화적 생산능력을 높이고, 시민사회에 있어서는 문화의 식민지화에 반대되는 문화의 생활화를 지향함으로써 결국 문화자본을 축적하고 이를 이용하여 시민사회를 성숙시키는 전략이 필요하다. 여기에서 국가는 문화자본 축적을 위해 전체수준에서 문화혁신시스템을 구축해야 하는 역할이 주어지는 것이다.[205)]

205) 호암재단 · 중앙일보, 2000, "앞의 논문", pp.423~424.

제3절 문화시민으로서의 지향점

한국의 시민사회는 그 동안 사회운동사에 있어서 변혁운동의 상승과 좌절의 반복과정 속에서 성장해 왔다. 민주화 운동은 우리 사회의 정치권력이 소수의 집권세력의 의지에 의해 결정되는 부분을 국민의 의지에 의해 결정되는 계기를 마련하였다. 그러나 그 동안 진정한 국민의 정부로서 소임을 다하지 못하는 결과를 초래하게 되었고 그 과정에서 한국의 민주화 운동세력은 새로운 형태로 재편되거나 분산되었다.

즉 우리의 민주화 운동은 다양화의 길을 걷게 되었다. 한편에서는 기존의 사회운동 기구를 충실하게 지키고 있는 계승발전 그룹이 있는가 하면 다른 한편에서는 시민운동으로 이동하여 진정한 시민사회의 건설을 표방하는 혁신발전 그룹이 있다. 그리고 일부는 정치권으로 이동하였으며 지방으로 이동한 활동가들도 적지 않다.

지방자치제가 본격적으로 실시되면서 지역단체들은 각자 나름대로의 독자성을 강화하는 계기가 되었고, 과거의 중앙집권적 조직 형태에서 일부는 지방분권적 조직 형태로의 전환을 통해 지방의제를 개발하고 지방중심의 조직이 만들어지게 되었다. 최근에는 중앙으로부터의 독립성을 강조하면서 지역 간의 연대를 도모할 수 있는 수준에까지 이르게 되었다. 그러나 현재 한국사회의 NGO[206]들은 정치세력화의 단계가 아니라 비판운동과 정책대안

206) NGO의 역사를 거슬러 올라가면 대한제국시절 독립협회, 만민공동회에까지 이르게 된다. 당시 이 단체들은 입헌군주제도와 함께 정치 · 사회적 근대화를 주장하였다. 일제 식민지 시대에는 다양한 독립운동단체와 사회단체들이 만들어졌는데, 이들을 NGO의 기원으로 본다고 해도 큰 무리는 없을 것이다. 이러한 주장을 뒷받침할 수 있는 것은 도산 안창호가 조직한 흥사단과 그 외에 YMCA와 YWCA가 있다.

운동에 머물러 있다.

이처럼 혼재된 시민운동은 현재 한국에는 구사회운동과 신사회운동으로 구분이 가능하다. 한국에는 민주화 운동의 전통을 직접적으로 계승한 재야운동이 여전히 존재하고 있으며, 다른 한편에서는 민주화 운동의 성과에 의해 열린 공간 속에 다양한 신사회운동들이 성장하고 있다. 구사회운동은 마르크스주의를 중심으로 한 정교한 철학과 노동운동이 중심이 되는 정치운동과 선도적 정당운동이 포함되어 있다.

그러나 새롭게 등장한 NGO운동의 정치노선은 다양하다. 한편에서는 정부의 개혁노선을 지지하기도 하고, 다른 한편에서는 개혁노선의 후퇴에 대해서 비판을 가하는 모습도 볼 수 있다. 그리고 민주노총을 중심으로 한 진보정당의 건설운동을 보이는가 하면 다른 한편에서는 독자적인 복지정당의 건설이나, 녹색정당의 결성을 주장하기도 한다. 이러한 현상은 머지않아 NGO가 정당활동과 정치운동의 측면에서도 무엇인가를 선택해야 하는 시점이 다가오고 있다는 것을 의미하는 것이다.[207]

시민사회의 다양한 요구와 변화에 슬기롭게 대처하고 선도해 나갈 수 있는 성숙된 시민운동의 정착이 필요하다. 이를 위해서는 우선 시민사회를 주도해 나가는 시민들의 핵심역량을 강화해 나가야 한다. 문화자본이라는 에너지가 시민사회라는 저수지에 지속적으로 축적되고, 시민사회는 문화자본이라는 자양분을 섭취하면서 성숙되는 것이다. 따라서 우리의 시민운동은 우선 문화자본을 축적하는데 혼신의 노력을 해야 하며, 이를 지렛대로 사회발전의 축을 만들어 나가는 전략이 요구된다. 문화자본이 충분히 축적된 사회는 문화시민이 그 사회를 주도하게 된다. 이러한 사회에서는 비리와 부정이 통하지 않는다. 그리고 시민들이 강제 동원되지 않더라도 축제는 성공적으로 마칠 수가 있다. 매스컴도 공정한 보도와 기사를 내보낸다. 이러한 사회는 고질적인 지역감정이나 지연 · 혈연 · 학연이 통하지 않는다. 자율적인 공동체의식과 협력하면서 경쟁하는 상생의 철학이 있기 때문이다.[208]

---

207) http://cvs1.kyunghee.ac.kr/~suneast/frame.htm.

208) 월드컵 한일 공동개최기간에 보여준 붉은 악마들의 문화코드에서 가히 폭발적이면서도 자발적인 의지에 의해 질서정연하게 응집한 시민들의 역량과 높은 의식수준을 확인할 수 있었다.

이러한 시민사회를 이끌어가는 문화시민의 바람직한 지향점은 무엇인가.

문화는 교류와 융합을 통해 풍부해지고 인간의 삶을 살찌우는 자양분이다. 사람들이 만들어가는 문화를 통해 사람들은 더욱 풍요로워지고 이들이 영위해 나갈 삶의 공간은 하나의 용기(容器)로서 새로운 열정과 사랑과 비전을 담아 나간다.

최근 정보통신기술의 발달 특히 인터넷의 보급을 통해 이제 세계는 하나로 아우르는 정보화시대가 활짝 열리게 되었다. 이와 같이 새로운 질서로 재편되고 있는 세계는 새롭게 우리의 삶의 정체성을 위협하고 있다. 이러한 상황 하에서 우리는 다문화주의(multi-culturalism)의 관점에서 우리의 정체성을 되찾고 열린 세계의 다양한 목소리, 변화의 색깔들과 조화를 이루면서 우리의 삶의 터전을 가꾸어나갈 새로운 문화를 만들어 나가야 할 것이다.

사람들이 서로 다른 성격을 가지고 있듯이 도시나 지역도 서로 다른 역사와 전통 그리고 문화를 지니고 있다. 그것은 유구한 역사의 흐름 속에서 자연스럽게 형성된 그 지역 사람들의 삶의 흔적인 동시에 정신과 감정이 배인 삶의 실체이다. 그런데 그 문화를 형성하고 향유하는 것은 사람들이다. 문화와 사회, 도시와 시민은 모두 유기적인 관계 속에서 잘 짜여진 하나의 그물망을 이루고 있다. 그것은 곧 우리의 삶을 감싸고 있는 생명의 원천인 것이다. 생명의 그물을 어떻게 펼치느냐는 우리가 어떤 문화를 영위하느냐의 문제와 직결된다. 그것은 우리 시민들이 문화를 어떻게 가꾸고 창조해 나가야 하는지를 알려주는 이정표이자, 문화시민으로서의 지향점인 것이다. 이러한 인식은 행복한 도시, 누구나 와서 살고 싶어하는 도시, 지속적으로 성장하는 도시, 행복한 사람, 풍요롭고 격이 있는 문화, 기술-문화 패러다임으로서의 과학적 인식, 문화독점의 해체 그리고 문화적 평등을 이루기 위한 아름다운 출발이라고 생각된다.

참 고 문 헌

21세기 경북발전위원회, 1999, 경북 새천년만들기.

유네스코 한국위원회, 월간 소식지, 12월호/통권 제547호.

姜光夏, 1994, 産業聯關分析論(全訂版).

강대기, 1992, 현대도시론, 민음사.

강응성 역, 1996, 문화경제학 입문, 매일경제신문사.

강형기, 2001, 향부론, 비봉출판사.

경상북도, 1999, 경상북도 문화산업 육성방안.

권오혁 · 김홍석, 2000, 지방문화산업 육성방안.

구문모 · 임상오 · 김재준, 2000, 문화산업의 발전방안, 산업연구원.

김문환, 1997, 문화경제론, 서울대학교출판부.

______, 1998, 지역문화발전론, 문예출판사.

김형기, 2002.12.13.,"서울과 지방을 함께 살리려면", 중앙일보.

김형석, 1998, 영상비즈니스의 세계, 문지사.

노재봉, 2002, 5, "문화산업개방의 필요성", 연세대학교 국제학대학원 세미나.

동북산업활성화센터(재), 1997, 소프트 인프라스트럭처, 금성근 역, 부산발전 연구원.

문화관광부, 1999, 관광기념품 관련부문 실태조사.

______, 2000, 공예문화상품 제작 · 유통실태조사 연구.

______, 2000, 자료로 보는 문화상품.

______, 2001, 2001 문화산업백서.

______, 1997, 1997 문화산업백서.

______, 1999, 문화산업진흥기본법령집.

______, 2002, 2002년도 문화산업진흥연차보고서.

문화관광부 · 한국문화정책개발원, 1998, 문화예술통계. 문화관광부 · 한국문화관광정책연구원, 2004, 2003 문화정책백서.

박종수, 1998, "문화의 상품화를 통한 수출기업의 경쟁우위 확보방안", 국제상학, 제13권 제3권, 사단법인 한국국제상학회.

______, 1999, "우리 문화의 세계화와 수출상품화 방안", 관세, 제341호, 한국관세연구원.

박혜자, 2000. 6, "지역문화산업의 활성화를 위한 논리와 전략", 도시행정학보, 제13집, 1호, 한국도시행정학회

서울21세기연구센터, 1994, 도시어메니티, 서울시정개발연구원.

서정교 역, 2000, 관광경제학입문, 한올출판사.

______, 1999, "문화경제학적 관점에서 본 내발적 지역발전모델", 중부대학교 인문사회과학논문집, 제3권.

______, 2001, "문화상품의 개발 · 육성기반 구축방안", 중부대학교 인문사회과학논문집, 제5권 제2호.

______, 2002, "문화자본이 내재된 상품생산 패러다임 연구", 상품학연구, 제26권, 한국상품학회.

______, 2002, "기업메세나 활동의 의의와 정책적 시사점", 중부대학교 인문사회과학논문집, 제6권 제2호.

______, 2003, "문화산업투자의 경제적 파급효과분석", 경제학연구, 제51권 제1호, 한국경제학회.

______, 2006, 문화자본 돋보기 경제, 도서출판 신성.

송도영, 1997, "시민공동체를 이한 도시문화정책", 국토, 국토개발연구원, 통권189호.

신현준, 2000, "문화예술에 정보화가 어떤 영향을 미치고 있는가", 문화예술 2호.

심광현, 2002. 5, "신자유주의적인 문화산업개방론의 왜곡된 이분법 논리", 연세대학교국제학대학원 세미나.

안건혁 · 김영환, 1994, 2000년대를 대비한 도시정책의 방향, 국토개발연구원.

안태환, 1998, 도시의 이해, 대구대학교출판부.

유재윤 · 진영효 · 김형국, 2000, 도시문화산업의 육성방안, 국토연구원

윤태범, 1995, 21세기 경기도의 세계화전략, 경기개발연구원.

이대희, 2000. 11, “지방 문화 산업 정책이 나아갈 방향(上)”, 지방행정, 제49권 제565호, 대한지방행정공제회.

이무용, 1998, "한국도시문화의 현실과 과제", 걷고 싶은 도시, 도시연대 7~8호.

이봉규, 1998, “특성있는 지역 문화상품의 육성 방안”, 논문집, 제7집, 광주대학교 민족문화예술연구소.

이영두, 2000, 문화산업 경영전략, 삶과 꿈.

임희섭, 1999, “21세기 문화산업의 전망과 도시문화산업 활성화 방안”, 도시문제, 통권 제34권.

전남발전연구원, 1995, 지방도시의 세계화전략.

청주문화도시국제회의조직위원회, 2001, 도시속의 지속가능성과 문화.

최영섭 · 김민규, 2000, “한국인의 문화 소비 결정요인에 대한 일 고찰”, 문화정책논총, 제12집, 한국문화정책개발연구원.

통계청, 2000, 한국의 사회지표.

한국관광공사, 1993, 관광산업의 국민경제 파급효과에 관한 투입 · 산출분석.

한국기업메세나협의회, 2002, 메세나, Spring.

_____, 기업의 문화예술 지원 전략 연구, 2002.

한국문화경제하회, 2001, 문화경제학만나기, 김영사.

한국문화정책개발원, 1994, 우리나라에서 문화투자의 사회경제적 효과연구.

_____, 1999, 전통공예 문화상품 판매 및 유통활성화 방안 연구.

_____, 2000, 공예문화상품제작 · 유통업체 실태조사. 한국은행, 1998, 산업연관표(1970~1995).

_____, 2000, 산업연관분석 해설.

_____, 2001, 1998년 산업연관표(연장표).

허균, 1995, 전통문양, 대원사.

허재완 외, 1998, 한국지역경제론, 법문사.

현택수 외, 1998, 문화와 권력-부르디외 사회학의 이해, 나남출판.

호암재단 · 중앙일보, 2000, "문화의 시대를 여는 문화자본축적 전략", 2000호암청년논문상 수상논문집.

황현탁 역(池上惇 · 植木浩 · 福原義春), 1999, 문화경제학, 나남출판사.

梅澤 正, 1990, 人が見える 企業文化, 講談社

谷山新良, 1991, 産業聯關論, 日本：大明堂.

國土廳大都市圈整備局, 1994, 21世紀の新たな首都圈の創造, 國土廳.

宮本憲一 · 横田 茂 · 中村剛治郎, 1993, 地域經濟學, 有斐閣ブックス.

宮本憲一編, 1977, 大都市とコンビナ一ト · 大阪, 筑摩書房, 地域經濟論, 宮本憲一 · 横田茂 · 中村剛治郎 編, 1990, 有斐閣ブックス.

金子敬生, 1990, 産業聯關の經濟分析,日本：勁草書房.

大久保昌一, 1989, 有機的都市論, 都市文化社.

木津川計, 1993, 人間と文化, 東京：岩坡書店

福原義春 · 文化資本研究會, 1999, 文化資本の經營, ダイヤモンド社.

山口岳志, 1988, 世界の都市システム, 金裕赫 驛, 鮮一文化社.

山本哲士, 1999, 文化資本論, 新曜社.

三上禮次, 1991, 都市計劃と住民參加-ボロ一ニヤの試み一, 自治体研究社.

植田政孝, 1995, "世界都市東京の空洞化とアジアの大都市", 都市問題研究, 都市問題研究會, 第47巻 第1号.

塩見讓, 1991, 人間都市への課題, ぎょうせい.

五島茂, 1979, ラスキン · モリス, 中央公論社.

齋藤弘行, 1993, 經營學總論, 中央經濟社

赤木須留喜, 1977, 東京都政の研究, 未來社.

前田俊平, 1992, 都市ストックを創る-豊かな都市の條件-, インタ一シティ研究會, 學藝出版會.

井原健雄, 1996, 地域の經濟分析, 中央經濟社.

池上 惇 · 山田浩之, 1993, 文化經濟學, 世界思想史, 東京,

佐ケ木雅幸, 1994, "文化的生産による都市型産業の振興," 都市問題, 都市文化研究會, 第46巻, 第2号.

_____, 1997, 創造都市の經濟學, 勁草書房.

平本一雄, 1995, "世界都市とは゛そしていま東京は", 都市問題研究, 都市

問題研究會, 第47卷, 第11号, 1995.

Mumford, L., 1938, The Culture of Cities, 生田勉譯, 1974, 都市の文化, 鹿島出版會

Geddes,P. 1994, "非營利組織と社會制度のオルタアテイブ", 比較經濟體制研究, 創刊号.

M. ヴエーバー, 1964, 都市の類型學, 世良晃志郎 驛, 創文社.

コミュニティネ, 1991, 地域創造計劃ハンドブック, 鹿島出版會.

Apple, M. W., 1993, "What Postmodernists Forget : Cultural Capital and Official Knowledge", Curriculum Studies.

Bernier, I., 2002. 5. "International Trade Law and Cultural Diversity", Yonse Graduate School of International Studies.

Bourdieu, P., 1986, "Forms of Capital", in John G. Richardson(ed), Handbook of Theory and Research for the Sociology of Education, Greenwood. New York.

_____ , 1984, Distinction, Harvard University Press.

Calhoun, C., 1993, "Habitus, Field and Capital : the question of historical specificity", Craig Calhoun, Edward LiPuma and Moishe Postone(EDS.), 1993, Bourdieu : critical perspective, Polity press.

Cameron, Burgess, 1968, Input-Output Analysis and Resource Allocation, Cambridge University Press.

Capecchi, V., 1992, "Role of Unions in Innovative Small and Medium-Sized Enterprises : A Case Study about Flexible Specialization in Emilia-Romagna", The International Symposium on "The Production Strategies and Industrial Relations in the Process of Internationalization".

_______ , V., 1996, "The Search of Flexiblity : The Engineering Industry in Bologna from 1900 to 1992", Paper for Japan-Itarian Symposium on Urban Economy under Grobalization.

Costanza, Robert and Daly, Herman E., 1992, "Natural Capital and

Sustainable Development", Conservation Biology 6 : 37-46, Reprinted in Robert Costanza(ed.), 1997, Frontiers in Ecological Economics. Edward Elgar, Cheltenham.

Ebert, R.,F. Gnad, K.R. Kunzmann, 1994, "The Importance of 'Cultural Infrastructure' and 'Cultural Activities' for the 'Creative City' ".

Geddes, P., 1915, Cities in Evolution : an Introduction to the Town Planning Movement and to the Study of Citics, London : Williams & Norgate.

Hobday, M., 1995, Innovation in East Asia : the Challenge to Japan, Edward Elgar, Aldershot, England.

Jacobs, J., 1961, The Death and Life of Great American Cities, Random House, 黑川紀章譯, 1977, アメリカ大都市の死と生, 鹿島出版會.

Lahiri, S., "Input-Output Analysis with Scale Dependent Coefficients", Econometrica, Vol.44.

Landes, D. 998, The Wealth and Poverty of Nations, New York : Norton.

Leontief, W., "Quantitative Input-Output Relations in the Economic System of the United States", Review of Economics and Statistics, Vol.18, No.3.

Mahar, Cheleen et al., 1990, "The Basic Theoretic Position", in Richard Harker et al.(end), An Introduction to the Work of Pierre Bourdieu : The Practice of Theroy, Macmillian, London.

Michael W. Apple, 1993, "What Postmodernists Forget : Cultural Capital and Official Knowledge," Curriculum Studies.

Miernyk, W.H., 1965, The Elements of Input-Output Analysis, Random House, Inc..

Miller, R.E.& P.D.,Blair, 1985, Input-Output Analysis :

Foundations and Extensions, Prentice-Hall, Inc..

Moore,T.G., 1968, The Economics of the American Theater, Duke Univ. Press.

Morris, W., 1994, Hopes and Fears for Arts, 1882, in the William Morris Library 1994 Bristol : Thoemmes Press.

_______ , W., 1994, Signs of Change, 1888, in the William Morris Library 1994 Bristol : Thoemmes Press.

Mumford, L., 1961, The City in History, 1961, 生田勉譯, 1969, 歷史の都市, 明日の都市, 新湖社.

_____ , L., 1938, The Culture of Cities, 生田勉譯, 1974, 都市の文化, 鹿島出版會.

Peacok, A., 1994, "Econmics, Cultural Values, and Cultural Policies", Journal of Cultural Economics, 15, Dec..

Robbins, Derek, 1991, The Work of Pierre Bourdieu : Recognizing Society, Open University Press, Milton Keynes.

Ruskin, J., 1853, The Stone of Venice, 福田晴虔譯, 1996, ヴェネツウィアの石 I, II, III, 中央公論美術出版.

Sohn, Ira, 1986, Readings in Input-Output Analysis, Oxford University Press.

Scott,AJ., 1997, "Patterns of Employment in Sourthern California's Multimedia and Digital Visual Effects Industry : The Form and Logic of an Emerging Local Labor Market, University of California",Working Paper No.24.

Throsby, D., 1999, "Cultural Capital", Journal of Cultural Economics 23.

_____ , D., 1994, "The Production and Consumption of the Arts a View of Cultural Economics", Journal of Economic Literature, Vol.215.

Throsby, D. and G. A. Withers, 1979, The Economics of the Performing Arts, NewYork : St. Martin's, p.11.

Toffler, A., 1993, The Third Wave.

Thomson,E.P., William Morris : Romantic to Revolutionary, London : Lawrence Wishart Ltd.

UNESCO, 1998, World Culture Report, UNESCO, Paris.

http://cvs1.kyunghee.ac.kr/~suneast/frame.htm.

http://culture.gjcity.net

http://www.mecenat.or.kr

http://cc.kangwon.ac.kr/~kimoon/papers/arts-eco.htm

http://www.nso.go.kr/stat/indclass/dther/sr.htm

찾아보기

(ㅇ)